LA MANIÉRE DE BIEN PENSER

DANS

LES OUVRAGES D'ESPRIT.

DIALOGUES.

A PARIS,
Chez la Veuve de SEBASTIEN MABRE-CRAMOISY,
Imprimeur du Roy, ruë Saint Jacques, aux Cicognes.

M. DC. LXXXVII.
AVEC PRIVILEGE DE SA MAJESTE'.

AVERTISSEMENT.

L'OUVRAGE qu'on donne au public n'a rien de commun ni dans la matiére ni dans la forme avec celuy qui a pour titre, *L'Art de penser*, & qui est une Logique françoise, dont tout le dessein se réduit à régler les trois opérations de l'entendement selon la méthode d'Aristote, ou plûtost selon les principes de Descartes.

Le but que l'on se propose icy n'est point d'apprendre à concevoir de simples idées, ou à former des raisonnemens avec toute l'éxactitude que demande la raison, aidée de réflexions & de préceptes. On ne s'attache pas mesme à réctifier les jugemens ordinaires qui se font dans le commerce de la vie & dans le discours familier sans nul rapport à l'éloquence & aux belles Lettres.

Il ne s'agit proprement que des jugemens ingénieux qui se rapportent à la seconde opération, & qui s'appellent Pensées en matiére d'ouvrages d'esprit ; & ce

AVERTISSEMENT.

que prétend l'Auteur est de démesler un peu les bonnes & les mauvaises qualitez de ces jugemens ou de ces pensées ; sans prétendre néanmoins prescrire des regles, ni donner des loix qui gesnent personne. Il dit ce qu'il pense, & il laisse à chacun la liberté de juger autrement que luy.

Les ouvrages d'esprit dont il est question, & dans lesquels entrent les pensées que l'on éxamine, sont les histoires ; les poëmes ; les piéces d'éloquence, comme les harangues, les panégyriques, les oraisons funébres ; enfin tout ce qui s'écrit avec soin, & où il faut une certaine justesse qui va encore plus aux choses qu'aux paroles.

Comme le Dialogue est propre à éclaircir les questions les plus obscures, & que les gens qui y parlent peuvent aisément dire le pour & le contre sur toutes sortes de sujets, on a jugé à propos de traiter la matiére des pensées en Dialogues, & de la réduire à quatre, selon l'étenduë qu'on a cru qu'elle devoit avoir. Le second est plus long que les autres, parce que le sujet le veut ainsi : mais les Lecteurs pourront l'abréger quand il leur plaira, en le quitant dés

AVERTISSEMENT.

qu'ils fentiront de l'ennuy. Ces quatre Dialogues contiennent peut-eftre ce qu'il y a de plus exquis dans les Auteurs anciens & modernes; ce qu'il y a mefme de vicieux en beau dans les meilleurs Ecrivains; de forte qu'ils peuvent fervir, fi je l'ofe dire, non feulement à polir l'efprit, mais à le former.

Au refte, quoy-qu'on ne traite pas les chofes dans la méthode de l'école, ni qu'on ne faffe pas profeffion de rien enfeigner de l'Art oratoire: cét ouvrage pourroit eftre appellé au regard des penfées, une Logique & une Rhétorique tout enfemble; mais une Logique fans épines, qui n'eft ni féche ni abftraite; mais une Rhétorique courte & facile, qui inftruit plus par les éxemples que par les préceptes, & qui n'a guéres d'autre régle que ce bon fens vif & brillant dont il eft parlé dans les *Entretiens d'Arifte & d'Eugene.*

Je ne fçay mefme s'il n'y auroit point lieu de le nommer l'Hiftoire des Penfées; car il en repréfente fouvent l'origine, le progrés, les changemens, la décadence, & la vieilleffe, s'il m'eft permis de m'exprimer de la forte.

AVERTISSEMENT.

Les passages espagnols & italiens qui se rencontrent de temps en temps, & qui fournissent des éxemples de plus d'une maniére tantost bons & tantost mauvais, ne doivent point effrayer les Lecteurs qui n'entendent pas ces langues-là. On les traduit tous en françois avant que de les citer, ou aprés les avoir citez: on explique aussi les latins qui sont à la marge, & qui auroient embarassé le discours, si on les y avoit meslez; ou du moins qui n'auroient pas plû aux personnes qui ne sçàvent point de latin. On n'a pas fait néanmoins de difficulté d'y laisser quelquefois un passage fort court, un bout de vers, ou un vers entier; quand on a cru que cela feroit un bon effet.

Pour ce qui regarde la critique des Auteurs dont on rapporte les pensées; si elle n'est pas juste, elle est pour le moins sincére & sans passion. Les deux Personnages que l'on fait parler loüënt ce qu'ils estiment, & censurent ce qu'ils méprisent: ils sont équitables & de bonne foy; mais ils ne sont pas infaillibles, & ils peuvent se tromper.

LA MANIERE
DE
BIEN PENSER
DANS
LES OUVRAGES
D'ESPRIT.

PREMIER DIALOGUE.

EUDOXE & Philanthe qui parlent dans ces Dialogues sont deux hommes de lettres que la science n'a point gastez, & qui n'ont gueres moins de politesse que d'érudition. Quoy-qu'ils ayent fait les mesmes études, & qu'ils sçachent à peu prés les mesmes choses, le caractere de leur esprit est bien different. Eudoxe a le goust tres-bon, & rien ne luy plaist dans les ouvrages ingénieux qui ne soit raisonnable & naturel. Il aime fort les Anciens, sur tout les Auteurs du siécle d'Auguste, qui selon luy est le siécle du bon sens. Ciceron, Virgile, Tite-Live, Horace, sont ses Heros.

Pour Philanthe, tout ce qui est fleuri, tout ce qui brille, le charme. Les Grecs & les Romains ne valent pas à son gré les Espagnols & les Italiens. Il admire entre autres le Lope de Vegue & le Tasse; & il est si entesté de la *Gierusalemme liberata*, qu'il la préfere sans façon à l'Iliade & à l'Enéide. A cela prés il a de l'esprit, il est honneste homme, & il est mesme ami d'Eudoxe. Leur amitié ne les empesche pas de se faire souvent la guerre. Ils se reprochent leur goust à toute heure, & ils se querellent sur tous les ouvrages qui paroissent: mais quelques differends qu'ils ayent, ils ne s'en aiment pas moins, & ils se trouvent si bien ensemble, qu'ils ne se peuvent passer l'un de l'autre.

Eudoxe a une maison de campagne fort jolie aux environs de Paris, où il va joüir des beaux jours, & gouster les plaisirs de la solitude dés que ses affaires luy permettent de quitter la ville.

Philanthe l'alla voir l'automne derniére selon sa coustume. Il le trouva se promenant seul dans un petit bois, & lisant les *Doutes sur la langue Françoise proposez à Messieurs de l'Académie par un Gentilhomme de Province*,

PREMIER DIALOGUE.

Philanthe qui fçait plus la langue par l'ufage que par les regles, fit d'abord la guerre à Eudoxe fur fa lecture.

Que voulez-vous faire de ce Provincial, luy dît-il? Un homme comme vous n'a qu'à fuivre fon génie pour bien parler & pour bien écrire. Je vous affeûre, répondit Eudoxe, que le génie tout feul ne va pas loin, & qu'on eft en danger de faire cent fautes contre l'ufage, fi on ne fait des réflexions fur l'ufage mefme. Les doutes du Provincial font raifonnables, & plus je les lis, plus ils me femblent néceffaires.

Pour moy, dît Philanthe, j'aimerois mieux fes réflexions fur les penfées des Auteurs ; car il eft, ce me femble, encore plus néceffaire de bien penfer que de bien parler; ou plûtoft on ne peut parler ni écrire correctement, à moins qu'on ne penfe jufte. Il nous les avoit promifes ces réflexions, en difant à la fin de fon livre qu'il avoit bien d'autres doutes fur les penfées que fur le langage. Mais il n'a pas tenu fa promeffe ; & je vois bien que ce Breton-là n'eft pas trop homme de parole.

Scribendi recte, fapere eft & principium & fons. Hor. de Art. Poët.

Comme Meffieurs de l'Académie ne luy ont donné aucun éclairciffement de fes premiers doutes, reprit Eudoxe, il a cru peut-eftre qu'il feroit inutile de leur en propofer de nouveaux. Mais fçavez-vous que l'endroit où le Bas-Breton femble promettre les réflexions dont vous parlez, m'en a fait faire à moy-mefme que je n'avois point encore faites; & qu'en éxaminant les chofes de prés, il m'a paru que les penfées qui ont quelquefois le plus d'éclat dans des compofitions fpirituelles, ne font pas toûjours fort folides.

Je meurs de peur, interrompit brufquement Philanthe, qu'à force de lire le livre des *Doutes*, vous n'ayiez appris à douter de tout; & que ce Provincial délicat jufqu'au fcrupule ne vous ait communiqué quelque chofe de fon efprit. Ce n'eft pas fur le Provincial que je me fuis reglé, repartit Eudoxe; c'eft fur le bon fens qu'il prend luy-mefme pour fa regle dans ce qui ne dépend pas précifément de l'ufage: car il ne faut que confulter la raifon pour n'approuver pas certaines penfées que tout le monde prefque admire; par éxemple, celle de Lucain qui eft fi fameufe:

Victrix caufa Deis placuit; fed victa Catoni.

Et que le Traducteur de la Pharfale a renduë en noftre langue par ce vers:

Les Dieux fervent Cefar; mais Caton fuit Pompée.

Je voudrois bien pour la rareté du fait, dit Philanthe en fouriant, que cela ne vous pluft pas. En vérité ce seroit tant pis pour vous, ajousta-t-il d'un air sérieux.

Je vous proteste, repliqua Eudoxe, que cela ne m'a jamais plû; & quand les adorateurs de Lucain m'en devroient sçavoir mauvais gré, je ne changeray pas de sentiment. Mais qu'y a-t-il de plus grand & de plus beau, reprit Philanthe, que de mettre les Dieux d'un costé, & Caton de l'autre?

La pensée n'a par malheur qu'une belle apparence, dît Eudoxe; & quand on vient à l'aprofondir, on n'y trouve pas de bon sens. Car enfin elle représente d'abord les Dieux attachez au parti injuste, tel qu'estoit celuy de César, qui sacrifioit sa patrie à son ambition, & qui prétendoit opprimer la liberté publique que Pompée tâchoit de défendre: or le bon sens ne veut pas que les Dieux approuvent l'injustice d'un usurpateur qui viole les loix divines & humaines pour se rendre le maistre du monde; & un esprit droit auroit oublié les Dieux dans cette occasion, bien loin de les mettre en jeu.

D'ailleurs Caton estant un homme de bien selon la peinture que le Poëte en fait luy-mesme, il n'y a pas de raison à l'opposer aux Dieux, & à le mettre dans d'autres interests que les leurs. C'est détruire son caractere, c'est luy oster sa vertu: car, si nous en croyons Salluste, c'estoit une partie de la probité Romaine, que d'estre affectionné aux Dieux immortels; & on ne commença à les négliger que quand les mœurs commencerent à se corrompre. Il est encore moins raisonnable d'élever Caton audessus des Dieux, pour faire valoir le parti de Pompée, & c'est pourtant ce que signifie:

Sed victa Catoni.

Mais Caton suit Pompée.

Le *Mais* est là une marque de distinction & de préference.

A la vérité ce Romain estoit, au jugement des Romains mesmes, l'image vivante de la vertu, & en tout plus semblable aux Dieux qu'aux hommes: c'estoit, si vous voulez, un homme divin, mais c'estoit un homme; & le Poëte tout Payen, tout Poëte qu'il est, ne peut pas donner à un homme l'avantage sur les Dieux sans blesser la Religion dans laquelle il vit; de sorte que la pensée de Lucain est tout ensemble & fausse & impie.

Je ne raisonne pas tant, dît Philanthe, & tous vos raisonnemens ne m'empescheront pas de trouver la pensée de Lucain admirable. Vous en jugerez ce qu'il vous plaira, reprit Eudoxe; mais je ne puis admirer ce qui n'est point vray.

Avaritia fidem, probitatem, cæterasque artes bonas subvertit: pro his superbiam, crudelitatem, Deos negligere edocuit.
Bell. Catil.

Homo virtuti simillimus; per omnia ingenio Diis quàm hominibus propior.
Vellei. Pater. lib. 2.

PREMIER DIALOGUE.

Ne pourroit-on point, repartit Philanthe, expliquer la chose de cette maniére? Il a plû aux Dieux que le méchant parti prévalust au bon, quoy-que Caton souhaitast le contraire. Cela choque-t-il la raison, & n'est-ce pas le sens du vers? Tous les jours les gens de bien font des vœux pour la prospérité de leurs semblables, pour le succés d'une bonne cause: leurs vœux ne sont pas toûjours éxaucez, & la Providence fait quelquefois tourner les choses autrement.

Les Dieux se sont déclarez pour César par l'évenement, quoy-que le parti de Pompée fust le plus juste, & que Caton le soûtinst: le *Mais* du vers ne signifie peut-estre que ce *quoy-que*, & n'offense pas les Dieux dont les desseins sont impénétrables.

Si la pensée du Poëte n'estoit que cela, repartit Eudoxe, ce ne seroit pas grand'chose, & il n'y auroit pas lieu de se récrier: je suis seûr du moins que ses partisans ne l'entendent pas de la sorte, & que le sens qui ne me plaist pas est justement celuy qu'ils admirent. Pour en estre convaincu vous n'avez qu'à vous souvenir de ce que dit un de ces admirateurs de Lucain dans ses Réfléxions sur nos Traducteurs. Selon luy, Brébeuf se relasche quelquefois; & quand Lucain rencontre heureusement la véritable beauté d'une pensée, le Traducteur demeure beaucoup au-dessous. L'éxemple qu'apporte le faiseur de Réfléxions est le nostre :

Victrix causa Deis placuit ; sed victa Catoni.

Les Dieux servent César ; mais Caton suit Pompée.

Il soûtient que l'expression françoise ne répond pas à la noblesse du latin, & que c'est mal prendre le sens de l'Auteur ; par la raison que Lucain qui a l'esprit tout rempli de la vertu de Caton, le veut élever audessus des Dieux dans l'opposition des sentimens sur le mérite de la cause ; & que Brébeuf tourne une image noble de Caton élevé audessus des Dieux, en celle de Caton assujeti à Pompée.

Je ne prétends pas justifier la Traduction, poursuivit Eudoxe, & je demeure d'accord qu'elle n'est pas éxacte. Je dis seulement que la réflexion du censeur prouve ce que je disois, que ceux qui sont entestez de la Pharsale latine conçoivent quelque chose d'extraordinaire par ce vers :

Victrix causa Deis placuit ; sed victa Catoni.

N'en faites pas le fin : vous en avez jugé ainsi vous-mesme jusqu'à cette heure, & le nouveau sens que vous venez d'imaginer n'est qu'une défaite pour mettre à couvert l'honneur de Lucain.

Quoy

PREMIER DIALOGUE.

Quoy qu'il en soit, continua Eudoxe, je voudrois que les pensées ingénieuses qui entrent dans les ouvrages de prose ou de vers fussent comme celles d'un grand Orateur dont Ciceron parle, lesquelles estoient si saines & si vrayes; si surprenantes & si peu communes; enfin si naturelles & si éloignées de tous ces brillans qui n'ont rien que de frivole & de puéril. Car enfin pour vous dire un peu par ordre ce que je pense la-dessus; la vérité est la premiére qualité, & comme le fondement des pensées: les plus belles sont vitieuses; ou plûtost celles qui passent pour belles, & qui semblent l'estre, ne le sont pas en effet; si ce fonds leur manque.

Sententiæ Crassi tam integræ, tam veræ; tam novæ; tam sine pigmentis fucoque puerili. De Orat. lib. 2.

Mais dites-moy donc, repartit Philanthe, ce que c'est précisément qu'une pensée vraye; & en quoy consiste cette vérité, sans laquelle tout ce que l'on pense est selon vous si imparfait & si monstrueux.

Les pensées, reprit Eudoxe, sont les images des choses, comme les paroles sont les images des pensées; & penser, à parler en général, c'est former en soy la peinture d'un objet ou spirituel ou sensible. Or les images & les peintures ne sont véritables qu'autant qu'elles sont ressemblantes: ainsi une pensée est vraye, lors qu'elle représente les choses fidellement; & elle est fausse quand elle les fait voir autrement qu'elles ne font en elles-mesmes.

Bella falsitas, plausibile mendacium; & ob eam causam gratissimum, quod excogitatum solerter & ingeniose.
Vavaff. lib. de Epigramm.

Je ne comprens point voſtre doctrine, repliqua Philanthe, & j'ay peine à me perſuader qu'une penſée ingénieuſe ſoit toûjours fondée ſur le vray : je crois au contraire avec un fameux Critique, que le faux en fait ſouvent toute la grace, & en eſt meſme comme l'ame. En effet, ne voyons-nous pas que ce qui pique davantage dans les épigrammes, & dans d'autres piéces où brille l'eſprit, roule d'ordinaire ſur la fiction, ſur l'équivoque, & ſur l'hyperbole, qui ſont autant de menſonges ?

Ne confondons rien, s'il vous plaiſt, reprit Eudoxe ; & ſouffrez que je m'explique pour me faire entendre. Tout ce qui paroiſt faux ne l'eſt pas, & il y a bien de la différence entre la fiction & la fauſſeté : l'une imite & perfectionne en quelque façon la nature ; l'autre la gaſte, & la détruit entiérement.

A la vérité le monde fabuleux, qui eſt le monde des Poëtes, n'a rien en ſoy de réel : c'eſt l'ouvrage tout pur de l'imagination ; & le Parnaſſe, Apollon, les Muſes avec le cheval Pégaſe ne ſont que d'agréables chimeres. Mais ce ſyſtême eſtant une fois ſuppoſé, tout ce qu'on feint dans l'étenduë du meſme ſyſtême ne paſſe point pour faux parmi les Sçavans, ſur tout quand

PREMIER DIALOGUE.

la fiction est vraysemblable, & qu'elle cache quelque vérité.

Selon la fable, par exemple, les fleurs naissent sous les pas des Dieux & des Heros, pour marquer peut-estre que les Grands doivent répandre l'abondance & la joye par tout. Cela est plausible, & a de la vraysemblance; si bien qu'en lisant les vers de Racan sur Marie de Médicis:

Paissez, cheres brebis, jouïssez de la joye
Que le Ciel vous envoye:
A la fin sa clemence a pitié de nos pleurs;
Allez dans la campagne, allez dans la prairie;
N'épargnez point les fleurs;
Il en revient assez sous les pas de Marie.

En lisant, dis-je, ces vers nous ne trouvons rien de choquant dans la pensée du Poëte; & si nous y reconnoissons du faux, c'est un faux établi qui a l'air de la vérité. Ainsi quand nous lisons dans Homere que les Déesses de la priére sont boiteuses & toutes contrefaites; nous n'en sommes point blessez: cela nous fait concevoir que la priére a d'elle-mesme quelque chose de bas, & que quand on prie on ne va pas si viste que quand on commande : ce qui a fait dire que les commandemens sont courts, & que les priéres sont longues. On au-

Iliad. 1.

roit pu ajouster que les uns sont fiers & hautains ; que les autres sont humbles & rampantes.

Nous ne sommes pas non plus choquez de ce qu'on a feint, que les Graces estoient petites & d'une taille fort menuë : on a voulu montrer par là que les agrémens consistent dans de petites choses ; quelquefois dans un geste ou dans un souris, quelquefois dans un air négligé & dans quelque chose de moins. Je dis le mesme de toutes les autres fictions où il y a de l'esprit ; telle qu'est la Fable latine du Soleil & des Grenouïlles qui parut au commencement de la guerre de Hollande, & qui eût un si grand succés dans le monde.

C'est à dire, interrompit Philanthe, que vous ne condamneriez pas une autre vision du mesme Poéte ; que les Astres jaloux de la gloire du Soleil se liguerent tous contre luy : mais qu'en se montrant il dissipa la conjuration, & fit disparoistre tous ses ennemis. Non sans doute, repartit Eudoxe, la pensée est trop heüreuse, & estant conceüë sur le Parnasse selon les regles de la fiction, elle a toute la vérité qu'elle peut avoir. Le système fabuleux sauve ce que ces sortes de pensées ont de faux en elles-mesmes ; & il est permis, il est mesme glorieux à un Poéte de mentir d'une maniére si ingénieuse. Mais aussi

PREMIER DIALOGUE.

à la fiction prés, le vray doit se rencontrer dans les vers comme dans la prose. Par là je ne prétends pas oster à la poésie le merveilleux qui la distingue de la prose la plus noble & la plus sublime : j'entends seulement que les Poëtes ne doivent jamais détruire l'essence des choses en voulant les élever & les embellir.

De l'humeur dont vous estes, repliqua Philanthe, vous n'approuveriez pas ce que dit l'Ariofte d'un de ses Heros : que dans la chaleur du combat, ne s'estant pas apperceû qu'on l'avoit tué, il combatit toûjours vaillamment tout mort qu'il estoit :

Il pover' huomo che non s'en era accorto
Andava combattendo, & era morto.

Je n'approuve pas mesme, repartit Eudoxe, ce que le Tasse dit d'Argant :

Minacciava morendo, e non languia.

Je vous abandonne l'Arioste, reprit Philanthe; mais je vous demande quartier pour le Tasse, & je vous prie de considerer qu'un Sarasin robuste & féroce qui a esté blessé dans le combat & qui meurt de ses blessures, peut bien menacer en mourant celuy qui luy donne le coup de la mort. Je consens qu'il le menace, répondit Eudoxe, & mesme que ses derniers gestes, que ses derniéres paroles ayent quelque chose de fier, de superbe, & de terrible.

Superbi, formidabili, feroci
Gli ultimi moti fur, l'ultime voci.

Cela peut estre, & cela convient au caractere d'Argant : à la mort on conserve les sentimens qu'on a eûs pendant la vie ; on ramasse ce qui reste d'esprits & de forces pour exprimer ce qu'on sent. On jette quelquefois des cris effroyables avant que de rendre le dernier soupir ; mais de n'estre point foible lors qu'on se meurt, *e non languia*, c'est ce qui n'a point de vraysemblance. Le Cannibale de Montaigne est bien plus dans la nature que le Sarasin du Tasse. Car enfin si le Cannibale prisonnier de ses ennemis les brave jusques dans les fers, leur dit des injures, leur crache au visage ; si au milieu des tourmens & sur le point de mourir n'ayant pas la force de parler, il leur fait la moüë pour se moquer d'eux, & pour leur témoigner qu'il n'est pas vaincu : il n'y a rien là qui ne soit conforme au génie d'un barbare fier & tout plein de cœur.

Mais qu'y a-t-il de plus convenable à la vertu héroique, dît Philanthe, que de mourir sans nulle foiblesse ? Les Héros, reprit Eudoxe, ont de la constance en mourant ; mais la fermeté de leur ame n'empesche pas que leur corps ne s'affoiblisse: ils n'ont de ce costé-là nul privilege. Cependant le *non languia* qui va au corps, exempte Argant de la loy commune, & détruit l'homme en élevant le Heros.

Je crains, repartit Philanthe, que vostre délicatesse n'aille trop loin, & que vous n'outriez un peu la critique. Le Tasse veut dire, ce me semble, qu'à voir Argant irrité contre Tancrede, & le menaçant sur le point de mourir, on n'eust pas dit qu'il se mouroit; que sa fierté & sa colére effaçoient en quelque sorte sa langueur, & le faisoient paroistre vigoureux.

C'est dommage, repliqua Eudoxe, que le Tasse ne se soit mieux expliqué. Pour moy, je m'attache à ce que dit un auteur; & je ne sçay pas luy faire dire ce qu'il ne dit point.

Aprés tout, repartit Philanthe, au regard du vray que vous voulez établir, & que vous cherchez dans toutes les pensées ingénieuses, des Auteurs tres graves ne sont pas de vostre avis. Sans parler de Macrobe ni de Seneque, qui nomment sophismes plaisans, ce que nous appellons pointes d'esprit, ce que les Italiens appellent *vivezze d'ingegno*, & les Espagnols *agudezas*; Aristote reduit presque tout l'art de penser spirituellement à la métaphore, qui est une espece de tromperie; & le Comte Tesauro dit, selon les principes de ce Philosophe, que les pen- *Cavillationes. Macrob. Vafræ & ludicræ conclusiones. Senec. Cannochiale Aristotelico.*

sées les plus subtiles & les plus exquises ne sont que des enthymêmes figurez, qui plaisent & imposent également à l'esprit.

Tout cela se doit entendre dans un bon sens, repartit Eudoxe. Le figuré n'est pas faux, & la métaphore a sa vérité aussi-bien que la fiction. Rappellons icy ce qu'Aristote enseigne dans sa Rhétorique, & concevons un peu sa doctrine.

Lib. 3. cap. 4.

Quand Homere dit qu'Achille va comme un Lion, c'est une comparaison : mais quand il dit du mesme Héros, *Ce Lion s'élançoit*, c'est une métaphore. Dans la comparaison le Héros ressemble au Lion; dans la métaphore le Héros est un Lion. La métaphore, comme vous voyez, est plus vive & plus courte que la comparaison; celle-là ne nous représente qu'un objet, au lieu que celle-cy nous en montre deux : la métaphore confond pour ainsi dire le Lion avec Achille, ou Achille avec le Lion; mais il n'y a pas plus de fausseté dans l'une que dans l'autre. Ces idées métaphoriques ne trompent personne : on sçait ce qu'elles signifient pour peu que l'on ait d'intelligence; & il faudroit estre bien grossier pour prendre les choses à la lettre. En effet, pouvons-nous douter au regard d'Achille que ce ne soit pour marquer sa force, sa fierté, & son courage qu'Homere le nomme un Lion ? Et quand Voiture dit du grand Gustave, *Voicy le Lion du Nort*, qui ne découvre au travers de cette image étrangére un Roy redoutable par sa valeur & par sa puissance dans tout le Septentrion?

Disons donc que les métaphores sont comme ces voiles transparens, qui laissent voir ce qu'ils couvrent; ou comme des habits de masque sous lesquels on reconnoist la personne qui est déguisée.

Je suis ravi, dît Philanthe, pour l'amour des Poëtes & des Orateurs, que la fiction & la métaphore ne blessent point la vérité que vous demandez dans les ouvrages d'esprit. Mais j'ay bien peur, ajousta-t-il, que l'équivoque & le vray n'y puissent compatir ensemble selon vos principes. Cependant ce seroit dommage que tant de pensées dont tout l'agrément vient d'une équivoque ne fussent point bonnes ; par éxemple celle de Voiture sur le Cardinal Mazarin, que son cocher versa un jour dans l'eau :

Prélat passant tous les Prélats passez,
Car les présens seroit un peu trop dire,
Pour Dieu rendez les péchez effacez
De ce cocher qui vous sceût mal conduire :
S'il fut peut caut à son chemin élire,
Vostre renom le rendit téméraire.
Il ne crut pas versant pouvoir mal faire,
Car chacun dit, que quoy que vous fassiez,

En guerre, en paix, en voyage, en affaire,
Vous vous trouvez toûjours deſſus vos pieds.

Toutes les équivoques ne reſſemblent pas à celle-là, répondit Eudoxe; & ce placet en faveur du cocher qui verſa le Cardinal me ſemble meilleur que l'autre dont je me ſouviens :

Plaiſe, Seigneur, plaiſe à voſtre Eminence
Faire la paix de l'afligé cocher ;
Qui par malheur, ou bien par imprudence,
Deſſous les flots vous a fait trebucher.
On ne luy doit ce crime reprocher :
Le trop hardi meneur ne ſçavoit pas
De Phaéton l'hiſtoire & piteux cas :
Il ne liſoit métamorphoſe aucune,
Et ne croyoit qu'on deuſt craindre aucun pas
En conduiſant Céſar & ſa fortune.

Car, ſi vous y prenez garde, ce cocher qui n'a point leû les Métamorphoſes, ſçait un endroit conſidérable de l'Hiſtoire Romaine. Cependant je ne vois pas qu'un homme qui n'a point entendu parler de Phaéton, deuſt eſtre ſi bien informé des aventures de Céſar. Mais ce n'eſt pas de quoy il s'agit, & je reviens à la penſée du placet que vous avez rapporté. Quoy-qu'elle ſoit fauſſe en un ſens, elle ne laiſſe pas d'eſtre vraye en un autre ſelon le caractere des penſées qui ſont conceüës en paroles ambiguës, & qui ont

PREMIER DIALOGUE.

toûjours un double sens, l'un propre qui est faux, l'autre figuré qui est vray. Icy le sens propre & faux, est que le Cardinal se trouve toûjours sur ses pieds, en sorte qu'il ne puisse jamais tomber à terre ; le sens figuré & vray est qu'il se trouve toûjours sur ses pieds, en sorte que rien ne renverse ses desseins ni sa fortune.

Au reste le vray est toûjours vray, bien qu'il soit meslé avec le faux. Une bonne pistole ne se gaste pas auprés d'une fausse : on ne vous en doit qu'une ; on vous en présente d'eux, l'une bonne, l'autre méchante ; choisissez, on verra si vous estes connoisseur, & vous aurez vous-mesme le plaisir d'éprouver la justesse de vostre discernement. C'est à peu prés ce qui se passe dans l'équivoque, qui proprement n'est qu'un jeu d'esprit. La vérité y est jointe à la fausseté, & ce qu'il y a de remarquable, le faux y conduit au vray ; car du sens propre qui est le faux sens de l'équivoque, on passe au figuré qui est le vray, & cela paroist visiblement dans l'exemple que vous avez apporté. En lisant ce que dit Voiture du Cardinal Mazarin, je conçois deux choses, comme je vous ay déja dit : l'une fausse, que le pied ne luy manque jamais, & qu'il se tient toûjours debout ; l'autre vraye, que son esprit & sa fortune sont toûjours dans la mesme situation. La première mene tout d'un coup à la seconde, en nous faifant prendre le change agréablement. Ces équivoques fe fouffrent, & plaifent mefme dans les épigrammes, dans les madrigaux, dans les recits de ballet, & dans d'autres ouvrages où l'efprit fe joûë.

Mais à ne vous rien diffimuler, il y a une forte d'équivoque qui eft extrémement fade, & que les gens de bon gouft ne peuvent fouffrir, parce que le faux y domine, & que le vray n'y a nulle part. L'épigramme de Saint Amand fur l'incendie du Palais eft dans ce genre :

> *Certes l'on vit un trifte jeu ;*
> *Quand à Paris Dame Juftice*
> *Se mit le Palais tout en feu,*
> *Pour avoir mangé trop d'épice.*

Ce quatrain a ébloûï autrefois ; & certaines gens le trouvent encore fort fpirituel. Eh, qu'y a-t-il de plus heureux & de plus joli, interrompit Philanthe ? Il ne fe peut rien voir de plus creux ni de plus frivole, reprit Eudoxe ; ce ne font que des mots en l'air qui n'ont point de fens ; c'eft du faux tout pur. Car enfin, ce qu'on appelle épice au Palais n'a nul rapport à l'embrafement ; & le palais de la bouche qu'on a tout en feu, pour avoir mangé trop de poivre, ne conduit point à l'incendie d'un baftiment où la juftice s'éxerce & fe vend fi vous voulez.

Que pensez-vous, dît Philanthe, de l'équivoque qui fait la pointe d'une autre épigramme de Saint Amand?

Cy gist un fou nommé Pasquet,
Qui mourut d'un coup de mousquet,
Lors qu'il voulut lever la creste.
Quant à moy je croy que le sort
Luy mit du plomb dedans la teste,
Pour le rendre sage en sa mort.

Cela peut trouver sa place dans le genre burlesque ou comique, avec les turlupinades & les quolibets, repartit Eudoxe; ce sont de faux diamans qu'on porte dans les mascarades & dans les balets; c'est une fausse monoye qui ne gaste rien dans le commerce quand on la donne pour ce qu'elle vaut; mais qui voudroit la faire passer pour bonne, se rendroit fort ridicule dans la société des gens raisonnables.

A parler en général, il n'y a point d'esprit dans l'équivoque, ou il y en a fort peu. Rien ne couste moins, & ne se trouve plus facilement. L'ambiguité en quoy consiste son caractere, est moins un ornement du discours qu'un defaut; & c'est ce qui la rend insipide, sur tout quand celuy qui s'en sert y entend finesse, & s'en fait honneur. D'un autre costé elle n'est pas toûjours aisée à entendre: l'apparence mystérieuse que luy donne son double sens, fait souvent qu'on ne va pas au véritable sans quelque peine ; & quand on y est parvenu, on a regret à sa peine, on se croit joûé, & je ne sçay si ce qu'on sent alors n'est pas une maniére de dépit, d'avoir cherché pour ne rien trouver.

Toutes ces raisons décreditent fort les pures équivoques parmi les personnes de bon sens. Je dis les pures équivoques, car toutes les figures qui renferment un double sens, ont chacune en leur espece des beautez & des graces qui les font valoir, quoy-qu'elles tiennent quelque chose de l'équivoque. Un seul éxemple vous fera concevoir ce que je veux dire. Martial dit à Domitien : *Les peuples de vostre Empire parlent divers langages ; ils n'ont pourtant qu'un langage lors qu'ils disent que vous estes le véritable pere de la patrie.* Voilà deux sens, comme vous voyez, & deux sens qui font antithese ; *parlent divers langages, n'ont qu'un langage.* Ils sont tous deux vrais selon leurs divers rapports, & l'un ne détruit point l'autre. Ils s'accordent au contraire ensemble, & de l'union de ces deux sens opposez il resulte je ne sçay quoy d'ingénieux qui est fondé sur le mot équivoque de *vox* en latin, & de *langage* en françois. Plusieurs pointes d'Epigrammes & quantité de bons mots ou de reparties spirituelles ne piquent que par le

Vox diversa sonat, populorum est vox tamen una ; cum verus patriæ diceris esse pater. In Amphit. Cæsar.

PREMIER DIALOGUE. 23

sens double qui s'y rencontre; & ce sont là proprement les pensées que Macrobe & Séneque nomment des sophismes agréables.

A ce que je vois, dît Philanthe, le vray a plus d'étenduë que je ne croyois, puis qu'il n'est pas incompatible avec l'équivoque dans les ouvrages d'esprit: il ne reste plus que de l'accorder avec l'hyperbole, & j'ay bien envie de sçavoir ce que vous pensez là-dessus.

L'origine seule du mot, repartit Eudoxe, décide la chose en général. Tout ce qui est excessif est vicieux, jusqu'à la vertu, qui cesse d'estre vertu dés qu'elle va aux extrémitez, & qu'elle ne garde point de mesures. Ainsi les pensées qui roulent sur l'hyperbole sont toutes fausses d'elles-mesmes, & ne méritent point d'avoir place dans un ouvrage raisonnable, à moins que l'hyperbole ne soit d'une espece particuliére, ou qu'on y mette des adoucissemens qui en tempérent l'excés; car il y a des hyperboles moins hardies, & qui ne vont pas au-delà des bornes, bien qu'elles soient au dessus de la créance commune. Il y en a que l'usage a naturalisées, pour ainsi dire, & qui sont si établies qu'elles n'ont rien qui choque. Homere dit que Nirée est la beauté mesme, & Martial que Zoïle n'est pas vicieux, mais le vice mesme. Nous disons tous les jours en parlant d'une personne

Ultra fidem non ultra modum.
Quintil. lib. 8. cap. 6.

Iliad. 2.

Mentitur qui te vitiosum, Zoïle, dixit. Non vitiosus homo es,

tres-sage & tres-vertueuse : *C'est la sagesse, c'est la vertu mesme.* Nous disons encore avec les Grecs & avec les Latins : *Elle est plus blanche que la nege ; il va plus viste que le vent.* Ces hyperboles, selon Quintilien, mentent sans tromper ; & selon Séneque, elles ramenent l'esprit à la vérité par le mensonge, en faisant concevoir ce qu'elles signifient, à force de l'exprimer d'une maniére qui semble le rendre incroyable.

Pour celles qu'on prépare & qu'on amene peu à peu, elles ne révoltent point l'esprit des lecteurs ou des auditeurs. Elles en gagnent mesme la créance, je ne sçay comment, au sentiment d'Hermogene ; & ce qu'elles proposent de plus faux devient au moins vraysemblable. Nous en avons un éxemple illustre dans Homere. Il ne dit pas tout d'un coup que Polyphême arracha le sommet d'une montagne : cela auroit paru peu digne de foy. Il dispose le lecteur par la description du Cyclope qu'il dépeint d'une taille énorme, & auquel il donne des forces égales à sa taille, en luy faisant porter le tronc d'un grand arbre pour massuë, & fermer l'entrée de sa caverne avec une grosse roche. De plus il luy fait manger plus de viandes en un repas qu'il n'en faudroit à plusieurs hommes ; & enfin il ajouste que Neptune estoit

son

[marginal notes:]
Zoile, sed vitium.
Lib. 11.

Monere satis est mentiri hyperbolen, nec ita ut mendacio fallere possit.
Lib. 8. cap. 6.
In hoc hyperbole extenditur, ut ad verum mendacio veniat.
De Ben. lib. 7. c. 23.

PREMIER DIALOGUE.

son pere. Aprés toutes ces préparations, quand le Poéte vient à dire que Polyphême arracha le sommet d'une montagne, on ne trouve point son action trop étrange. Rien n'est ce semble impossible à un homme qui est fils du Dieu de la mer, & qui n'est pas fait comme les hommes ordinaires.

Il y a d'autres maniéres qui adoucissent ce que l'hyperbole a de dur, & qui mesme y donne un air de vraysemblance. Virgile dit qu'à voir les flotes d'Antoine & d'Auguste dans la bataille d'Actium, on croiroit que ce soient les Cyclades qui flotent sur l'eau. Et Florus en parlant de la promptitude avec laquelle les Romains firent bastir un grand nombre de vaisseaux à la premiére guerre Punique, dit qu'il sembloit non pas que des navires fussent construits par des ouvriers ; mais que des arbres fussent changez en navires par les Dieux. Ils ne disent pas que les navires sont des isles flotantes, ni que les arbres sont changez en navires : ils disent seulement qu'on croiroit que cela est, & qu'il semble que cela soit. Cette précaution sert comme de passeport à l'hyperbole, si j'ose parler ainsi, & la fait recevoir jusques dans la prose : car ce qui s'excuse avant que d'estre dit, est toûjours écouté favorablement, quelque incroyable qu'il soit.

Pelago credas innare revulsas Cycladas. Æneid. lib. 8.

Ut non naves arte factæ, sed quodam munere deorum in naves mutatæ arbores viderentur. Hist. Rom. lib. 2. c. 2.

Propitiis auribus auditur quamvis incredibile est, quod excusatur antequam dicitur. Senec. Rhet. Suasor. 2.

D

Voiture ne manque jamais de mettre ces fortes d'adoucissemens où il faut ; & nul Ecrivain ne sçait mieux que luy rendre vray en quelque façon ce qui ne l'est pas.

Comme Eudoxe aime la lecture, & qu'allant se promener seul il porte ordinairement avec luy un livre ou deux ; outre les *Doutes* du Gentilhomme Bas-Breton, il avoit les *Lettres* de Voiture qu'il ne se lasse point de lire, & où il trouve toûjours de nouvelles graces. Il ouvrit le livre, & leût dans la Lettre au Cardinal de la Valette sur la promenade de la Barre :

„ Au sortir de table le bruit des violons fit mon-
„ ter tout le monde en haut ; où l'on trouva une
„ chambre si bien éclairée, qu'il sembloit que le
„ jour qui n'estoit plus sur la terre, s'y fust retiré
„ tout entier.

Cét *il sembloit*, continua Eudoxe, rectifie la pensée, & la réduit à un sens raisonnable, toute hyperbolique qu'elle est. Il leût aprés dans la Lettre écrite à Madame de Saintot, en luy envoyant le Roland Furieux de l'Arioste traduit en François ; il leût, dis-je, les paroles suivantes qui se rapportent en partie à Angelique.

„ Toutes les couleurs & le fard de la Poésie ne
„ l'ont sceû peindre si belle que nous vous voyons;
„ & l'imagination mesme des Poëtes n'a pu mon-
„ ter jusques-là.

PREMIER DIALOGUE.

Voilà qui est bien excessif & bien faux, interrompit Philanthe. J'en tombe d'accord, repartit Eudoxe, & j'avouë que la pensée seroit fort mauvaise si l'Auteur en demeuroit là : mais écoutez ce qui suit.

« Aussi à dire le vray, les chambres de crystal & les palais de diamans sont bien plus aisez à imaginer, & tous les enchantemens des Amadis qui vous semblent si incroyables ne le sont pas tant à beaucoup prés que les vostres : dés la premiere veûë arrester les ames les plus résoluës & les moins nées à la servitude ; faire naistre en elles une sorte d'amour qui connoisse la raison, & qui ne sçache ce que c'est que du desir & de l'esperance ; combler de plaisir & de gloire les esprits à qui vous ostez le repos & la liberté : ce sont des effets plus étranges & plus éloignez de la vraysemblance que les hypogriphes & les chariots volans, ni que tout ce que les Romans nous content de plus merveilleux. »

Ces réflexions justifient tout ; & c'est par des voyes comme celles-là que l'hyperbole la plus hardie parvient à estre crue lors mesme que ce qu'elle assure est audessus de la créance.

Numquam tantum sperat hyperbole quantum audet : sed incredibilia affirmat, ut ad credibilia perveniat.
Senec. de Benef. lib. 7. c. 23.

L'ironie me semble encore toute propre à faire passer l'hyperbole, poursuivit Eudoxe. Dés qu'on raille ou qu'on badine, on est en droit de tout dire. Si Balzac disoit en riant qu'il sort de ses

„ muſcats de quoy enyvrer la moitié de l'Angle-
„ terre; que tout ce qui ſe doit boire en tout un
„ païs s'eſt débordé chez luy; qu'il y a plus de
„ parfums dans ſa chambre que dans toute l'A-
„ rabie Heureuſe, & qu'on y verſe quelquefois ſi
„ grande abondance d'eau de naſle & de jaſmin,
„ que luy & ſes gens ne ſe peuvent ſauver qu'à la
„ nage: ſi, dis-je, Balzac diſoit cela en riant, Phy-
larque n'auroit rien peut-eſtre à luy reprocher
là-deſſus: mais par malheur il parle tres-ſérieu-
ſement; & c'eſt le premier homme du monde
pour dire d'un ton grave des choſes extrémes
où il n'y a pas la moindre apparence de vérité.

 Voiture eſt bien éloigné de ce caractére. Il le
prend ſur un ton railleur dés qu'il avance quelque choſe d'hyperbolique. Ecoutez un autre endroit de la Lettre au Cardinal de la Valette ſur
les divertiſſemens de la Barre.

„ Le bal continuoit avec beaucoup de plaiſir;
„ quand tout-à-coup un grand bruit que l'on en-
„ tendit dehors, obligea toutes les Dames à met-
„ tre la teſte à la feneſtre; & l'on vit ſortir d'un
„ grand bois qui eſtoit à trois cens pas de la mai-
„ ſon un tel nombre de feux d'artifice, qu'il ſem-
„ bloit que toutes les branches & tous les troncs
„ d'arbres ſe convertiſſent en fuſées, que toutes
„ les étoiles du ciel tombaſſent, & que la ſphe-
„ re du feu vouluſt prendre la place de la moyen-

PREMIER DIALOGUE.

ne région de l'air. Ce sont, Monseigneur, trois « hyperboles, lesquelles appréciées & réduites à la « juste valeur des choses, valent trois douzaines « de fusées. «

Cette conclusion est toute badine & toute ironique. Voiture a cru que le correctif d'*il sembloit* ne suffisoit pas en cette rencontre, & qu'il falloit tourner les choses en raillerie. Le Tesauro n'y fait pas tant de façon : il se contente de dire, en parlant des fusées volantes, qu'il semble qu'elles vont embraser la Sphere du feu, foudroyer les foudres mesmes, & donner l'alarme aux étoiles, *par che sagliano ad infiammar la sfera del fuoco; à fulminare i fulmini, & a gridar allarme contra le stelle.* Il se contente, dis-je, du tempérament d'*il semble, par che sagliano;* & ne ménage plus rien en suite. S'il badinoit comme Voiture, on luy passeroit ses pensées toutes hardies, toutes fausses qu'elles sont, car je le répete, on peut tout dire en riant, & mesme si vous y prenez garde, le faux devient vray à la faveur de l'ironie: c'est elle qui a introduit ce que nous appellons *contreveritez*, & qui fait que quand on dit d'une femme libertine & scandaleuse, que c'est une tres-honneste personne; tout le monde entend ce qu'on dit, ou plûtost ce qu'on ne dit pas.

Mais je suis las de parler tout seul, & vous

Omnis falsè dicendi ratio in eo est, ut aliter quàm est, rectum verumque dicatur. *Quintil. lib. 6. cap. 3.*
Intelligitur quod non dicitur. *Ibid.*

voulez bien que je respire un moment. Je vous ay écouté sans vous interrompre, repliqua Philanthe; parce que je prenois plaisir à vous entendre, & que je ne voulois rien perdre d'une doctrine dont je n'avois que des idées fort confuses. Je me réjoüis au reste, continua-t-il, que vous fassiez un peu grace à l'hyperbole, qui est si chere aux Italiens & aux Espagnols mes bons amis. J'entens raison comme vous voyez, repartit Eudoxe, & je ne suis pas si sévere que vous pensiez: mais ne vous y trompez pas, ajouta-t-il, & souvenez-vous à quelles conditions ces figures sont permises; sur tout n'oubliez jamais ce qu'a dit un des meilleurs esprits de nostre siécle.

Rien n'est beau que le vray; le vray seul est aimable;
Il doit regner par tout, & mesme dans la fable.

Je doute, repliqua Philanthe, qu'il regne dans une Epitaphe de François I. composée en dialogue par Saint Gelais: je l'ay leüe depuis peu, & ne l'ay pas oubliée.

Qui tient enclos ce marbre que je voy?

Réponse. *Le grand François incomparable Roy.*

Comme eût tel Prince un si court monument?

Réponse. *De luy n'y a que le cœur seulement.*

PREMIER DIALOGUE.

Donc icy n'est pas tout ce grand vainqueur.

Réponse. *Il y est tout ; car tout il estoit cœur.*

Vostre doute est tres-bien fondé, repartit Eudoxe. Une piéce toute sérieuse demande quelque chose de plus solide & de plus réel.

A ce compte-là, dît Philanthe, l'Epitaphe du Maréchal de Ranzau ne vaudroit gueres mieux que celle de François I. Je me souviens du dernier vers qui renferme toute la pensée. Vous sçavez que ce Maréchal avoit perdu un œil & une jambe à la guerre, & qu'on ne vit peut-estre jamais un Général d'armée plus estropié que luy. Le Poéte fonde là-dessus sa pensée. Aprés avoir dit qu'il n'y a sous le marbre qu'une moitié du grand Ranzau, & que l'autre est demeurée au champ de bataille, il conclut ainsi :

Et Mars ne luy laissa rien d'entier que le cœur.

Outre le cœur, interrompit Eudoxe en riant, ne luy laissa-t-on pas le poumon & le foye entiers sans parler du reste? La pensée vous semble donc fausse, reprit Philanthe? Oûï, repartit Eudoxe, & j'aime bien mieux ce que dit Voiture à Mademoiselle Paulet. Ecoûtez-le.

Si j'osois écrire des lettres pitoyables, je dirois des choses qui vous feroient fendre le cœur ;

„ mais pour vous dire le vray, je feray bien-aife
„ qu'il demeure entier; & je craindrois que s'il
„ eftoit une fois en deux, il ne fuft partagé en
„ mon abfence. Vous voyez comme je me fçay
„ bien fervir des jolies chofes que j'entens dire.

Car enfin, pourfuivit Eudoxe, Voiture s'égaye
& fe joüe : il fe moque mefme de quelqu'un
qui avoit dit quelque chofe de femblable; & je
m'étonne que l'Auteur de *la Jufteffe* ait fait fur
cela le procés à Voiture mefme. Le Cenfeur n'a
pas fans doute pris garde à ces paroles, *Vous
voyez comme je me fçay bien fervir des jolies chofes
que j'entens dire.*

Mais quand Voiture auroit parlé de fon chef,
je ne le chicanerois pas : c'eft un Ecrivain enjoûé,
qui dans une petite débauche d'efprit dit des
folies de gayeté de cœur pour fe réjoüir & pour
réjoüir les autres; de mefme à peu prés qu'en diroit un homme de belle humeur, qui eftant à
table avec fes amis feroit femblant d'extrava-
guer aprés avoir un peu bû. On ne doit pas
prendre au pied de la lettre ce qui échape en ces
rencontres; & pour moy j'aurois bien plus de
peine à fouffrir qu'un Ecrivain dît de fens froid,
aprés avoir eû un vomiffement de fang.

„ Je n'oferois pas dire comme auparavant que
„ je vous aime de toute mon ame, puis que j'en
„ ay perdu plus de la moitié. Pour parler régulié-
rement,

PREMIER DIALOGUE.

rement, je dis que je vous aime de toute ma
force.

Ce sont les paroles de Balzac que je lisois ce matin, & qui m'ont frapé. Qu'y trouvez-vous à reprendre, dît Philanthe? Outre qu'il n'est permis qu'aux Poëtes, reprit Eudoxe, de confondre le sang avec l'ame, & de prendre l'un pour l'autre : s'il a perdu la moitié de son ame, il ne luy reste plus gueres de forces ; & c'est exprimer sa tendresse foiblement, que de dire à son ami qu'il l'aime de toute sa force.

Mais ce qu'il dit ailleurs n'est pas plus vray, ni plus juste. Je suis aussi dechiré que si je m'estois trouvé dans toutes les batailles que j'ay leûës. Je ne suis plus qu'une piéce de moy-mesme, plus que le quart ou le demi-quart de ce que j'ay esté.

Il n'appartient qu'à Voiture, poursuivit Eudoxe, de penser plaisamment & correctement tout ensemble ; voicy un endroit qui le prouve bien.

Je ne puis pas dire absolument que je sois arrivé à Turin ; car il n'y est arrivé que la moitié de moy-mesme : vous croyez que je veux dire, que l'autre est demeurée auprés de vous. Ce n'est pas cela : c'est que de cent & quatre livres que je pesois, je n'en pese plus que cinquante-deux ; il ne se peut rien voir de si maigre, ni de si décharné que moy.

Vous voyez que Voiture n'eſt point faux dans ſon enjoûment, & que Balzac l'eſt dans ſon ſérieux. Mais ſçavez-vous bien, ajoûta-t-il, qu'une ſeule penſée fauſſe eſt capable de gaſter une belle piéce de proſe ou de vers?

Malherbe n'a peut-eſtre rien fait de plus beau que les Stances ſpirituelles qui commencent par ce vers :

N'eſpérons plus, mon ame, aux promeſſes du monde.

Et c'eſt dommage qu'il y ait du faux dans la Stance la plus remarquable :

Ont-ils rendu l'eſprit ; ce n'eſt plus que pouſſiére
Que cette Majeſté ſi pompeuſe & ſi fiére
Dont l'éclat orgueïlleux étonnoit l'Univers ;
Et dans ces grands tombeaux où leurs ames hautaines
    Font encore les vaines,
    Ils ſont mangez des vers.

Coſtar a bien remarqué que les ames de ces Rois dont le Poéte parle, n'ont garde de faire les vaines dans leurs tombeaux, où elles ne ſont pas ni ſelon noſtre théologie, ni ſelon celle des payens. Mais le ſçavant homme qui a fait des Obſervations ſi curieuſes ſur les Poéſies de Malherbe, dit Philanthe, a bien remarqué auſſi que les Poétes ont une théologie à part, ſelon laquelle Malherbe a pu dire que les ames sont dans les sepulcres comme Ronsard l'avoit dit avant luy :

Ha, que diront là-bas sous les tombes poudreuses
De tant vaillans Rois les ames généreuses?

La remarque de l'Auteur des Observations, reprit Eudoxe, est tres-vraye au regard de cette théologie particuliére des Poëtes. Il s'agit seulement de sçavoir si Malherbe parle icy en théologien du Parnasse. Je tombe d'accord qu'on peut feindre que les morts sont en corps & en ame dans leurs tombeaux, & qu'on peut mesme les y faire parler en faisant leur épitaphe. J'avouë ensuite que dans une piéce profane & toute poétique, il est permis avec Virgile, d'ensevelir les manes, & qu'on a droit de faire errer les ames des morts autour des lieux où ils ont esté enterrez : mais je doute que dans un ouvrage tout chrestien & tout uni, qui n'a rien de poétique que la versification, tel qu'est celuy de Malherbe, on puisse parler le langage de la plus haute poésie. Le Poëme de Ronsard sur les miséres du temps souffre des idées & des expressions qu'une Stance spirituelle sur la vanité des grandeurs du monde ne comporte pas.

Id cinerem, & manes credis curare sepultos. Æneid. lib. 4.

Quoy que vous en disiez, repliqua Philanthe, il est certain que l'orgueïl des Grands paroist jusques aprés leur mort en la pompe de leurs funérailles, & sur tout en la magnificence de leurs tombeaux. Cela ne suffit-il pas pour dire que leurs ames sont encore les vaines dans ces superbes mausolées, sans qu'elles y soient elles-mesmes; puis qu'elles y étalent encore leur vanité, ou plûtost puis que leur vanité y est encore étalée ?

Je ne crois pas, répondit Eudoxe, que ce soit-là le sens du Poëte; & c'est ce me semble affoiblir sa pensée en voulant la justifier. On pourroit du moins la réctifier, dît Philanthe, en mettant *ombres*, au lieu *d'ames*:

Et dans ces grands tombeaux où leurs ombres hautaines
Font encore les vaines.

Si par *ombres*, repartit Eudoxe, on n'entend que les figures & les représentations qui sont élevées en bronze ou en marbre sur la sépulture des Rois, je n'y voy nul inconvénient : mais si on entend ce que les Anciens entendoient par *ombres* des morts, & ce qu'ils appelloient *manes*, la pensée est un peu payenne. Aprés tout je serois moins choqué de leurs *ombres* que de leurs *ames*, & peut-estre que le christianisme pourroit s'accorder en cela avec la poésie.

L'Auteur du Poëme de Saint Loûïs, repliqua Philanthe, porte les choses plus loin que Malherbe, en parlant de son Héros qui va à Saint Denis avant que de partir pour la Terre Sainte:

Il visite le Temple où régnent ses Ayeux
Dans leurs tombeaux encor du temps victorieux.

Je ne vois pas, répondit Eudoxe, comment les Rois de France régnent là, ni qu'ils y soient victorieux du temps: ils n'y sont eux-mesmes que cendres; & le temps qui consume tout, n'épargne ni leurs statuës, ni leurs mausolées.

Le défaut de ces vers françois, dit Philanthe, me fait craindre pour une Epitaphe latine du Cardinal de Richelieu que nous avons leüë ensemble plus d'une fois, & que j'ay toûjours admirée. Il faut avoûër, repliqua Eudoxe, que l'Epitaphe est pleine d'esprit, & qu'elle marque parfaitement le caractére de ce grand Ministre: mais on ne peut pas nier aussi qu'il n'y ait du faux en plus d'un endroit. Elle commence par ces mots, si ma mémoire ne me trompe: *Asta, Viator; quod usquam videbis, & audies, hîc tegitur.* Cela se peut-il soûtenir? *Arreste, Passant; tout ce que tu verras, tout ce que tu entendras en quelque lieu du monde que ce soit, est icy renfermé.*

L'endroit du chariot sur lequel le corps fut

mené la nuit au lieu de sa sépulture n'est pas plus vray ; les paroles me reviennent : *Secuti pedites, equitesque magno numero, faces prætulerunt ; crucem nemo, quia publicam currus deferebat.* Aprés avoir dit, comme vous voyez, que plusieurs gens de pied & plusieurs cavaliers portoient des flambeaux, il ajoûte : *Personne ne portoit la Croix, parce que le chariot portoit la croix publique.* N'en déplaise à l'Auteur de l'Epitaphe, sa pensée est fausse : elle pourroit estre vraye, & plaire mesme avec toute sa malignité, si dans ces sortes de pompes funébres quelqu'un portoit la Croix, & que dans celle-là on eust manqué à la porter. Mais comme ce sont des cérémonies du monde, & en quelque façon profanes, l'Eglise ne s'y mesle point : ainsi ce n'est pas parce que le chariot portoit la croix publique que personne ne portoit la Croix ; & la raison de l'Auteur n'a nul fondement. La pensée qui est à la fin ne me semble gueres plus solide : *Inter Theologos situs : ingens disputandi argumentum.* L'heureuse conclusion, *Il a esté enterré parmi des Docteurs, & il est un grand sujet de dispute!*

Voilà proprement, dît Philanthe, ce qui s'appelle des pointes. Oûi, reprit Eudoxe ; & ce sont aussi ces faiseurs de pointes qui pensent le plus souvent faux. Quelque sujet qu'ils ayent entre les mains, ils veulent briller ; & pour l'ordinaire le bon sens n'est pas ce qu'ils cherchent. Leur dessein est d'éblouïr ; mais ils n'imposent qu'au peuple, c'est à dire aux gens qui se contentent des apparences : ceux qui ont l'esprit droit & solide ne sont pas leurs dupes.

Un de ces hommes à pointes qui s'est fait admirer en son temps à la Cour de Savoye, & qui a composé en latin l'Eloge de Loüis XIII. dit que ce Prince devoit infailliblement guérir la France de tous ses maux, ayant eû pour mere une Princesse de la maison de Médicis, & estant né le jour de Saint Cosme & de Saint Damien, tous deux médecins. Il ajoûte que Loüis le Juste tenoit de son horoscope la balance, & qu'Henry le Grand luy mit l'épée à la main ; afin que le monde reconnust en sa personne une parfaite image de la Justice. Et je m'étonne, poursuivit Eudoxe, que le Panégyriste n'ait mis un bandeau sur les yeux du Prince, en luy en faisant un de son diadême : il ne restoit que cela pour rendre la pensée complete.

Galliæ medicus è matre Medicæa, Cosmæ & Damiano medicis festo die, infecto regno pepeiit genitus spem salutis.

Justitiæ simulacrum ut Ludovico mundus adoraret in puero ; jam habenti libram ab horoscopo, gladius additur ab Henrico.

Aprés tout, repliqua Philanthe, il y a de l'esprit dans cette rencontre de l'épée & de la balance. Quel esprit, bon Dieu, reprit Eudoxe ! & où en sommes nous, si la pensée de Juglaris est ingénieuse ? Je vous conseille d'admirer encore celle d'un Poëte Italien sur le signe de l'écrevice, dont le figne de la balance me fait fouvenir. C'eſt au ſujet du grand Apoſtre des Indes Saint François Xavier, à qui un cancre marin rapporta le Crucifix qu'il avoit laiſſé tomber dans la mer.

Je ſçay ce que vous voulez dire, interrompit Philanthe; la piéce eſt de l'Achillini, & je l'ay appriſe par cœur:

Perde Xaverio in mare
Il Crocifiſſo, e piange;
Quaſi che poſſa il porto
De la ſteſſa ſalute eſſer abſorto.
Mentre ſul lido ei s'ange,
Ecco un granchio marino
Recargli fra le branche il ſuo conforto:
E giuſto fù che de l'amor divino
Fra le beate arſure onde ſi duole,
Non altrove che in granchio s'haveſſe il ſole.

La belle imagination, dît Eudoxe, que parmi les ardeurs de l'amour divin dont le Saint eſtoit embraſé, le ſoleil ne puſt eſtre que dans l'écrevice! ſans parler de ce port du ſalut qui ne peut eſtre englouti. Sont-ce là, à voſtre avis, des équivoques & des métaphores dans les regles ? La penſée n'eſt peut-eſtre pas ſi bonne en François, repliqua Philanthe; mais quoy que vous en diſiez, elle eſt excellente en Italien.

Chaque

PREMIER DIALOGUE.

Chaque nation a son goust en esprit de mesme qu'en beauté, en habits, & en tout le reste. Comme si la justesse du sens, repartit Eudoxe, n'estoit pas de toutes les langues, & que ce qui est mauvais de soy-mesme, deust passer pour bon en aucun païs parmi les personnes raisonnables.

Je ne veux pas vous contredire toûjours, dît Philanthe, & j'aime mieux vous demander à propos de justesse, l'idée que vous avez d'une pensée juste.

La vérité, répondit Eudoxe, qui est indivisible ailleurs, ne l'est pas icy : les pensées sont plus ou moins vrayes, selon qu'elles sont plus ou moins conformes à leur objet. La conformité entiére fait ce que nous appellons la justesse de la pensée : c'est à dire, que comme les habits sont justes quand ils viennent bien au corps, & qu'ils sont tout-à-fait proportionnez à la personne qui les porte ; les pensées sont justes aussi, quand elles conviennent parfaitement aux choses qu'elles représentent : de sorte qu'une pensée juste est à parler proprement une pensée vraye de tous les costez & dans tous les jours qu'on la regarde. Nous en avons un bel éxemple dans l'Epigramme latine sur Didon, qui a esté traduite si heureusement en nostre Langue :

Pejus adhuc quò magis falsum est, & longius petitum. Quintil. lib. 8. c. 5.

*Pauvre Didon, où t'a réduite
De tes maris le triste sort?
L'un en mourant cause ta fuite,
L'autre, en fuyant, cause ta mort.*

<small>Infelix Dido
nulli bene nu-
pta marito :
Hoc pereun-
te fugis ; Hoc
fugiente pe-
ris.
Auson.</small>

Cela suppose, comme vous voyez, ce que raconte l'histoire, que Didon se sauva en Afrique avec toutes ses richesses aprés que Sichée eût esté tué ; & ce qu'a feint la poésie, qu'elle se tua elle-mesme aprés qu'Enée l'eust quitée.

Il est vray, dit Philanthe, que les proportions ne peuvent pas estre mieux gardées qu'elles le sont dans l'Epigramme d'Ausone, & que tout y quadre admirablement. Cependant n'allez pas vous imaginer, dit Eudoxe, que ces retours si justes soient essentiels à la justesse : elle ne demande pas toûjours tant de symmétrie, ni tant de jeu ; il suffit que la pensée soit vraye dans toute son étenduë, ainsi que je viens de dire, & que rien ne s'y démente de quelque costé qu'on la prenne. Mais il n'appartient pas à tout le monde de penser juste : il faut avoir pour cela l'esprit droit, le jugement sain, & quélque chose du génie d'Homere, qui, selon le sentiment d'Aristote, a toûjours des pensées & des paroles proportionnées au sujet qu'il traite.

Balzac qui n'est pas si correct que Voiture dans les pensées, quoy-qu'il le soit plus dans l'élocution & dans le ftile, ne laiffe pas d'avoir quelquefois beaucoup de jufteffe : témoin ce qu'il dit de Montaigne, que c'eft un guide qui " égare; mais qui mene en des païs plus agréa- " bles qu'il n'avoit promis. "

Au refte, quoy-qu'en quelque genre qu'on écrive, on doive toûjours penfer jufte, on le doit plus faire en de certains genres qu'en d'autres. L'élegie, par exemple, & la tragédie demandent une vérité plus exacte que l'épigramme & le madrigal. Il y a dans la profe des matiéres comiques & plaifantes où cette exactitude a moins de lieu : il y en a d'autres graves & férieufes où elle eft abfolument néceffaire ; & tels font les fujets qui regardent la morale. Cependant plufieurs livres de ce genre-là ne laiffent pas d'avoir beaucoup de fauffes penfées : j'en ay remarqué quelques-unes en lifant, que j'ay mefme écrites, & que je vous montreray quand nous ferons dans mon cabinet.

Comme le Soleil eftoit couché, & que le temps n'eftoit plus beau pour la promenade, Eudoxe & Philanthe fe rendirent au logis. Le cabinet d'Eudoxe eft au haut de fa maifon, & a une veûë admirable. Il eft tapiffé de cartes, & tout couronné de livres : c'eft une petite biblioteque compofée de ce qui a efté écrit de meilleur en Grec, en Latin, en Italien, en Efpagnol, & en François. Eudoxe ne s'eſt pas contenté de lire ſes livres, il en a fait des extraits qu'il relit de temps en temps; ſi bien que les choſes luy ſont fort préſentes, & qu'il ſçait preſque par cœur tous les beaux endroits de ſon recueïl.

Dés qu'ils furent dans le cabinet, Eudoxe prit un cahier, & y leût ce qui ſuit.

„ Toutes les maniéres d'écrire ne nous plaiſent
„ qu'à cauſe de la corruption ſecréte de noſtre
„ cœur : ſi nous aimons dans une piéce bien écri-
„ te le genre ſublime, l'air noble & libre de cer-
„ tains Auteurs ; c'eſt que nous avons de la vani-
„ té, que nous aimons la grandeur & l'indépen-
„ dance.

Vous avez donc remarqué cela, dît Philanthe, comme une fauſſe penſée ? Oûï, repartit Eudoxe : car qu'y a-t-il de plus faux que d'atribuer à la corruption du cœur ce qui eſt l'effet d'un diſcernement exquis, & la marque de noſtre bon gouſt ? Les ouvrages bien écrits plaiſent aux perſonnes raiſonnables, parce que dans les regles les belles choſes doivent plaire, & que tout ce qui eſt parfait en ſon genre contente l'eſprit ordinairement. La vanité n'a pas plus de part au plaiſir que donne la lecture de Virgile & de Ciceron, qu'elle en a au plaiſir qu'on prend à voir d'excellens tableaux, ou à entendre une excellente musique. L'homme du monde le plus humble est touché de ces beautez comme un autre, pourveû qu'il ait de l'intelligence & du goust. Quand je lis l'Ecriture Sainte, qui avec sa simplicité a tant de sublime, pensez-vous que ce soit l'amour de mon élévation, ou la corruption de mon cœur qui me fasse goûter ce que je lis ? N'est-ce pas plûtost le caractere simple & majestueux de la parole divine qui fait impression sur moy ? Et n'en peut-on pas dire à peu-prés autant du langage des grands maistres en poésie & en éloquence ? Quelle vision, de s'imaginer que nous n'aimons en eux la noblesse & la facilité de leur stile que par un esprit de hauteur & d'indépendance !

Je suis là-dessus de vostre avis, dît Philanthe ; & je ne sçay pourquoy on va chercher de fausses raisons, lors que les vrayes se présentent d'elles-mesmes. Mais voyons ce qui suit dans vostre cayer.

Eudoxe continua de lire.

Chacun tasche d'occuper le plus de place « qu'il peut dans son imagination, & l'on ne se « pousse & ne s'agrandit dans le monde que pour « augmenter cette idée que chacun se forme de « soy dans son propre esprit : voilà le but de tous « les desseins ambitieux des hommes. Aléxandre « & César n'ont point eû d'autre veûë dans tou- «

» tes leurs batailles que celle-là ; & si on deman-
» de pourquoy le Grand Seigneur a depuis peu
» fait périr cent mille hommes dans Candie, on
» peut répondre seûrement que ce n'est que pour
» attacher encore à cette image intérieure qu'il a
» de luy-mesme, le nom de Conquérant.

Cette pensée ne me paroist pas plus vraye que l'autre, dît Philanthe, du moins à l'égard du Grand Seigneur. Il peut n'avoir pas seulement songé à son image intérieure en assiégeant Candie. Il vouloit peut-estre prendre une place qui l'accommodoit, ou se venger des Vénitiens qui osoient luy faire la guerre. Il pouvoit vouloir augmenter sa réputation, c'est à dire, l'opinion qu'on avoit de sa puissance & de sa grandeur. Or l'opinion qu'on a de nous ne réside pas dans nous, mais dans les personnes qui nous estiment.

Ce que vous dites est de tres-bon sens, repartit Eudoxe, & ne regarde pas moins Aléxandre & César que le Grand Seigneur. Mais vous voulez bien que j'ajoûte que quand la pensée seroit vraye en quelque rencontre, elle ne peut l'estre dans l'étenduë qu'on luy donne. En effet, combien de scelerats, pour aquerir de l'estime, & pour s'élever par là, veulent paroistre fidelles, desintéressez, vertueux ? Ils sçavent en leur cœur ce qu'ils sont ; ils se font justice ; & le moin-

PREMIER DIALOGUE.   47

dre de leurs soins est d'occuper beaucoup de place dans leur imagination, pour me servir d'une phrase si nouvelle & si élegante. Bien loin de penser à augmenter dans leur propre esprit l'opinion qu'ils s'y sont formé d'eux-mesmes, ils ne songent qu'à donner aux autres une impression avantageuse de la probité qu'ils n'ont pas, & qu'ils ne veulent point avoir.

Que dis-je, selon le sentiment de Pascal, qui est le Héros & le modele de l'Auteur dont nous examinons la pensée ! Nous voulons tous vivre « dans l'idée d'autruy d'une vie imaginaire. Si « nous avons de la générosité, de la fidélité, de « la modération, nous nous empressons de le faire « sçavoir pour attacher ces vertus à l'estre d'ima- « gination par lequel nous subsistons hors de « nous-mesmes; nous les détacherions plûtost de « nous que de ne les pas joindre à ce fantosme « de vie étrangere, & nous serions volontiers pol- « trons pour avoir la réputation d'estre vaillans. « Il s'ensuit delà que chacun ne tasche pas d'occuper le plus de place qu'il peut dans son imagination, & que le but de tous les desseins ambitieux des hommes n'est pas d'augmenter l'idée que chacun forme de soy dans son propre esprit.

Cela me semble convainquant, dit Philanthe; passons outre, je vous prie. Ecoutez cecy, poursuivit Eudoxe.

» Quand les ignorans voyent ces grandes bi-
» bliotheques que l'on peut appeller à quelque
» chose prés le magazin des fantaisies des hom-
» mes ; ils s'imaginent qu'on seroit bienheureux,
» ou du moins bien habile, si on sçavoit tout ce
» qui est contenu dans ces amas de volumes qu'ils
» considerent comme des tresors de lumiére : mais
» ils en jugent mal. Quand tout cela seroit réuni
» dans une teste, cette teste n'en seroit ni mieux
» réglée, ni plus sage ; tout cela ne feroit qu'aug-
» menter sa confusion, & obscurcir sa lumiére.

L'on peut conclure delà, dît Philanthe, que l'ignorance vaudroit mieux qu'une érudition profonde, & que moins on seroit habile, plus les idées qu'on auroit des choses seroient nettes & distinctes. C'est raisonner juste sur un faux principe, répondit Eudoxe : je dis sur un faux principe ; car il n'est pas vray que les diverses connoissances qui se tirent de la lecture, produisent d'elles-mesmes la confusion & l'obscurité. Ces mauvais effets ne viennent que de la mauvaise disposition des esprits. Tel Sçavant que nous connoissons est un abisme de doctrine ; mais un abisme qu'on peut appeller un cahos où toutes les langues & toutes les sciences sont brouillées ensemble, parce que c'est l'esprit le moins méthodique & le moins clair qui fut jamais. D'autres Sçavans d'un caractére opposé
à celuy-

PREMIER DIALOGUE.

à celuy-là, ont dans la teste une infinité d'especes bien rangées, & parlent nettement de tout.

Ainsi l'homme qui sçauroit tout ce que les livres contiennent; jusqu'à devenir une bibliotheque vivante (ce qu'on a dit d'Origene) n'en seroit pas plus confus, ni plus obscur dans ses discours, si c'estoit une teste bien faite & de bonne trempe : il pourroit mesme en estre plus sage & plus réglé dans sa conduite, s'il faisoit un bon usage de ses lumiéres.

Mais ces éxemples sufisent, continua Eudoxe, pour vous faire voir le foible des pensées morales qui ne sont pas vrayes. Car je ne dis rien des maximes qui ont quelque chose de faux; & qui dés-là ne sont pas dignes du nom de maximes, dont l'unique but est de régler les mœurs, & de conduire la raison. Les réflexions historiques ne valent gueres mieux quand elles sont fausses. La vérité estant, comme vous sçavez, l'ame de l'histoire, elle doit estre répanduë dans tout ce que dit l'Historien : mais c'est dans ses réflexions qu'elle doit briller davantage; & rien n'est plus irrégulier que de penser faux sur des événemens véritables.

Plutarque qui estoit un esprit solide a senti cela, en condamnant la pensée fameuse d'un Historien sur l'incendie du Temple d'Ephese : *Plutarch. in Alexandri vita.*

qu'il ne falloit pas s'étonner que ce temple magnifique consacré à Diane eust esté bruslé la nuit mesme qu'Aléxandre vint au monde ; parce que la Déesse ayant voulu assister aux couches d'Olympias fut si occupée qu'elle ne put éteindre le feu.

Mais, interrompit Philanthe, Ciceron trouve la pensée jolie, luy qui, selon vous, pense & juge toûjours sainement. Je vous avoûë de bonne foy, reprit Eudoxe, que je ne comprens pas bien Ciceron là-dessus. Il a regardé sans doute la pensée de Timée comme l'imagination d'un Poëte, & non pas comme la réflexion d'un Historien. Cela ne se peut dire, repartit Philanthe ; car Ciceron loûë Timée d'avoir pensé si joliment dans son histoire. Pour moy je me persuade que l'Orateur Romain qui avoit l'esprit tourné naturellement à la raillerie, & qui aimoit les bons mots jusqu'à en dire quelquefois d'assez froids, ainsi que remarque Quintilien, a esté touché de ce qu'il y a de plaisant dans la pensée de Timée sans éxaminer le reste ; au lieu que Plutarque qui estoit sérieux & critique, a consideré uniquement ce qu'elle a de faux.

Ce n'est pas en juger trop mal, répondit Eudoxe. Mais ne vous semble-t-il pas que ce censeur si austére a oublié sa sévérité, en ajoûtant que la réflexion de l'Historien est si froide qu'el-

Concinnè ut multa Timæus, qui cùm in historia dixisset, qua nocte natus Aléxander esset, eadem Dianæ Ephesiæ templum deflagravisse : adjunxit minimè id esse mirandum, quod Diana cum in partu Olympiadis adesse voluisset, abfuisset domo. De Natura. Deor. lib. 2.

le fufifoit pour éteindre l'incendie ? Pour moy, je trouve la penfée de Plutarque mille fois plus fauffe & plus froide que celle de Timée; & je ne voy qu'un biais pour fauver Plutarque, c'eft de dire qu'il a voulu s'égayer dans l'endroit mefme où il parle gravement.

Quoy qu'il en foit, dît Philanthe, je conclus des divers jugemens de ces deux grands hommes, que ce qui plaift à un bon efprit ne plaift pas infailliblement à un autre. Vous avez raifon, repliqua Eudoxe, & nous pouvons joindre l'éxemple de deux célébres Académiciens François à celuy de Plutarque & de Ciceron.

Balzac ne peut fouffrir ce que dît Pompée lors qu'il s'embarqua contre l'avis des gens de mer par un temps fort orageux: *Il eft néceffaire que j'aille ; mais il n'eft pas néceffaire que je vive.* *Plutarch. in Pomp. vita.* Voilà, s'écrie Balzac, l'apparence d'un bon mot, « qui pourtant regardé de prés fe détruit foy- « mefme, & implique une parfaite contradiction : « car pour aller, il faut vivre ; & ainfi l'un eft auffi « néceffaire que l'autre. «

La Motte-le-Vayer au contraire trouve le mot excellent, plein de raifon & de fens autant que de réfolution & de courage. Qui croire des deux, interrompit Philanthe ? Je ne voy nulle contradiction dans les paroles de Pompée, repartit Eudoxe, & j'y voy tous les fentimens d'un véritable Romain. Pour éxécuter l'ordre du Senat, il déclare qu'il fait moins de cas de sa vie que de son honneur : car c'est comme s'il disoit, je suis indispensablement obligé de faire mon devoir, quand ce seroit aux dépens de ma vie; je ne dois pas ménager ma vie aux dépens de mon honneur; il est nécessaire que j'obéïsse, & que je m'embarque, quelques périls qu'il y ait à craindre sur mer dans une saison si mauvaise & par un temps si orageux ; il n'est pas nécessaire que je me conserve, ni que je vive. Où est la contradiction, poursuivit Eudoxe ? Apparemment Balzac s'est mépris aux deux sens du mot de nécessité : il n'a regardé que le sens propre & physique, en disant que pour aller il falloit vivre, & que l'un estoit aussi nécessaire que l'autre : cependant les sens de Pompée est le figuré & le moral qui emporte obligation & devoir.

Je me souviens, repliqua Philanthe, qu'Aléxandre dit dans le *Quinte-Curce* de Vaugelas: *J'aime mieux combattre que de vivre ;* & Titus dans la *Berénice* de Racine,

Mais il ne s'agit plus de vivre, il faut regner.

Ces deux traits ressemblent assez au mot de Pompée ; & nul critique ne s'est encore avisé d'y trouver à redire. Aussi n'ont-ils rien que de juste, dît Eudoxe; rien qui ne soit digne d'un grand cœur, & d'un bon esprit.

Mais pour reprendre ce que nous disions des réflexions historiques, si l'on éxaminoit la pluspart de celles que certains Historiens affectent, on y trouveroit bien du faux. Il m'en revient une entre autres que j'ay leuë dans l'histoire de la guerre de Flandre, au sujet de Barlemont, qui fut tué devant Mastric en une occasion périlleuse où Alexandre Farnese s'exposa comme un simple soldat sans recevoir la moindre blessure. L'Historien dit sur cela: *Tant il est vray qu'on n'a pas observé en vain que Dieu a soin de la vie des Princes, & qu'il n'est pas moins donné à un Général de mourir le dernier dans son armée, qu'au cœur de mourir le dernier dans l'homme.* Rien n'est plus faux que ce *tant il est vray*, au regard de la seconde proposition: car enfin le cœur meurt toûjours le dernier dans l'homme; & il n'arrive pas toûjours que les Généraux meurent les derniers dans leurs armées: témoin le Grand Gustave & le Grand Turenne, pour ne rien dire des autres qui ont esté tuez des premiers.

La réflexion d'un de nos Historiens, au sujet de l'Amiral de Chastillon, qui fut une des principales victimes de la Saint Barthelemy, me devient suspecte, repliqua Philanthe; & je suis

Adeò non ex vano observatum curæ esse Deo principum vitam; quasi non magis cordi in homine quàm Imperatori in exercitu novissimum mori datum sit. *Strad. de Bell. Belg. Dec. 2. l. 3.*

bien trompé si elle n'est fausse. L'Historien dit qu'aprés que l'Amiral eût receû un coup d'épée dans le ventre & au travers du visage, on se
» mit en devoir de le jetter par la fenestre, & qu'on
» reconnut que les personnes les plus inttrépides
» ont un attachement à la vie aussi naturel, &
» mesme aussi violent que les plus timides ; & que
» les Héros le cachent, ou pour mieux dire le dé-
» guisent plûtost qu'ils ne l'étouffent dans leur
» cœur.

Cette belle réflexion que l'Auteur fait faire
» aux meurtriers est fondée sur ce que les jambes
» de l'Amiral, qui avoit atendu constamment
» la mort pendant qu'il avoit encore l'usage de
» l'esprit, se prirent, aprés qu'il l'eût perdu, à la
» croisée de la fenestre, & s'y tinrent si fortement
» que l'on eût peine à les en détacher pour le pré-
» cipiter en bas.

Le fondement de la pensée n'est gueres solide, repartit Eudoxe, & on peut dire que la pensée ne porte sur rien : car comment des jambes qui s'atachent à la fenestre par un mouvement naturel que produit un reste d'esprits, prouvent-elles que les intrépides ressemblent aux plus timides en ce qui regarde l'amour de la vie, & que les Héros ne le sont pas véritablement, sur tout aprés qu'il ont perdu l'esprit ou l'usage de l'esprit ? Car dans l'endroit que vous venez de citer, on ne sçait si *aprés qu'il l'eût perdu* tombe sur *l'esprit* ou sur *l'usage de l'esprit*, & cependant il y a beaucoup de différence entre l'un & l'autre : le premier signifie devenir fou ; le second ne signifie qu'estre malade, & dans un estat où les fonctions de l'esprit ne sont pas libres. Quoy qu'il en soit, ce n'est pas merveille que quand l'homme n'agit plus en homme, il ne soit point brave ; & c'est se moquer que de reprocher aux Héros l'amour de la vie dans le temps où ils n'ont pas assez de raison pour braver la mort ; ou plûtost que l'inclination naturelle qu'a tout animal pour sa conservation, éteint en eux tous les sentimens de la vertu héroïque. J'aimerois presque autant les accuser de lascheté, de ce que tout couverts de blessures, & perdant leur sang de tous costez, ils ne poursuivent pas l'ennemi ; ou de ce qu'ayant rendu l'ame, ils souffrent qu'on les dépouille, & qu'on leur insulte.

Si les réflexions des Historiens, dît Philanthe, doivent estre véritables, il me semble que celles des Prédicateurs ne doivent pas estre fausses. Ce seroit corrompre la parole de Dieu, repliqua Eudoxe, que d'y mesler l'ombre du mensonge. Nous avons veû néanmoins des Prédicateurs, reprit Philanthe, charmer le monde par des discours tout semez de *concetti*, & de pen-

PREMIER DIALOGUE.

sées fausses. Le goust du siécle a bien changé là-dessus, dît Eudoxe; & on se moqueroit aujourd'huy d'un Prédicateur, qui pour prouver que les jeunes gens meurent quelquefois avant les personnes âgées, diroit que Jean courut plus viste au sépulcre que Pierre, & qu'il y vint le premier. On n'aimeroit pas non plus à entendre dire dans la chaire, que les femmes avec leurs patins ajoûtent quelque chose à leur taille contre la parole de Jesus-Christ, & qu'elles font mentir la Vérité mesme.

Præcucurrit citiùs Petro, & venit primus ad monumentum. Joann. 20. v. 4.

Je ne croy pas aussi qu'on pust souffrir maintenant des pensées que j'ay veû admirer autrefois : l'une, que le cœur de l'homme estant de figure triangulaire, & le monde de figure ronde, il estoit visible que toutes les grandeurs mondaines ne pouvoient remplir le cœur humain ; l'autre, que chez les Hébreux un mesme mot exprimoit la vie & la mort, & qu'un point seul en faisoit la différence : d'où le Prédicateur concluoit, qu'entre la vie & la mort il n'y avoit qu'un point à dire. Mais le Prédicateur parloit en l'air, & son principe n'estoit pas plus solide que sa conclusion : car il n'est pas vray que la langue Hébraïque ait un mesme mot qui signifie la vie & la mort.

J'ay entendu prescher dans ma jeunesse, repliqua Philanthe, que l'incivilité de Judas avoit esté

esté cause de sa damnation, & que ce malheureux disciple s'estoit perdu pour avoir mis la main au plat avec son Maistre. Il n'y a pas mesme trop long-temps qu'un jeune Abbé preschant la Passion à une grille, dît que Nostre Seigneur qui sua du sang de tout son corps dans le jardin des Olives, ne devoit point pleurer autrement, parce que Dieu est tout œil; qu'il garda le silence devant Hérode, parce que l'Agneau perd la voix en voyant le loup; qu'il estoit tout nu sur la croix, parce qu'il estoit tombé entre les mains des voleurs; que pour condamner la vanité des pompes funébres, il ne voulut point de flambeaux à ses funérailles, pas mesme les flambeaux du ciel; & enfin qu'il voulut estre mis dans un sépulcre de pierre, pour nous apprendre que tout mort qu'il estoit il avoit horreur de la mollesse.

Voilà une belle Passion, dît Eudoxe en souriant, & je ne doute pas que l'auditoire ne fust fort touché de ces pointes. On ne pleura pas, reprit Philanthe; mais en récompense on se récria aux beaux endroits, & sur tout les Religieuses furent extrémement satisfaites. A la vérité elles le furent un peu moins le jour de Pasques: car le Prédicateur cherchant pourquoy Jesus-Christ ressuscité apparut d'abord aux Maries, dît froidement que c'est que Dieu vouloit rendre public le Myſtére de ſa Réſurrection, & que des femmes ſçachant les premiéres une choſe ſi importante, la nouvelle en ſeroit bientoſt répanduë par tout.

Croyez-moy, repartit Eudoxe d'un air chagrin, il faudroit défendre la chaire à ces diſcoureurs qui deshonorent le miniſtére de la Prédication, & qui le rendent inutile. Quoy, je vas au ſermon pour eſtre inſtruit, pour eſtre touché; & je n'y entendray que des bagatelles qui ne ſont propres qu'à me faire rire, & qui à peine pourroient avoir place dans les diſcours Académiques du Loredan, ou du Mancini!

Pour moy, continua-t-il, je ne puis ſouffrir qu'on plaiſante hors de propos, ni qu'on raiſonne de travers; & j'aimerois mieux un ſimple proverbe, que cent traits d'eſprit badins & frivoles; car au moins les proverbes n'ont point de faux, & la vérité contente toûjours.

Comme je ne hais pas les proverbes quand ils ſont bien choiſis & bien appliquez, repartit Philanthe, je trouve aſſez bon la préférence que vous leur donnez. Il y en a d'Hebreux, de Grecs, de Latins, d'Italiens, d'Eſpagnols, & de François, ou plûtoſt ce ſont preſque les meſmes en toutes langues : mais quelque langage qu'ils parlent, ils ne diſent rien que de

PREMIER DIALOGUE.

véritable, & pour l'ordinaire ils cachent un grand sens sous des termes bas.

Les sentences communes & autorisées de l'approbation publique, repliqua Eudoxe, ont la vérité des proverbes sans en avoir la bassesse. Par exemple celles-cy : *Un homme de bien n'est étranger nulle part. C'est estre heureux que d'estre content de sa fortune. La bonne fortune est plus difficile à porter que la mauvaise ;* ou pour mieux dire, les sentences sont les proverbes des honnestes gens, comme les proverbes sont les sentences du peuple.

A propos de fortune, dit Philanthe, je voudrois sçavoir le jugement que vous faites des pensées où la fortune entre comme personnage, telles que sont celles-cy : *La Fortune ne considére pas toûjours le mérite. La Fortune favorise souvent l'injustice.*

A regarder ces pensées dans leur origine, repartit Eudoxe, elles sont purement payennes ; car les Payens adoroient une Déesse Fortune qui gouvernoit tout selon son caprice, & qui estoit rarement d'accord avec la vertu. C'est à cette Divinité bizarre & maligne qu'on faisoit des vœux en toutes rencontres ; & c'est d'elle dont parlent les Auteurs profanes quand ils disent que les faveurs de la Fortune ne sont jamais pures ; que la Fortune se joüe de nos maux sans

Fortuna nunquam simpliciter indulget. *Quint. Cur. lib. 4.*

Fortuna impotens quales ex humanis malis tibi ipsa ludos facis ?

Senec. Consol. ad Polybium. Quales ex humili magna ad fastigia rerum

nulle pitié ; & que toutes les fois quelle veut se réjoüir, elle éleve au faîte des grandeurs humaines les hommes de la plus basse condition.

Extollit, queties voluit Fortuna jocati.
Juvenal sat. 3.

Tout cela est vray dans le système du paganisme ; mais rien n'est plus faux dans la Religion chrétienne qui ne connoist point d'autre Fortune que la Providence, & qui rejette la Déesse Fortune comme une vaine chimere. Cette chimere pourtant s'est établie parmi nous; & l'usage veut non seulement contre la raison, mais contre la Religion, qu'en prose & en vers nous fassions un personnage de la fortune. La lecture des Anciens a introduit un usage si peu religieux, & nos plus sages écrivains
" le pratiquent sans scrupule. Ils disent que la For-
" tune se sert quelquefois de nos defauts pour nous
" élever; que la Fortune a beau élever de certai-
" nes gens, qu'elle ne leur apprend point à vivre;
" que la Fortune se lassa de favoriser Charles V.
" & qu'elle voulut réparer en la personne d'Hen-
" ry II. les injustices qu'elle avoit faites à Fran-
" çois I.

Je défere trop à l'usage, & je respecte trop nos Maistres pour n'approuver pas ces pensées : mais si j'osois dire mon sentiment là-dessus, je dirois qu'on y pourroit garder des mesures. Je m'explique. Toute la question se réduit presque à la prose; car la système de la poésie estant

PREMIER DIALOGUE.

de soy fabuleux & tout payen, la Déesse Fortune y est receuë sans difficulté avec la Déesse Diane & la Déesse Minerve; & nos Poétes ont droit de la faire agir dans le caractére que les Idolâtres luy ont donné. Je croy donc qu'en prose nous pouvons estre un peu payens de ce costé-là; quand la matiére de nos ouvrages ressemble à celle des livres d'où nous avons pris ce personnage de fortune : je veux dire quand nostre Religion n'y a nulle part, tels que seroient des Panegyriques & des histoires profanes, des discours de pure morale & de pure politique, des dialogues semblables à celuy qu'un homme d'esprit fit il y a quelques années, & qui a pour titre, *Dialogue de la fortune & du mérite*. Mais je doute qu'on doive si fort faire agir la fortune dans des ouvrages purement chrétiens; & il me semble qu'un sermon ne souffre pas des pensées qui ne peuvent avoir qu'un sens payen, telles que seroient celles-cy : *La Fortune se plaist à abbatre ceux qu'elle a élevéz au haut de sa roüë. La Fortune traverse souvent les Grands de la terre ; comme si elle estoit jalouse des faveurs qu'elle leur a faites.* Je dis que ces pensées ne peuvent avoir qu'un sens payen ; parce qu'elles ne peuvent s'entendre que de la Déesse Fortune, & qu'on ne peut dire véritablement de la Providence divine qu'elle éleve au haut de fa roüë, ni qu'elle foit jaloufe des faveurs qu'elle fait.

Je voy bien, répondit Philanthe, que vous voulez banir de la chaire le mot de fortune quand il fignifie autre chofe que bonheur ou malheur, & qu'on en fait une perfonne. Non, reprît Eudoxe, je confens, puis que l'ufage l'a emporté, que la Fortune éleve les bergers fur le trofne; que la Fortune renverfe les deffeins les mieux concertez; que la Fortune favorife les armes des bons Princes; car cela peut s'entendre de la Providence: mais je ne voudrois pas qu'un Prédicateur attribuaft jamais au perfonnage de fortune ce qui ne peut convenir qu'à la Déeffe du paganifme; & je le trouverois ridicule de dire: *Cette aveugle divinité qui préfide aux évenemens de la vie, & qui difpenfe les biens & les maux felon fon caprice*, à moins que ce ne fuft pour fe moquer de l'aveuglement des Payens.

Il ne feroit pas peut-eftre trop mal auffi de corriger quelquefois le mot de Fortune par celuy de Providence, en difant, à l'éxemple de l'Auteur des *Penfées diverfes*, qui font imprimées aprés celles de la Marquife de Sablé: *La Fortune, ou, pour parler plus chrétiennement, la Providence diftribuë les rôlles que chacun joüë fur le grand théatre du monde*; ou comme a fait un illuftre

Académicien dans le Panegyrique du Roy: *Parmi tant de prosperitez & de triomphes, s'il faut que la Fortune, ou plûtost cette Sagesse supérieure qui ne semble aveugle qu'à l'aveuglement humain, le traite une fois ou deux comme tout le reste des plus grands hommes; on croiroit qu'elle ne veut humilier la Nation que pour relever davantage le mérite du Prince.*

Les mesme régles devroient s'observer à mon avis dans une histoire Ecclesiastique; & si je faisois celle de l'héresie en parlant de Zisca ce fameux chef des Hussites, qui après avoir perdu la veüë ne laissoit pas de conduire des armées, & de remporter des victoires, je ne dirois point: *Comme si la Fortune qui est aveugle eust pris plaisir à favoriser un autre aveugle*; & quand nostre Religion me le permettroit, je doute que le bon sens me le permist. Je dirois bien avec Ciceron dans une piéce toute profane: *Non seulement la Fortune est aveugle; mais le plus souvent elle rend aveugles ceux qu'elle embrasse.*

Je suis là-dessus tout-à-fait de vostre goust, interrompit Philanthe, & je vous asseûre que ce fantosme de fortune m'a toûjours choqué dans les discours de piété, sur tout quand on luy fait faire une personnage indigne de la Sagesse divine. Mais je ne trouverois pas mauvais qu'un homme du monde écrivist dans les mé-

Non solùm ipsa Fortuna cæca est, sed eos etiam plerumque efficit cæcos quos complexa est. *De Amicit.*

moires de sa vie : *Les malheureux ne le font pas toûjours, & mesme la Fortune nous apprend par son inconstance que c'est au malheureux à esperer, & aux heureux à craindre.* Ni que dans une histoire plaisante quelqu'un dist : *Si je ne me trouve qu'un malheureux Comédien, c'est sans doute que la Fortune s'est voulu venger de la Nature, qui avoit voulu faire quelque chose de moy sans son consentement ; ou, si vous voulez, que la Nature prend quelquefois plaisir à favoriser ceux que la Fortune a pris en aversion.*

Mais que dites-vous de ces personnages qu'on introduit dans les Epitres dédicatoires ? Entendez-moy, s'il vous plaist. L'Auteur d'un ouvrage qui traite des conquestes de César, ou des aventures d'Hippolite, ne fait point de difficulté de dire à un Prince, en luy dédiant son livre : *Voicy le vainqueur des Gaules qui vient vous rendre ses hommages. Hippolite sort du fonds des bois dans le dessein de vous faire sa cour.*

Il n'y a rien de plus faux que cela, repartit Eudoxe ; & c'est se moquer que de confondre le livre qu'on dédie avec le Héros qui fait le sujet du livre, à moins que l'Auteur, par une espece de fiction, ne fasse parler son Héros ou son Héroïne au lieu de parler luy-mesme, comme l'a fait spirituellement un de nos Poétes, en faisant imprimer une piéce de Théatre.

Cependant

PREMIER DIALOGUE.

Cependant Voiture qui est un de vos oracles, repliqua Philanthe, confond le Héros avec le Roman, & prend l'un pour l'autre dans deux de ses Lettres. Il ouvrit le livre, & leût le commencement de la Lettre qui a pour titre, *A Monseigneur le Duc de Bellegarde, en luy envoyant l'Amadis.* Monseigneur, en une saison où « l'histoire est si brouillée, j'ay cru que je vous « pouvois envoyer des fables, & qu'en un lieu où « vous ne songez qu'à vous délasser l'esprit, vous « pourriez accorder à l'entretien d'Amadis quel- « ques-unes de ces heures que vous donnez aux « gentilshommes de vostre Province. J'espere que « dans la solitude où vous estes, il vous divertira « quelquefois agréablement, en vous racontant « ses aventures qui seront sans doute les plus bel- « les du monde, tant que vous ne voudrez pas « qu'on sçache les vostres. «

Vous voyez que dans le titre il s'agit du livre qu'on appelle *l'Amadis*, & que dans la Lettre l'Auteur parle du Héros surnommé *Amadis de Gaule*. Il fait le mesme dans la lettre qui a pour titre, *A Madame de Saintot, en luy envoyant le Roland furieux d'Arioste traduit en François.* Ecoutez les premières lignes. Voicy sans doute la plus « belle aventure que Roland ait jamais eûë; & « lors qu'il défendoit seul la couronne de Char- « lemagne, & qu'il arrachoit les sceptres des mains «

I

" des Rois, il ne faifoit rien de fi glorieux pour
" luy qu'à cette heure qu'il a l'honneur de baifer
" les voftres.

Si j'ofois condamner Voiture, repartit Eudoxe; je dirois qu'en ces deux rencontres il s'oublie un peu, & fort du caractére de véritable bel efprit: mais j'aime mieux dire qu'il fe joûë agréablement de fon fujet, & que des Lettres galantes ne demandent pas une vérité fi auftére que des Epitres dédicatoires, qui font d'elles-mefmes graves & férieufes. Je vous entens, dît Philanthe, & je m'apperçois que je commence à démefler le vray du faux. Je ne fçay pourtant, ajoûta-t-il, fi une penfée que j'ay veûë depuis peu dans des Mémoires tres-curieux & tres-bien écrits eft vraye ou fauffe ; la voicy en propres termes: *Le cœur eft plus ingénieux que l'efprit.*

Il faut avoûër, repartit Eudoxe, que le cœur & l'efprit font bien à la mode : on ne parle d'autre chofe dans les belles converfations ; on y met à toute heure l'efprit & le cœur en jeu. Nous avons un livre qui a pour titre, *Le Démeflé du cœur & de l'efprit;* & il n'y a pas jufqu'aux Prédicateurs qui ne faffent rouler fouvent la divifion de leurs difcours fur le cœur & fur l'efprit. Voiture eft peut-eftre le premier qui a oppofé l'un à l'autre, en écrivant à la Marquife de Sa-
" blé. Mes Lettres, dit-il, fe font avec une fi véri-

table affection, que si vous en jugez bien, vous «
les estimerez davantage que celles que vous me «
redemandez. Celles-là ne partoient que de mon «
esprit; celles-cy partent de mon cœur. «

L'Auteur des *Réflexions morales* rencherit bien
sur Voiture, en disant que l'esprit est toûjours «
la dupe du cœur; que chacun dit du bien de «
son cœur, & que personne n'en ose dire de son «
esprit; que l'esprit ne sçauroit joüer long-temps «
le personnage du cœur. «

Mais pour ne nous pas écarter, ce que vous
m'avez proposé tient un peu de la nature des
paradoxes, qui sont faux & vrais tout ensemble
selon les différens jours sous lesquels on les consi-
dere. Car si vous ne regardez pour ainsi dire que
l'écorce de la pensée; si vous vous attachez aux
termes dans lesquels elle est conceüë, il est faux
que le cœur ait plus d'esprit que l'esprit mesme :
mais si vous aprofondissez la chose, & que sans
vous amuser aux paroles, vous alliez au sens ;
vous trouverez qu'il est vray qu'une personne
qui aime a plus de veûës, plus d'expédiens ,
& plus d'adresses pour venir à bout de ses desseins en ce qui regarde sa passion, que n'en a
une personne fort spirituelle & fort habile qui
n'aime point.

On ne peut mieux éclaircir la question, dît
Philanthe. Mais il faut, poursuivit Eudoxe, que

je vous consulte à mon tour, & que vous me disiez vostre sentiment sur la pensée d'un Historien Grec, sur laquelle deux Sçavans de nostre siécle ne s'acordent pas : ces deux Sçavans sont Girac & Costar. Pour entendre la pensée, il est nécessaire de sçavoir le fait.

Un Cavalier Persan prit dans le combat, & renversa de cheval une femme Scithe. L'ayant trouvée jeune & belle, il luy donna la vie & la liberté : mais dés qu'il l'eût perduë de veüë, il vint à l'aimer passionnément. Comme elle méprisa sa passion, il fut saisi d'une violente douleur, & le desespoir luy fit prendre la résolution de mourir. Il mourut en effet ; mais il écrivit auparavant à celle qui estoit la cause de sa mort : *Je vous ay sauvé la vie, & je viens de mourir pour vous.*

On demande s'il y a de la vérité dans *je viens de mourir pour vous :* car pour le dire, il ne faut pas estre mort ; & pour le dire véritablement, il ne faut pas estre en vie.

Ne pourroit-on pas vérifier ces paroles, repliqua Philanthe, en disant que le Cavalier envoya peut-estre sa Lettre avant que de mourir, & qu'il prit si bien ses mesures que la Femme ne receût la nouvelle de sa mort que quand il fut mort effectivement ? L'expédient est trescommode, reprît Eudoxe, & je pense que Girac l'a imaginé avant vous : car il soûtient contre Costar que les paroles du billet sont vrayes. Mais son expédient ou le vostre n'empesche pas qu'elles ne fussent fausses dans le temps qu'elles furent écrites ; puis que le Persan n'estoit pas encore mort lors qu'il écrivoit, *Je viens de mourir pour vous.*

Il n'appartient, si nous en croyons Costar, qu'à l'Amant transi pour qui Madame Desloges composa un air, de dire dans une chanson ; *Je vais mourir, je me meurs, je suis mort.*

A la vérité Démétrius Phaleréus favorise le sentiment de Girac, en disant que Ctesias, c'est le nom de l'Historien grec, fit dire au Cavalier, qu'il venoit de mourir ; parce que cela avoit beaucoup plus d'emphase & de force que s'il eust dit simplement, *Je meurs, ou je vais mourir :* Car les choses sont bien plus évidentes, & font bien plus d'impression sur les esprits, ajoûte Démétrius, aprés qu'elles ont eû leur accomplissement ; que lors qu'elles se font, ou qu'elles se doivent faire dans la suite.

Je conclus delà, dît Philanthe, que la pensée seroit fausse si on la prenoit à la lettre, & suivant la rigueur des termes ; mais qu'elle ne l'est pas, pourveû que par *je viens de mourir* on entende *je meurs,* ou *je vais mourir :* c'est à dire que la fausseté, s'il y en a, n'est que dans l'expreſſion, ou dans le tour qu'on donne à la penſée, pour la rendre plus claire & plus vive.

Pour moy je conclus, repartit Eudoxe, que le Cavalier ne ſe feroit jamais aviſé de luy-meſme d'uſer en mourant d'une expreſſion ſi éloquente, & qu'il auroit dit naturellement, *Je meurs pour vous;* ſi Cteſias ne l'euſt fait parler à ſa mode. Car cét Hiſtorien n'aimoit pas la ſimplicité : & Démétrius luy-meſme le nomme Poéte, non ſeulement à cauſe des fables dont il remplit ſon hiſtoire ; mais encore à cauſe de ſon ſtile empoullé, fleuri & poétique.

Concluons enfin de tout ce que nous avons dit, que la raiſon eſt d'elle-meſme ennemie du faux, & que ceux qui veulent penſer juſte, doivent imiter les grands Peintres, qui donnent de la vérité à tous leurs ouvrages ; ou plûtoſt ſuivre la nature ſur laquelle les Peintres ſe réglent. Delà vient auſſi que les comparaiſons bien choiſies & tirées de la nature fondent toûjours des penſées trés-raiſonnables, témoin celles-cy :

Les perſonnes reconnoiſſantes ſont comme ces terres fertiles, qui rendent beaucoup plus qu'elles n'ont receû.

Les actions des Princes reſſemblent aux grandes riviéres dont peu de gens ont veû l'origine, & dont tout le monde voit le cours.

Séneque qui ne penſe pas toûjours juſte, en

PREMIER DIALOGUE. 71

suivant son propre génie, est vray & correct dans ses pensées lors qu'il copie la nature ; & toutes ses comparaisons sont les plus belles du monde.

J'ay dit que les comparaisons devoient estre bien choisies : car il est aisé de s'y méprendre, & les plus habiles s'y méprennent quelquefois. Le Cardinal Pallavicin estant encore Jésuite, & dédiant à *Monsignor Rinuccini* Archevesque de Fermo un de ses ouvrages que j'ay icy, intitulé, *Considerationi sopra l'arte dello Stile e del Dialogo*, dit à ce Prélat pour le loüer de divers Traitez qu'il avoit écrits touchant les fonctions Episcopales : *Il sentir materie cosi aride, cosi austere, cosi digiune, trattate con tanta copia di pellegrini concetti, con tanta soavita di stile, con tanta lautezza d'ornamenti e di figure, fummi ogetto di più alto stupore che non sarrebono i deliziosi giardini fabricati sù gli ermi scogli dall' arte de negromanti.*

La comparaison n'est pas heureuse : car outre qu'il n'y a gueres de rapport entre un Evesque & un Magicien ; dire que ces matiéres si féches & si dures, mais traitées avec tant d'esprit, tant de politesse & tant d'éloquence, ont quelque chose de plus surprenant que ces jardins délicieux qui paroissent tout-à-coup sur des rochers affreux & steriles avec le secours de la magie : n'est-ce pas dire, sans y penser, que les ouvrages du Prélat ne sont pas solides, & qu'il y a plus d'apparence que de fonds dans ce qu'il écrit? A la vérité les palais & les jardins enchantez éblouïssent & charment les yeux; mais tout cela n'est qu'illusion, & il n'y a rien de moins réel que ce qui y plaist davantage.

Le feu Duc de la Rochefoucault qui pensoit si juste, & qui jugeoit si sainement, interrompit Philanthe, dît un jour, après avoir leû je ne sçay quel ouvrage plein de subtilité & de brillant, qu'il luy sembloit voir ces palais bastis en l'air à force de charmes, & qui s'en vont en fumée dans le temps qu'on en est le plus éblouï.

La pensée du Duc de la Rochefoucault, reprit Eudoxe, est vraye autant que celle du Cardinal Pallavicin est fausse. Mais en matiére de comparaisons, ajoûta-t-il, il faut éviter sur tout de falsifier la nature, pour ainsi dire; en luy atribuant ce qui ne luy convient pas, à l'éxemple de ces Orateurs, ou plûtost de ces corrupteurs de l'éloquence dont se moque Quintilien, qui disoient comme quelque chose de beau; que les grands fleuves estoient navigables à leur source, & que les bons arbres portoient du fruit en naissant.

Quod quidem genus à quibusdam declamatoria maximè licentia corruptum est. Nam & falsis utuntur: magnorum fluminum navigabiles fontes sunt, & generosioris arboris statim planta cum fructu est. Lib. 8. c. 4.

Ce qui m'étonne, repartit Philanthe, c'est que le Cardinal Pallavicin n'ait pas pensé juste
dans

PREMIER DIALOGUE. 73

dans un livre qui traite de la justesse du stile, & où l'Auteur accuse de faux de bons Ecrivans; entre autres le Tasse, qui avant que de décrire la derniére bataille des Infidelles avec les Chrétiens, dit que les nuées disparurent sur le point que se donna le combat, & que le ciel voulut voir sans voile les grandes actions de valeur qui s'alloient faire de part & d'autre :

e senza velo
Volse mirar l'opre grandi il cielo.

Car nous sçavons bien, dit le Pallavicin, que le « ciel matériel n'a point d'yeux pour voir, ni d'a- « me pour vouloir, & que les habitans du ciel, « si c'est d'eux qu'on entend parler, voyent au « travers des plus épaisses nuées ce que les mor- « tels font sur la terre. «

Il critique encore je ne sçay quel Poéte de son temps, qui voulant loüer un ancien Sculpteur sur la statuë d'une Déesse, avoit dit de luy qu'il estoit luy-mesme un Dieu, parce qu'il n'appartenoit qu'à un Dieu de donner la vie à des marbres.

Tu pur Dio sei;
Che Dio sol è, chi puo dar vita à i marmi.

Ce sophisme consiste, selon le Censeur, à prendre dans le sens propre ce qui ne se prend d'ordi-

K

naire que dans le sens métaphorique; je veux dire, l'avantage qu'on attribuë aux excellens Sculpteurs de donner la vie aux marbres. Cét avantage dans le sens propre est un effet & une marque de la puissance divine; tel qu'il fut dans Jupiter, qui, suivant la fable, anima les pierres que jetterent Deucalion & Pirrha: ce qui n'est pas vray, & ne se peut dire des Sculpteurs que dans une signification métaphorique, par la ressemblance qu'ont leurs statuës avec les choses vivantes.

Je suis surpris, dis-je, qu'un Critique si éxact & si judicieux soit tombé luy-mesme dans le defaut qu'il reprend. Pour moy, repartit Eudoxe, je ne m'en étonne pas: les sages ont de mauvais intervales, comme les fous en ont de bons; & de mesme qu'en matiére de mœurs & de langue, ceux qui sçavent bien les regles ne les gardent pas toûjours; il arrive quelquefois que les Philosophes font des sophismes. Vous & moy, avec toutes nos réflexions sur la fausseté des pensées, sommes capables de nous égarer, & nous nous égarons peut-estre lors mesme que nous voulons redresser les autres. Du moins aimons-nous la vérité jusques dans nos égaremens: que dis-je, tous les hommes l'aiment; & quand *Aug. Ep. 19.* nous lisons quelque chose de vray, ce n'est ni le livre, ni l'Auteur qui nous le fait trouver vray ; c'est quelque chose que nous portons en nous-mesmes de bien élevé audessus des corps & de la lumiére sensible, & qui est une impression, un rejaillissement de la lumiére éternelle de la vérité. Aussi un des bons esprits de nostre siécle nous asseûre, que quand un dis- « cours naturel peint une passion, on trouve dans « soy la vérité de ce qu'on entend, qui y estoit « sans qu'on le sceust; & on se sent porté à aimer « celuy qui nous le fait sentir : car il ne nous fait « pas montre de son bien, mais du nostre. «

Tout cela est beau & curieux, dît Philanthe. Mais pour penser bien, suffit-il que les pensées n'ayent rien de faux ? Non, repliqua Eudoxe : les pensées à force d'estre vrayes, sont quelquefois triviales ; & pour ce sujet Ciceron loüant celles de Crassus, aprés avoir dit qu'elles sont si saines & si vrayes, ajoûte qu'elles sont si nouvelles, & si peu communes ; c'est à dire, qu'outre la vérité qui contente toûjours l'esprit, il faut quelque chose qui le frappe, & qui le surprenne. Je ne dis pas que toutes les pensées ingénieuses doivent estre aussi nouvelles que l'estoient celles de Crassus ; il seroit difficile de ne rien dire qui ne fust nouveau : c'est assez que les pensées qui entrent dans les ouvrages d'esprit, ne soient point usées : que si l'invention n'en est pas tout-à-fait nouvelle, la maniére

Sententiæ Crassi tam integræ, tam veræ, tam novæ. De Orat. l. 2.

dont on les tourne le foit au moins : ou que fi elles n'ont pas la grace de la nouveauté, mefme dans le tour ; elles ayent je ne fçay quoy en elles-mefmes qui donne de l'admiration & du plaifir. Ah voilà ce que j'aime, dît Philanthe, & je meurs d'envie de fçavoir tout ce que vous penfez là-deffus.

Ce fera pour une autre fois, repartit Eudoxe ; auffi-bien eft-il déja tard, & je voy que l'on a fervi. Ils finirent là leur converfation : ils fouperent, & ne parlerent que de chofes indifférentes avant que de fe retirer.

LA MANIERE
DE
BIEN PENSER
DANS
LES OUVRAGES
D'ESPRIT.

SECOND DIALOGUE.

PHILANTHE eût toute la nuit l'imagination remplie du vray & du faux qui avoient esté le sujet de leur entretien. Les principes & les éxemples sur quoy Eudoxe avoit le plus appuyé, luy revinrent en l'esprit à son réveil : mais les derniéres paroles de son ami luy donnerent une extréme impatience de renoüer le discours.

Il se leva de bonne heure contre sa coustume, & alla aussitost chercher Eudoxe que l'amour de l'étude rend fort matineux, à l'éxemple de ces Philosophes, qui croyoient que les heures du jour les plus précieuses pour les gens de lettres estoient celles du matin : sans doute parce que la teste est plus libre alors, & que les images des choses y sont plus nettes aprés le sommeil ; ou parce que l'esprit est plus recueilli avant que les affaires le dissipent. Philanthe trouva Eudoxe dans son cabinet, & luy témoigna d'abord combien il souhaitoit qu'ils reprissent leur entretien des pensées. Je travaille pour cela, dît Eudoxe ; & il y a plus d'une heure que je revois tout ce que j'ay tiré de bon des Anciens & des Modernes.

Pour revenir donc où nous en estions hier, je vous disois qu'en matiére de pensées ingénieuses, le vray ne suffisoit pas, & qu'il y falloit ajoûter quelque chose d'extraordinaire qui frappast l'esprit. Nous l'avons dit, & on ne sçauroit trop le dire : la vérité est à la pensée ce que les fondemens sont aux édifices ; elle la soûtient, & la rend solide. Mais un bastiment qui ne seroit que solide n'auroit pas de quoy plaire à ceux qui se connoissent en architecture. Outre la solidité, on veut de la grandeur, de l'agrément, & mesme de la délicatesse dans les maisons bien basties ; & c'est aussi ce que je voudrois dans les pensées dont nous parlons. La

SECOND DIALOGUE.

vérité qui plaift tant ailleurs fans nul ornement, en demande icy ; & cét ornement n'eft quelquefois qu'un tour nouveau que l'on donne aux chofes. Les éxemples vous feront comprendre ce que je veux dire. La mort n'épargne perfonne. Voilà une penfée fort vraye, & qui ne l'eft que trop par malheur, ajoûta Eudoxe ; mais c'eft une penfée bien fimple & bien commune. Pour la relever, & la rendre nouvelle en quelque façon, il n'y a qu'à la tourner de la maniére qu'Horace & Malherbe ont fait.

Le premier la tourne ainfi, comme vous fçavez : *La mort renverfe également les palais des Rois & les cabanes des pauvres.*

_{Pallida mors æquo pede pulfat
Pauperum tabernas, regumque turres.
Carmin. lib. 1. Od. 2.}

Le fecond prend un autre tour.

Le pauvre en fa cabane où le chaume le couvre
eft fujet à fes loix,
Et la Garde qui veille aux barriéres du Louvre
n'en défend pas nos Rois.

Je vous entends, dît Philanthe : mais laquelle de ces deux penfées, ou plûtoft lequel de ces deux tours vous plaift davantage ? Chacun en fon genre a de quoy plaire, repartit Eudoxe. Le tour du Poéte latin eft plus figuré, & plus vif ; celuy du Poéte françois eft plus naturel & plus fin : il y a de la nobleffe dans l'un & dans l'autre.

Pour moy, repliqua Philanthe, j'aime sur tout les pensées qui ont de l'élevation, & qui ne représentent à l'esprit que de grandes choses. Vous n'estes pas en cela de trop méchant goust, dit Eudoxe. La sublimité, la grandeur dans une pensée est justement ce qui emporte, & ce qui ravit, pourveû que la pensée convienne au sujet: car c'est une regle générale, qu'il faut penser selon la matiére qu'on traite; & rien n'est moins raisonnable que d'avoir des pensées sublimes dans un petit sujet qui n'en demande que de médiocres: il vaudroit presque mieux n'en avoir que de médiocres dans un grand sujet qui en demanderoit de sublimes; & le Timée dont parle Longin, qui loüë Alexandre d'avoir conquis toute l'Asie en moins d'années qu'Isocrate n'avoit composé le Panegyrique des Athéniens, me fait moins de peine que Balzac

» qui dit à la Motte-Aigron: Je meure si la moin-
» dre partie de l'ouvrage que vous m'avez montré
» ne vaut mieux que tout ce qu'ont fait les Hol-
» landois, pourveû que vous en exceptiez les vi-
» ctoires du Prince d'Orange.

A la vérité Longin traite de puérilité & de bassesse la comparaison du Roy de Macédoine avec un Sophiste, & celle de la conqueste de l'Asie avec un simple discours: mais il y a encore plus de proportion entre un illustre Conquerant

Non ad persuasionem, sed ad stuporem rapiunt grandia.
Longin de sublimi, sect. 1.

A sermone tenui sublime discordat, fitque corruptum, quia in plano tumet.
Quintil. lib. 8. c. 3.

querant & un fameux Orateur, entre un effet de la vertu héroïque & un chef-d'œuvre de l'éloquence; qu'il n'y en a entre la moindre partie d'un petit ouvrage & tout ce qu'a fait une nation habile & heureuse. Car sans parler des victoires du Prince d'Orange, puis que l'Auteur veut qu'on les excepte; jusqu'où la République de Hollande n'a-t-elle point porté sa puissance sur mer & sur terre, malgré toutes les forces & toute la politique de l'Espagne?

Je ne suis pas en cette rencontre pour Balzac, dît Philanthe, mais je ne suis pas aussi pour Longin; & je le trouve trop critique de reprocher à Timée une puérilité sur la loüange d'Aléxandre. Qui diroit de Loüis le Grand, qu'il a conquis la première fois la Franche-Comté en moins de jours qu'on ne pourroit faire son Panégyrique, diroit-il à vostre avis une sottise? Et si au retour d'une campagne si courte & si glorieuse on eust dit que ceux qui devoient faire des complimens à Sa Majesté avoient besoin de plus de temps pour préparer leurs harangues, qu'elle n'en avoit mis à cette conqueste: croyez-vous que la pensée eust esté mauvaise?

Je ne le croy pas, répondit Eudoxe; & je croy pourtant que la pensée de Timée est vicieuse, par la raison que les harangues dont vous parlez ont rapport au Roy & à sa conqueste, & que le Panégyrique d'Isocrate n'en avoit point à Aléxandre ni à ses victoires. Mais ne nous écartons pas, ajoûta-t-il, & revenons à cette noblesse que vous aimez tant,

<small>*De Formis Orat. c. 6.*</small>

Hermogene a établi divers rangs de pensées nobles & majestueuses, comme il les appelle. Le premier ordre est de celles qui ont relation aux Dieux, & qui expriment quelque chose de divin. Si bien qu'on peut dire, selon la doctrine de ce Rheteur, qu'il y a beaucoup de dignité dans ce qu'a dit un Pere Grec, que le Christianisme est une imitation de la vie divine ; & un Pere Latin, que c'est se venger en Dieu que d'aimer ses ennemis.

<small>Homines ad Deos nulla re propiùs accedunt quàm salute hominibus danda. *Orat. pro Ligar.*</small>

Il n'y en a donc gueres moins, repartit Philanthe, dans ce que dit Ciceron, que les hommes n'approchent par nul endroit de plus prés des Dieux qu'en donnant la vie aux hommes. Non sans doute, repliqua Eudoxe. La pensée de Velleïus Paterculus sur Caton est à peu-prés dans le mesme rang : *C'estoit un homme tres-semblable à la vertu, dont l'esprit en toutes choses tenoit plus des Dieux que des hommes, & qui ne fit jamais le bien pour paroistre le faire.* Celle de Séneque sur les Héros & les Vertueux maltraitez de la fortune, est apparemment de cette espece, dît Philanthe. *Si un grand personnage tombe, sa*

<small>Homo virtuti simillimus, per omnia ingenio Diis quàm hominibus propior : qui nunquam rectè fecit ut facere videretur. *Lib. 2.*</small>

<small>Si magnus vir</small>

SECOND DIALOGUE. 83

chute ne diminuë rien de sa grandeur. On a pour luy les mesmes égards qu'on a pour les temples démolis, dont les personnes qui ont de la religion révérent & adorent jusqu'aux ruines.

Enfin on doit mettre dans ce premier ordre, reprît Eudoxe, la pensée fameuse de Sannazar sur la ville de Venise. Le Poëte feint que Neptune voyant Venise s'élever au milieu des eaux du Golphe Adriatique, & donner la loy à toute la mer, dît à Jupiter par une espece d'insulte : *Vantez maintenant tant qu'il vous plaira vostre Capitole & ces murs renommez de vostre Mars : si vous préferez le Tybre à la mer, regardez l'une & l'autre ville. Vous direz que celle-là a esté bastie par les hommes, & que celle-cy ne l'a pu estre que par les Dieux.*

La noblesse des pensées, continua Eudoxe, vient encore, selon Hermogene, de la nature des choses qui sont humaines à la vérité ; mais qui passent pour grandes & illustres parmi les hommes, comme la puissance, la générosité, l'esprit, le courage, les victoires, & les triomphes. En voicy des exemples que j'ay remarquez, & que j'ay écrits.

Vous n'avez receû rien de plus grand de la fortune que le pouvoir de conserver la vie à une infinité de personnes, ni rien de meilleur de la nature que la volonté de le faire : c'est à César que parle

cecidit, magnus jacuit : non magis illum putes contemni quàm cùm ædium sacrarum ruinæ calcantur ; quas religiosi æquè ac stantes adorant.
Consolat. ad Helbiam, c. 1.

Si pelago Tybrim præfers, urbem aspice utramque :
Illam homines dices, hanc posuisse Deos.

Nihil habet nec fortuna tua majus quàm ut possis : nec natura tua melius

L ij

ainsi l'Orateur Romain ; & voicy comme parle de l'Orateur Romain un Historien que vous aimez, & qui selon vous a quelque chose de plus piquant que Tite-Live : *Il n'a deû son élevation qu'à luy-mesme ; & son grand génie a empesché que les nations vaincuës n'eussent par l'esprit autant d'avantage sur les Romains que les Romains en avoient sur elles par la valeur.* Mais le vieux Séneque dit quelque chose de plus magnifique, en disant que Ciceron est le seul esprit qu'ait eû le peuple Romain égal à son empire.

Caton est peut-estre celuy des Romains qui a donné lieu à de plus hautes pensées. *Les gens de bien sont à part*, dit Virgile, *& Caton leur donne des loix. Tout est soumis dans le monde*, dit Horace, *hors l'ame fiére & indomptable de Caton.*

Je voudrois bien sçavoir, repliqua Philanthe, qui a pensé le plus noblement sur Caton, de Virgile ou d'Horace. Leurs pensées dans le fonds, répondit Eudoxe, sont presque également nobles : car il n'est guéres moins beau d'estre à la teste des gens de bien & de leur commander ; que d'estre le seul qui refuse de se soumettre au Vainqueur du monde. Mais à juger par les apparences, la pensée d'Horace a plus d'élévation & de majesté que celle de Virgile. Je ne prétens pas au reste décider que ce soit le mesme Caton dont tous deux parlent :

quàm ut velis conservare quam plurimos.
Orat. pro Ligar.

Omnia incrementa sua sibi debuit : vir ingenio maximus, qui effecit ne quorum arma viceramus, eorum ingenio vinceremur.
Velleï. Paterculus. lib. 2.

Illud ingenium quod solum Populus Romanus par imperio suo habuit.
Controvers. lib. 1.

Secretosque pios, his dantem jura Catonem.
Æneid. lib. 8.

Et cuncta terrarum subacta Præter atrocem animum Catonis.
Carmin. lib. 2. Od. 1.

il est certain qu'Horace parle de Caton d'Utique; & il est du moins probable que Virgile en parle aussi, par la raison que dans le vers précedent il fait mention de Catilina, auquel le vieux Caton n'avoit nul rapport.

Mais je reviens à mon cahier. Un ancien Poéte, grand imitateur de Virgile, pense d'une manière fort noble au sujet d'Annibal qu'on avoit résolu d'attaquer dans un festin. *Tu te trompes*, dît quelqu'un au jeune homme de Capoüe qui avoit formé ce dessein hardi, *tu te trompes, si tu crois trouver Annibal desarmé à table. La majesté dont il est revestu, & qui ne le quitte jamais; cette majesté qu'il s'est aquise par tant de guerres, par tant de batailles sanglantes, luy tient lieu de bouclier & d'épée. Si tu t'approches de luy, tu seras surpris de voir autour de sa personne les journées de Cannes, de Trébie & de Trasymene avec l'ombre du grand Paulus.*

Fallit te mensas inter quod credis inermem.
Tot bellis quæsita viro, tot cædibus armat Majestas æterna ducem: si admoveris ora, Cannas & Trebiam ante oculos, Trasymenaque busta Et Pauli stare ingentem miraberis umbram.
Sili. Italis. lib. 11.

Un des plus célébres Orateurs de nostre temps, repliqua Philanthe, s'est servi bien à propos de la pensée du Poéte latin dans une harangue latine, pour nous faire entendre que le grand Prince de Condé n'estoit jamais seul dans ses promenades les plus solitaires de Chantilly; que ses victoires l'accompagnoient en tous lieux : qu'en le voyant, les images de Rocroy, de Lens, de Fribourg, de Norlingue, de Senef se présen-

SECOND DIALOGUE.

toient à l'esprit, & qu'on s'imaginoit mesme voir à sa suite les ombres des fameux Généraux d'armée qu'il avoit défaits.

Je me souviens encore, continua Philanthe, qu'un excellent Poéte latin de nostre temps dit, en décrivant le combat de Tolus aprés le passage du Rhin, que les ennemis ne purent soûtenir la présence du Prince de Condé : que sans estre blessez, ils fuyoient à demi-morts ; tant Norlingue & Lens s'offroient à leurs yeux. Je ne puis non plus oublier icy ce que j'ay leû dans le Poëme de Saint Loüis au sujet de deux corps d'armée envoyez de Gréce, qu'on croyoit descendus de ces anciens Grecs qui se rendirent maistres de l'Asie, & qui remporterent deux victoires si célebres sur les Perses : l'une aux Termopiles, & l'autre à Arbelle. Le Poéte françois parle ainsi des braves qui composoient les deux corps.

Quà ruis, exa-
nimes fugiunt
fine vulnere
turmæ :
Multa ocu-
lis Norlin-
gua & Lentia
multa recur-
sat.

De ces Peres fameux les noms & la mémoire
Qui combattent encore & regnent dans l'Histoire,
Leur inspirent un air de gloire & de valeur ;
Leur remettent Athenes & Sparte dans le cœur ;
Et pour mot au marcher par leurs rangs & leurs files,
On n'entend résonner qu'Arbelle & Thermopiles.

Mais je vous interromps, & vous empesche

SECOND DIALOGUE.

de fuivre voftre cayer. Quintilien, pourfuivit Eudoxe, dit que César a dans fes difcours tant de véhemence, tant de vivacité, & tant de feu, qu'il femble avoir parlé du mefme air & avec la mefme force qu'il a combatu. On a dit de luy, repliqua Philanthe, qu'il avoit un talent admirable pour l'éloquence; mais qu'il avoit mieux aimé vaincre les hommes que de les perfuader : on a dit encore qu'il fembloit ne vouloir vaincre que pour avoir la gloire de pardonner.

Tanta in eo vis eft, id acumen, ea concitatio, ut illum eodem animo dixiffe quo bellavit, appareat.
Lib. 10. c. 1.

Ciceron en a parlé bien noblement, reprit Eudoxe, en difant qu'il n'eftoit pas néceffaire d'oppofer les Alpes aux Gaulois, ni le Rhin aux Allemands; que quand les montagnes les plus hautes feroient aplanies, quand les fleuves les plus profonds feroient à fec, l'Italie n'auroit rien à craindre; & que les belles actions, les victoires de César la défendroient beaucoup mieux que les ramparts dont la nature l'a fortifiée elle-mefme. Mais joignons Pompée à César, continua-t-il, & écoutez une feconde fois voftre Hiftorien favori.

Perfecit ille ut fi montes refediffent, amnes exaruiffent, non naturæ præfidio, fed victoria fua, rebufque geftis Italiam munitam haberemus.
Contra Pifon.

Pompée a vaincu toutes les nations aufquelles il a fait la guerre; & la Fortune l'a tellement élevé qu'il triompha d'abord de l'Afrique, aprés de l'Europe, & puis de l'Afie: comme s'il euft deû y avoir autant de monumens de fes victoires qu'il y avoit de parties du monde.

Ut primùm ex Africa, iterùm ex Europa, tertió ex Afia triumpharet; & quot partes terrarum orbis funt, totidem.

Ecoutez encore un autre Historien sur ce que Pompée ayant défait Tigranes Roy d'Arménie, ne le souffrit pas long-temps à ses pieds, & luy remit la couronne sur la teste. *Il le rétablit en sa première fortune, jugeant qu'il estoit aussi beau de faire des Rois que d'en vaincre.* Mucien dans Tacite trouve plus son compte à donner l'Empire qu'à l'obtenir; à faire Vespasien Empereur qu'à l'estre luy-mesme; & à mon avis c'est plus la pensée de l'Historien que le sentiment du Héros.

Tout cela est grand, dît Philanthe, & rien à mon gré n'éleve plus l'esprit que ces sortes de pensées. Mais il me semble, ajoûta-t-il, qu'on a pensé pour le moins aussi noblement sur les Romains en général que sur les particuliers qui se sont distinguez par un mérite extraordinaire.

Vous avez raison, repartit Eudoxe, & si on en croit les Auteurs non seulement de la Langue latine, mais des autres Langues; le mestier du Peuple Romain estoit de commander aux autres peuples: les Rois n'estoient rien au prix des Bourgeois de Rome: le seul nom des Romains faisoit tout trembler, & pouvoit tout vaincre: leur puissance n'eût point de bornes, & il n'y eût que l'excessive grandeur de Rome qui fut cause de sa ruine.

Mais

---

dem faceret monumenta victoriæ suæ.
Vellei. Paterc. lib. 2.

In pristinum fortunæ habitum restituit: æquè pulcrum esse judicans, & vincere reges, & facere.
Valer. Max. lib. 5. c. 1.

Cui expeditius fuerit tradere imperium quàm obtinere.
Tacit. Histor. lib. 1.

SECOND DIALOGUE.

Mais ne penſez pas que Rome, en perdant l'empire du monde, ait perdu tout ce qu'elle avoit de grand & d'auguſte. On voit juſques dans ſes ruines la majeſté de ce peuple conquérant qui eſtoit le maiſtre des autres : & un bel eſprit d'Italie nous l'a bien marqué dans l'Epigramme adreſſée à un voyageur qui cherche Rome au milieu de Rome. *Regardez*, dit-il, *ces maſſes énormes de pierres, ces vaſtes amphithéatres démolis & ruinez : voilà ce que c'eſt que Rome. Voyez comme le cadavre d'une ville ſi ſuperbe a encore quelque choſe d'impérieux & de menaçant.*

Aſpice mutorum moles, præruptaque ſaxa, Obrutaque horrenti vaſta theatra ſitu ; Hæc ſunt Roma : viden, velut ipſa cadavera tantæ Urbis adhuc ſpirent imperioſa minas. Janus Vitalius.

De tous les beaux eſprits que l'Italie a portez, repliqua Philanthe, le Taſſe eſt peut-eſtre celuy qui penſe le plus noblement. Sa *Gieruſalemme* eſt pleine de penſées ſublimes, & il ne faut que l'ouvrir pour en trouver tant qu'on veut. Il prit le livre, & à l'ouverture il tomba ſur l'endroit où Lucifer haranguant les démons en faveur de l'armée Saraſine, les fait ſouvenir du combat qu'ils ſoûtinrent autrefois contre les troupes céleſtes.

Fummo (io n'ol nego) in quel conflitto vinti.
Pur non mancò virtute al gran penſiero :
Hebbero i più felici allor vittoria
Rimaſe a noi d'invitto ardir la gloria.

Peut-on rien concevoir de plus élevé ? *Nous*

fufmes vaincus dans ce combat, je l'avoüe: mais le courage ne nous manqua pas dans une si haute entreprise; & si les autres eûrent le bonheur de vaincre, nous avons la gloire d'avoir osé la chose du monde la plus hardie.

La mort d'Argant n'est pas exprimée avec moins de noblesse que la défaite des démons. Ce Sarasin si vaillant & si fier; ou plûtost si barbare & si féroce, infatigable & invincible à la guerre, qui brave le Ciel, & qui met en son épée toute sa raison & toute sa loy :

Impatiente, inefforabil, fero;
Ne l'arme infaticabile & invitto;
D'ogni Dio sprezzator, e che ripone
Ne la spada, sua legge e sua ragione.

Ce Sarasin, dis-je, meurt de la main de Tancrede : mais il menace celuy qui le tuë, & veut mesme en mourant paroistre n'estre pas vaincu.

E vuol' morendo, anco parer non vinto.

Telesinus semianimis repertus est, victoris magis quàm morientis vultum præferens. *Velleï. Paterc. lib. 2.*

Ce n'est pas assez, dit Eudoxe, de vouloir ne point paroistre vaincu: on devoit dire qu'Argant vouloit paroistre victorieux, comme le Chef des Samnites; qui, au rapport de l'Historien que vous aimez, avoit plus l'air d'un vainqueur que d'un mourant.

SECOND DIALOGUE.

Le Tasse, reprit Philanthe, dit quelque chose de plus fort d'un autre Sarasin.

E morto anco minaccia.

Ce Barbare menace les Chrestiens tout mort qu'il est : c'est-à-dire, interrompit Eudoxe, qu'il reste sur le visage du mort un air menaçant ; comme dit Florus de ces généreux soldats qui mouroient attachez à leurs ennemis, & ausquels la mort ne faisoit pas quitter l'épée. C'est aussi ce que dit Salluste de Catilina : que son corps fut trouvé parmi ceux des ennemis, & que la fierté qui paroissoit sur son visage pendant sa vie, y estoit encore.

<small>Quidam hostibus suis immortui; omnium in manibus enses & relictæ in vultibus minæ. *Lib. 1. c. 18.*

Catilina longè à suis inter hostium cadavera repertus est; paululum etiam spirans, ferociamque animi quam habuerat vivus, in vultu retinens. *Bell. Catilin.*</small>

Ces pensées, repartit Philanthe, me font souvenir de celle d'un Auteur Espagnol sur la mort du Duc de Bourbon qui fut tué devant Rome : *Aunque le quito el fer, pero un solo punto non le pudo quitar la magnanimidad y vigor en tanto que el cuerpo tenio sentimiento.* Cela veut dire, comme vous voyez, que son courage ne l'abandonna pas un moment ; & que son cœur fut toûjours ferme, toûjours intrépide, tant que son corps eût du sentiment & de la chaleur.

Ce qu'un Poëte des derniers siécles, illustre par son caractére, & de Gouverneur & d'Evesque dit des François en général, vous doit pa- <small>*Sidonius Apollinaris.*</small>

roiſtre plus beau, repliqua Eudoxe : *Leur courage leur ſurvit preſque.*

Animoque ſuperſunt
Jam prope poſt animam.

Il veut faire entendre qu'ils combattent vaillamment juſques au dernier ſoupir ; & l'oppoſition de deux mots qui ſe reſſemblent ſans avoir la meſme ſignification, eſt un jeu heureux.

Un Hiſtorien latin n'a pas ſi bonne opinion de nous, repartit Phylanthe : car il dit que les François ſont plus que des hommes dans le premier effort, & qu'ils ſont moins que des femmes dans le ſecond.

<small>Sicut primus impetus eis major quàm virorum eſt : ita ſequens minor quàm fœminarum. *Flor. lib. 2. c. 4.*</small>

Mais je veux vous lire encore deux ou trois endroits du Taſſe qui ont je ne ſçay quoy de bien héroïque :

I gradi primi
Più meritar che conſequir deſio :
Ne, pur che me la mia virtù ſublimi,
Di ſcettri altezza invidiar degg'io.

N'eſt-ce pas un ſentiment digne de Renaud & du magnanime d'Ariſtote, de vouloir plûtoſt mériter les premiéres places que d'y parvenir, & de n'envier point aux Rois leurs ſceptres ni leurs couronnes, pourveû qu'on s'éleve, &

SECOND DIALOGUE.

qu'on se distingue par sa vertu?

Souffrez, dît Eudoxe, que je vous interrompe, & que je vous dise à mon tour deux pensées qui sont peut-estre des copies de l'endroit du Tasse que vous venez de citer. L'une finit un Madrigal qui est le Portrait du grand Prince de Condé, & que vous ne serez pas fasché de sçavoir tout entier.

J'ay le cœur comme la naissance ;
Je porte dans les yeux un feu vif & brillant ;
J'ay de la foy, de la constance ;
Je suis promt, je suis fier, généreux & vaillant ;
Rien n'est comparable à ma gloire ;
Le plus fameux Héros qu'on vante dans l'histoire
Ne me le sçauroit disputer.
Si je n'ay pas une couronne,
C'est la Fortune qui la donne :
Il suffit de la mériter.

L'autre pensée, ou plûtost l'autre sentiment est de la Reine de Suéde Christine, qui dans la Lettre qu'elle écrivit en Italien au Roy de Pologne, aprés qu'il eût fait lever le siége de Vienne, luy dit quelle ne luy envie point son Royaume, ni les tresors & les dépouïlles qu'il a remporté ; qu'elle luy envie seulement ses fatigues & les périls qu'il a essuyez ; qu'elle luy envie le beau titre de Libérateur de la Chrestienté ; le plaisir

SECOND DIALOGUE.

qu'il y a de donner la vie & la liberté à tant de malheureux, amis & ennemis, qui luy doivent l'une & l'autre: *Io non le invidio il suo regno, ne quanti tesori e spoglie ella s'aquistò: io invidio solo à V. M. le sue fatiche, e li suoi pericoli: io invidio il bel titolo di Liberatore della Cristianità, il gusto di dare ogni hora la vita e la libertà a tanti sfortunati de gl'amici e nemici, i quali devono a lei ò la libertà ò la vita loro.*

Il est vray, reprît Philanthe, que la pensée du Madrigal & celle de la Lettre ressemblent bien à ce que je vous ay dit sur Renaud: mais souffrez à vostre tour que j'acheve ce que j'ay commencé.

Le mesme Héros s'estant battu avec le Prince Gernand, & l'ayant tué, bien loin de se soumettre aux loix de la discipline militaire, & aux ordres du Général de l'armée Chrestienne, dit fiérement & avec un sourire meslé de colere quand on luy parle de prison, que c'est à ceux qui sont esclaves, ou qui méritent de l'estre à se justifier dans les fers; que pour luy, il est né libre, qu'il a vécu, & qu'il mourra libre. Il ajoûte, qu'une main comme la sienne accoustumée à manier l'épée & à cueïllir des palmes, ne sçait ce que c'est que de chaisnes. Les paroles Italiennes vous plairont peut-estre davantage;

SECOND DIALOGUE.

Sorrise alhor Rinaldo e con un volto
In cui tra'l riso lampeggiò lo sdegno,
Difenda sua ragion ne' ceppi involto,
Chi servo è, disse, ò d'esser servo è degno.
Libero i nacqui, e vissi, e morro sciolto;
Pria che man porga ò piede à laccio indegno.
Usa à la spada è questa destra & usa
A le palme, e vil nodo ella recusa.

Je tombe d'accord, dît Eudoxe, que quand le Tasse pense bien, il pense mieux qu'un autre, & que ses Héros ont des sentimens fort relevez. Mais c'est particuliérement au regard de son principal Héros, reprît Philanthe, que ce divin Poëte a d'excellentes pensées.

Armide dit à Godefroy en implorant son secours, que son destin est de vouloir ce qui est juste, & de pouvoir tout ce qu'il veut.

Tu cui concesse il cielo e dielti in fato
Voler il giusto, e poter cio che vuoi.

La pensée est noble, interrompit Eudoxe, & revient à celle d'un Panégyriste de Saint Loüis: que la vraye grandeur ne consiste pas à faire tout ce que l'on veut; mais bien à vouloir tout ce que l'on doit. Je ne sçay mesme si l'Orateur François ne surpasse point le Poëte Italien.

Un des Ambaſſadeurs du Soudan d'Egypte, continua Philanthe, dit au meſme Godefroy, pour le détourner du ſiége de Jéruſalem, qu'on ne peut rien ajoûter à la réputation de ſes armes ; qu'il peut faire de nouvelles conqueſtes, mais qu'il eſpere en vain d'aquerir une nouvelle gloire.

E ſe ben aquiſtar puoi novi imperi :
Aquiſtar nova gloria indarno ſperi.

Godefroy dît luy-meſme au Prince Altamor, qui ſe rendant à luy dans le combat, luy offroit pour ſa rançon tout l'or de ſon Royaumes avec les pierreries de la Reine ſon épouſe : " Gardez pour vous ce qui vous vient de plus " précieux des Indes, & ce que la Perſe a de rare : je ne cherche point à m'enrichir de la vie " d'autruy ; je fais la guerre dans l'Aſie, & je n'y " fais point de trafic.

Cio che ti vien da l'Indiche maremme
Habbiti pure, e cio che Perſia occoglie :
Che de la vita altrui prezzo non cerco ;
Guereggio in Aſia, e non vi cambio ò merco.

Cela ne vous ſemble-t-il pas fort magnanime & fort digne d'un Héros Chreſtien, qui n'a en veûë aucun intéreſt que celuy de la Religion ? Il n'y a rien de plus généreux, repartit Eudoxe.
Mais

SECOND DIALOGUE.

Mais il n'y a rien auſſi de mieux imité, pour ne pas dire de mieux dérobé, ajoûta-t-il. Car enfin Aléxandre dit preſque le meſme dans Quinte-Curce, en répondant à Parménion qui luy avoit fait des propoſitions intéreſſées, & peu honneſtes: que s'il eſtoit Parménion, il préféreroit l'argent à la gloire; mais qu'eſtant Aléxandre, il ne craignoit point de devenir pauvre. *Si je ne me trompe*, ajoûte-t-il, *je ſuis Roy, & non pas marchand.*

<small>Me non mercatorem meminiſſe, ſed Regem. Lib. 4.</small>

Quinte-Curce luy fait dire au meſme endroit, ſi je m'en ſouviens, que ce n'eſt pas ſa couſtume de s'attaquer aux priſonniers & aux femmes; qu'il n'en veut qu'à ceux qui ont les armes à la main, & qui ſont en eſtat de ſe défendre. A voſtre avis, le Taſſe n'a-t-il pas volé Quinte-Curce, en diſant de ſon Renaud, qu'un homme ſans armes n'a rien à craindre de luy, qu'il ne ſe bat que contre ceux qui ont l'épée à la main, & qu'il ne daigne pas éxercer ſa fureur guerriére quand on n'eſt pas en eſtat de la ſoûtenir?

<small>Bellum cum captivis & fœminis gerere non ſoleo; armatus ſit oportet quem oderim. Ibid.</small>

Difeſa é qui l'eſſer de l'arme ignudo:
Sol contra il ferro, il nobil ferro adopra;
E ſdegnò negli inermi eſſer feroce.

Je juge de là, pourſuivit Eudoxe, que ce grand Poéte dont l'imagination eſt ſi abondante, &

le génie si heureux, ressemble un peu à ces gens riches de leur fonds, qui ne laissent pas de s'accommoder du bien d'autruy.

Si vous faites là-dessus le procés au Tasse, dit Philanthe, vous pouvez le faire à bien d'autres. Le malheur des Modernes, ajoûta-t-il, est de n'estre pas venus les premiers ; & tout leur crime souvent, c'est de penser comme les Anciens, sans les avoir leûs.

J'en demeure d'accord avec vous, repartit Eudoxe : mais convenez aussi avec moy qu'il y a des pensées qu'on peut croire sans scrupule avoir esté dérobées aux Anciens. Pour ne rien dire de celles que Phyllarque a remarquées dans les ouvrages de Narcisse comme autant de larcins visibles ; ce *Cadavre* de l'ancienne Rome que je vous ay rapporté d'un Moderne, est pris manifestement de la Lettre qu'écrivit Sulpice à Ciceron, pour le consoler sur la mort de sa fille. Car aprés avoir dit qu'en revenant d'Asie, & faisant voile vers Mégare, il jetta les yeux de tous costez, & qu'il vit Egine, Mégare, Pirée, & Corinthe, villes autrefois tres-florissantes, & alors toutes ruinées, il ajoûte que cette pensée luy vint en l'esprit : *Eh quoy, nous autres petits hommes, qui voyons dans un mesme endroit les cadavres de tant de villes, nous ne pouvons sans indignation voir mourir quelqu'un de nous dont la vie*

Hem nos homunculi indignamur, si quis nostrum interiit, quorum vita brevior esse debet, cum uno loco tot oppidorum cadavera projecta jaceant ?
Sulpitius Ciceroni.

SECOND DIALOGUE.

doit eſtre plus courte! Mais voſtre Taſſe, pourſuivit Eudoxe, a bien profité de la réflexion de Sulpice en parlant des ruines de Carthage ; & ſi je ne craignois de vous faſcher, je dirois que c'eſt un voleur qu'on peut convaincre de larcin : jugez en vous-meſme :

> *Giace l'alta Cartago : à pena i ſegni*
> *De l'alte ſue ruine il lido ſerba ;*
> *Muoiono le città, muoiono i regni ;*
> *Copre i faſti e le pompe arena & herba ;*
> *E l'huom d'eſſer mortal par che ſi ſdegni.*

Quoy de plus conforme & dans le ſens & dans les paroles que, *Hem nos homunculi indignamur, ſi quis noſtrum interiit,* & *e l'huom d'eſſer mortal par che ſi ſdegni ?* Les autres vers ne paroiſſent pas tout-à-fait ſi copiez : mais pour peu qu'on y regarde de prés, on trouvera que la Lettre latine eſt l'original de la Stance italienne ; & que ces ruines de Carthage deſquelles il ne reſte preſque pas de veſtiges, que ces villes & ces royaumes qui meurent, ne ſont que la copie des cadavres d'Egine, de Mégare, de Pirée, & de Corinthe.

Que ſi le Taſſe n'a pas tout pris de Sulpice, il pourroit bien avoir emprunté quelque choſe de Lucain, en appliquant à Carthage ce que Lucain dit de Troye. *Toute la ville eſt couverte* Jam tota te‑ guntur *de broſſailles; les ruines meſme n'en paroiſſent pas.* Car cela ne reſſemble pas mal à deux endroits de la Stance italienne.

> *Copre i faſti e le pompe arena & herba.*
> *. . . . . .à pena i ſegni*
> *De l'alte ſue ruine il lido ſerba.*

<small>Pergama dumetis; etiam periere ruinæ. *lib. 9.*</small>

<small>Qui Romam in media quæris novus advena Roma
Et Romæ in Roma nil reperis media. *Janus Vitalis.*
Ita ruinas ipſas urbium diruit, ut hodie Samnium in ipſa Samnio requiratur, nec facile appareat materia quatuor & viginti triumphorum. *Flor. c. 16.*
Lugdunum, quod oſtendebatur in Gallia, quæritur. *Senec. Ep.* XCI.
Ætnenſis ager ſic erat deformis atque horridus, ut in uberrima Siciliæ parte Siciliam quæreremus. *Cic. lib. 3. in Ver.*</small>

Comme ſi ces ſortes de penſées, repartit Philanthe, ne pouvoient pas venir à tout le monde, & que le ſujet ne les fourniſt pas de luy-meſme. Vous direz ſans doute par la meſme raiſon, que l'Auteur de l'Epigramme latine adreſſée au voyageur qui cherche Rome dans Rome, a pris cela de Florus; que Florus l'a pris de Séneque, & Séneque de Ciceron. Car Florus dit que le Peuple Romain détruiſit les ruines meſme des villes, en ſorte qu'on cherche aujourd'huy Samnium dans Samnium, & qu'une ville ſi ruinée ne paroiſt pas avoir pu eſtre la matiére de vingt-quatre triomphes. Séneque dit ſur l'embraſement de la ville de Lyon, qu'on cherche Lyon dans la Gaule. Et Ciceron reproche à Verres d'avoir tellement deſolé la Sicile, qu'on la cherche dans ſes plus fertiles campagnes. Voilà par tout la meſme penſée, & apparemment chacun de ces Auteurs ne doit la ſienne qu'à luy-meſme.

Quoy qu'il en ſoit, reprît Eudoxe, Virgile

SECOND DIALOGUE.

a mieux pensé que les autres, en disant qu'il ne restoit de Troye que la place où elle avoit esté: *Et campos ubi Troja fuit.* C'est aller plus loin que Lucain, qui fait mention de ses ruines, & que je ne sçay quel autre Poéte qui parle de ses cendres. Par *les champs où a esté Troye,* on n'a l'idée ni de ruines, ni de cendres, qui sont au moins les restes d'une ville détruite & brûlée : le lieu seul où fut cette ville, revient en l'esprit. Vous me faites penser, dît Philanthe, au Sonnet de *Girolamo Preti* sur l'ancienne Rome ; il est admirable, & digne de toute la grandeur Romaine.

Qui fù quella di Imperio antica sede
Temuta in pace e trionfante in guerra.
Fù : perch'altro che il loco hor non si vede.
Quella che Roma fù, giace sotterra.

Queste cui l'herba copre e calca il piede
Fur moli al ciel vicine, ed hor son terra.
Roma che'l mondo vinse, al tempo cede,
Che i piani in alza, e che l'altezze atterra

Roma in Roma non è. Vulcano e Marte
La grandezza di Roma a Roma han tolta.
Struggendo l'opre e di Natura e di Arte.

Voltò Sossopra il mondo, e'n polve è volta :
E frà queste ruine a terra sparte
In se stessa cadeo morta e sepolta.

" Voicy comme je voudrois traduire ce Sonnet.
" Icy fut autrefois la Capitale de l'Empire, re-
" doutée dans la paix & triomphante dans la
" guerre. Elle fut : parce qu'on ne voit plus que
" le lieu où elle a esté. Cette Rome si fameuse
" est sous terre: ces masses de pierre que l'her-
" be couvre, & qu'on foule aux pieds, ont esté
" élevées jusqu'au ciel, & ne sont plus que terre.
" Rome qui a vaincu le monde, cede au temps
" qui releve les choses les plus basses, & qui ab-
" baisse les plus hautes. Rome n'est plus dans
" Rome. Vulcain & Mars ont osté à Rome tou-
" te sa grandeur, en détruisant les ouvrages &
" de la nature & de l'art. Enfin le monde estant
" bouleversé elle est tombée, elle a esté ré-
" duite en poussiere ; & parmi ces ruines épar-
" ses à terre, elle est morte & ensevelie en elle-
" mesme.

Il y a de l'esprit, de la noblesse, & si vous voulez de la magnificence dans le Sonnet italien, repartit Eudoxe : mais à ne vous rien déguiser, ce seul mot de Virgile, *& les champs où a esté Troye*, me semble plus beau, & plus grand, tout simple qu'il est.

On peut néanmoins encherir sur la pensée de Virgile, interrompit Philanthe ; & le Tasse l'a fait, en disant du Palais enchanté d'Armide, qu'il ne paroist plus ; qu'il n'en paroist pas mesme de vestiges, & qu'on ne peut dire qu'il ait jamais esté en ce lieu-là.

Ne più il palagio appar, ne pur le sue
Vestigia; nè dir puossi; egli qui fue.

Faites valoir le Tasse tant qu'il vous plaira, dît Eudoxe, je m'en tiens pour moy à Virgile, & je vous déclare que je ne veux pas avoir plus d'esprit que luy. Ce n'est pas que je méprise le Poëme du Tasse; il a de grandes beautez, & du sublime en plusieurs endroits : mais c'est que j'estime plus l'Enéide qui n'a rien dans les pensées que de noble & de régulier. Je ne suis pas mesme entesté des Anciens jusqu'à n'admirer que leurs pensées : les Modernes en ont d'excellentes ; & sans parler des Italiens ni des Espagnols, en lisant nos Auteurs François, j'en ay marqué quelques-unes dans le genre noble, que l'on pourroit opposer à celles du siécle d'Auguste.

Je suis ravi, dît Philanthe, que vous ne soyiez pas de ces gens que l'amour de l'Antiquité aveugle, & qui s'imaginent qu'on n'a point d'esprit dans les derniers siécles. Pour moy, je suis un peu de l'avis du Chancelier Bacon, qui croit que l'antiquité des siécles est la jeunesse du monde, & qu'à bien compter nous sommes proprement les Anciens. Je ne sçay, reprît Eudoxe, si la pensée de Bacon n'est point trop subtile : mais je sçay bien que sans décider si nous sommes les Anciens ou non, nous avons du bon sens, de l'élevation, & de la justesse pour le moins autant que les Grecs & que les Romains.

Eudoxe prit alors son recueïl, & le feuïlletant continua ainsi. Un de nos meilleurs Ecrivains dit du Cardinal de Richelieu, que c'estoit un homme plus grand par son esprit & par ses ver‑ tus, que par ses dignitez & par sa fortune ; toû‑ jours employé, & toûjours audessus de ses em‑ plois ; capable de régler le présent, & de pré‑ voir l'avenir ; d'asseûrer les bons évenemens, & de réparer les mauvais ; vaste dans ses des‑ seins, pénétrant dans ses conseils ; juste dans ses choix, heureux dans les entreprises, & pour tout dire en peu de mots, rempli de ces dons ex‑ cellens que Dieu fait à certaines ames qu'il a créées pour estre maistresses des autres, pour faire mouvoir ces ressorts dont sa Providence se sert pour élever ou pour abattre selon ses de‑ crets éternels la fortune des Rois & des Royau‑ mes.

Ces pensées ont de la grandeur, & convien‑ nent parfaitement bien à un grand Ministre d'Etat. La pensée d'un de nos Poétes qui a fait dans un sonnet l'Epitaphe de ce Cardinal, est aussi fort élevée & fort juste :

Il

Il fut trop abſolu ſur l'eſprit de ſon maiſtre;
Mais ſon maiſtre par luy fut le maiſtre des Rois.

Voicy quatre vers d'une Epitaphe d'Anne d'Autriche qui ſont à mon gré incomparables :

Elle ſceût mépriſer les caprices du ſort,
Regarder ſans horreur les horreurs de la mort,
Affermir un grand troſne, & le quitter ſans peine,
Et pout tout dire enfin, vivre & mourir en Reine.

L'Oraiſon funébre de la Reine d'Angleterre Henriette de France, & celle de la Ducheſſe d'Orleans Henriette Anne d'Angleterre, ſont pleines de ces penſées qu'Hermogene nomme majeſtueuſes; & j'en ay icy quelques-unes qui peuvent fort bien ſubſiſter hors du corps de l'ouvrage d'où elles ont eſté tirées.

« Son grand cœur a ſurpaſſé ſa naiſſance : toute autre place qu'un troſne euſt eſté indigne d'elle. »

« Douce, familiére, agréable autant que ferme & vigoureuſe, elle ſçavoit perſuader & convaincre auſſi-bien que commmander, & faire valoir la raiſon non moins que l'autorité. »

« Malgré les mauvais ſuccés de ſes armes infortunées, *c'eſt de Charles I. Roy d'Angleterre dont parle l'Auteur*, ſi on a pu le vaincre, on n'a pas pu le forcer; & comme il n'a jamais refuſé ce

» qui estoit raisonnable estant vainqueur, il a toû-
» jours rejetté ce qui estoit foible & injuste es-
» tant captif.

» Ce Prince magnanime (Charles II.) eust pu
» gaster ses affaires en se servant de la main de
» ceux qui s'offroient à détruire la tyrannie par
» un seul coup. Sa grande ame à dédaigné ces
» moyens trop bas. Il a cru qu'en quelque état
» que fussent les Rois, il estoit de leur Majesté
» de n'agir que par les loix, ou par les armes.
» Ces loix qu'il a protegées l'ont rétabli presque
» toutes seules: il regne paisible & glorieux sur
» le trosne de ses ancestres, & fait regner avec luy
» la justice, la sagesse, & la clémence.

» Les malheurs de sa maison, *il s'agit de la*
» *Duchesse d'Orleans*, n'ont pu l'accabler dans
» sa premiére jeunesse, & deslors on voyoit en
» elle une grandeur qui ne devoit rien à la for-
» tune.

» Quoy-que le Roy d'Angleterre, dont le
» cœur égale la sagesse, sceust que la Princesse
» sa sœur recherchée de tant de Rois, pouvoit ho-
» norer un trosne, il luy vit remplir avec joye
» la seconde place de France, que la dignité d'un
» si grand Royaume peut mettre en comparai-
» son avec les premiéres du reste du monde.

Ce qu'a dit d'un de nos Héros un de nos fameux Orateurs est bien héroique.

SECOND DIALOGUE.

L'employ le porta dans des païs différens ; «
la victoire le suivit presque par tout, & la gloi- «
re ne l'abandonna jamais. S'il n'a pas toûjours «
vaincu, il a du moins toûjours mérité de vain- «
cre. «

Tant que ce grand homme sera à nostre tes- «
te, *disoient les soldats*, nous ne craignons ni les «
hommes, ni les élemens ; & déchargez du soin «
de nostre seûreté par l'expérience & par la ca- «
pacité du chef qui nous commande, nous ne «
songeons qu'à l'ennemi & à la gloire. «

Un autre Orateur dit du mesme Héros : Il «
parle, chacun écoute ses oracles : il comman- «
de, chacun avec joye suit ses ordres : il marche, «
chacun croit courir à la gloire ; on diroit qu'il «
va combattre des Rois conféderez avec sa seule «
Maison, comme un autre Abraham ; que ceux «
qui le suivent sont ses soldats & ses domesti- «
ques, & qu'il est Général & Pére de famille tout «
ensemble. «

Un Auteur célébre, & qui se distingue par
le talent qu'il a d'écrire aussi poliment dans la
langue des anciens Romains que dans la nostre, a dit d'un grand Magistrat ami du Héros
dont nous venons de parler : Tout estoit élo- «
quent en sa personne, jusqu'à à son air & à son «
silence. La noblesse de son ame paroissoit pein- «
te en quelque façon dans la noblesse de son dis- «

O ij

» cours. Il perſuadoit encore davantage par l'o-
» pinion qu'on avoit de ſa probité que par l'eſti-
» me qu'on avoit de ſon ſçavoir. Ce n'eſtoit pas
» tant à ſon éloquence & à ſa dignité qu'on ſe
» ſoumettoit, qu'à l'autorité de ſa vertu ; & on
» avoit honte de ne ſe pas rendre à ſes raiſons, dés
» qu'on eſtoit raiſonnable.

On ne peut donner en peu de paroles, dît Philanthe, une idée plus juſte ni plus haute de feu M. le Premier Préſident de Lamoignon. Ajoûtons, pour achever ſon portrait, ce que le Panegyriſte du Parlement de Paris luy a appliqué ; & ce qu'on a dit d'un des premiers hommes de l'Antiquité : *Il n'y a eû rien que de loûable & dans ſes actions, & dans ſes diſcours, & dans ſes ſentimens.*

<small>Nihil in vita niſi laudandum aut fecit, aut dixit, ac ſenſit.
Velleï. Paterc. lib. 1. de Publ. Scipione Æmil.</small>

Mais c'eſt ſur le Prince qui nous gouverne, ajoûta Eudoxe, que nos meilleurs Ecrivains ont penſé peut-eſtre le plus noblement ; comme ſi la hauteur du ſujet avoit élevé leur génie, & que Loüis le Grand leur euſt inſpiré luy-meſme des penſées dignes de luy.

Un homme de qualité qui a de l'eſprit infiniment, & qui écrit d'une maniére dont les autres n'écrivent point, dit dans le Portrait du
» Roy : Il a l'air d'un Héros ; & quand on ne trai-
» teroit pas ſa dignité Royale de Majeſté, on en
» devroit traiter ſa perſonne. On l'admireroit s'il

SECOND DIALOGUE.

eſtoit un particulier, & la pourpre qui rehauſſe «
d'ordinaire l'éclat des bonnes qualitez, reçoit «
du luſtre de toutes les ſiennes. «

Un autre bel eſprit & fort honneſte homme a ſur le meſme ſujet une penſée également
juſte & ſublime :

> *Ton eſprit que rien ne limite,*
> *Fait honneur à la Royauté :*
> *Et l'on ne voit que ton mérite*
> *Au deſſus de ta dignité.*

Quand je parle de Loüis le Grand, dit l'Auteur «
d'un Diſcours poli & ingénieux, je nomme un «
Prince qui fait plus d'honneur au troſne que le «
troſne n'en fait aux autres Rois ; un Prince qui «
effaçant & relevant tout à la fois la gloire des «
Rois ſes ayeux, leur rend de la ſienne plus qu'il «
ne prend de la leur. «

Celuy que j'ay déja cité en parlant du Cardinal de Richelieu & de M. de Turenne, & qui
n'écrit pas moins bien en vers qu'en proſe, dit
dans un Eloge du Roy qui n'a pas eſté imprimé :

> *Son ame eſt audeſſus de ſa grandeur ſuprême ;*
> *La vertu brille en luy plus que le diadême ;*
> *Et quoy-qu'un vaſte Etat ſoit ſoumis à ſa loy,*
> *Le Héros en* LOUIS *eſt plus grand que le Roy.*

L'Auteur de la *Lettre écrite de la campagne à une*

personne de la Cour se contente de dire que dans luy l'homme est aussi grand que le Roy. Car
» aprés avoir dit que la grandeur luy est si natu-
» relle, qu'il n'est pas en son pouvoir de s'en dé-
» faire ; qu'il a beau descendre du trosne par la
» familiarité de la conversation, que dans le temps
» qu'il ne fait aucun usage de l'autorité que don-
» ne le souverain pouvoir, il se distingue par l'au-
» torité que donne la souveraine raison ; qu'il y
» a toûjours quelque chose en luy qui l'éleve mal-
» gré luy ; que la gloire qui le suit est indépen-
» dante de sa couronne ; qu'elle sort de sa person-
» ne comme de sa source, & qu'elle rejaillit dans
» ses moindres actions, dans ses discours, dans ses
» gestes, dans ses regards ; que quand il pourroit
» ne se pas souvenir de ce qu'il est, il luy écha-
» peroit mille choses qui ne permettroient pas aux
» autres de l'oublier, & que c'est ainsi qu'en parle
» tout le monde. Aprés tout cela, dis-je, l'Auteur
» ajoûte :

Mais parle-t-on de bonne foy ?
Est-ce une fable, est-ce une histoire ?
Si ce qu'on dit est vray, rien ne manque à sa gloire :
Et dans luy, qui le pourroit croire,
L'homme est aussi grand que le Roy ?

Il s'ensuit delà, repliqua Philanthe, que nostre Monarque est bien différent de ces Prin-

SECOND DIALOGUE.

ces qui n'ont pour tout mérite que l'éclat de leur fortune, & dont l'on pourroit dire justement avec l'Auteur de l'éloge qui n'a point paru, & que vous m'avez fait voir:

Ils ne seroient plus rien, s'ils cessoient d'estre Rois.

Car sa moindre qualité c'est de l'estre ; & le Comte de Fuensaldagne dît un jour fort à propos, que la Royauté estoit de trop en luy ; qu'il n'en avoit que faire ; & que son propre mérite luy tenoit lieu de tout : *Le sobra ser Rey.* Ce mot est beau, & a donné lieu à une belle devise qui a pour corps le soleil entouré du météore appellé la Couronne, & pour ame ces paroles : *Le sobra la Corona.*

Une de nos amies, reprît Eudoxe, qui est la gloire de son sexe, & un peu la honte du nostre, a sur le Roy des pensées sublimes. En parlant d'un lieu où estoient tous les Portraits des Rois de France, aprés avoir dit que Loüis XIV. les surpasse en tous les avantages extérieurs comme en toutes sortes de vertus militaires & pacifiques, elle ajoûte : *Il paroist enfin estre le Roy de tous ces Rois.*

Elle dit, en faisant parler la Seine, au sujet des feux d'artifice qui se firent sur l'eau devant le Louvre à la naissance du Duc de Bourgogne :

Nouveau Prince, dont l'origine
Toute grande, toute divine
Vous montre tant & tant de Rois
Dignes du sceptre des François :
Plusieurs Loüis, un Charlemagne,
Un Henri terreur de l'Espagne,
Vainqueur de ses propres sujets,
Qui m'enrichît de ses bienfaits.
Vous sçaurez bientost leur histoire :
Mais pour aller droit à la gloire,
Croyez-moy, tous ces Rois si grands,
Justes, pieux, ou conquerans,
Leur bonté comme leur puissance,
Leur valeur comme leur prudence,
Enfin tous leurs faits inoüis,
Vous les trouverez en LOuïs.

Tout cela regarde proprement la personne de nostre auguste Monarque en général : mais que n'a-t-on point dit de grand sur ses actions, sur ses conquestes, sur ses vertus particuliéres ? Je n'aurois jamais fait, si je voulois vous lire tout ce que j'ay remarqué là-dessus : je me borne à trois ou quatre traits qui me touchent davantage.

„ Vous marchez vous-mesme à la défense de
„ vos peuples ; & preferant l'honneur au repos,
„ vous comptez pour rien vos victoires, si vous
n'avez

SECOND DIALOGUE. 113

n'avez cû part aux périls & aux fatigues des «
combats. Voſtre camp & voſtre cour, ce n'eſt «
pour vous qu'une meſme choſe : vos meilleurs «
courtiſans ſont vos plus braves guerriers. Vos «
travaux ſont vos ſeuls divertiſſemens ; & quand «
la gloire vous appelle, vous ne commandez pas «
qu'on vous ſerve, mais qu'on vous ſuive. C'eſt «
ce que dit un célebre Académicien dans ſon
Compliment au Roy au nom de l'Académie.

Il dit dans la meſme piéce ſur les entrepri-
ſes de Sa Majeſté : La ſageſſe les forme, & les con- «
duit elle-meſme ; la fortune les accompagne, la «
valeur les éxécute, la gloire les couronne. Il ajoû- «
te en parlant de l'Académie Françoiſe : Elle ſeroit «
heureuſe, SIRE, ſi elle ſçavoit écrire & pen- «
ſer auſſi noblement que vous ſçavez agir. Cette «
penſée ne vaut-elle pas celle de Quintilien, qui
dit de Céſar, comme nous l'avons remarqué,
qu'il a parlé avec autant de force qu'il a com-
battu ?

Que ne dit point un autre fameux Académicien dans un Diſcours Académique qui me pa-
roîſt un chef-d'œuvre, & que je vous lirois tout
entier ſi je ne m'eſtois preſcrit des bornes ? Ecoutez ce ſeul endroit, où aprés avoir dit à un Homme de mérite qu'on recevoit ce jour-là au nombre des Académiciens : Et qui pourra mieux que «
vous nous aider à parler de tant de grands évé- «

P

» nemens dont les motifs & les principaux ressorts
» ont esté si souvent confiez à vostre fidélité, à
» vostre sagesse ; qui sçait mieux à fonds tout ce
» qui s'est passé de mémorable dans les Cours é-
» trangeres, les traitez, les aliances, & enfin tou-
» tes les importantes négotiations, qui sous son
» Regne ont donné le branle à toute l'Europe ; *il*
» *continuë de la sorte:* Toutefois disons la vérité ;
» la voye de la négotiation est bien courte sous
» un Prince qui ayant toûjours de son costé la
» puissance & la raison, n'a besoin pour faire éxé-
» cuter ses volontez que de les déclarer.

Mais je ne puis m'empescher de vous lire encore ce qu'un Prélat d'un mérite extraordinaire, renommé par ses Ambassades si utiles à l'Eglise & à la France, dit du Roy dans l'Oraison Funébre de la Reine Marie Thérese d'Austriche ; & ce qu'un grand Magistrat en dit il y un an ou deux dans une belle Harangue qui m'est tombée entre les mains :

« . Qui ne sçait qu'il auroit poussé l'Empire Fran-
« çois bien au-delà de toutes nos frontiéres, s'il
» avoit pu, en étendant les limites de la France,
» donner en mesme temps de l'étenduë à sa gloi-
» re, qui ne peut estre ni plus solide, ni plus pure,
» ni plus éclatante ? Je me trompe, il est parvenu
» à la monarchie universelle qui a esté autrefois
» le dessein chimérique de nos voisins : mais il y

est parvenu par une voye innocente & glorieuse, où il n'y a ni violence ni injustice. C'est l'ouvrage de ses qualitez héroïques, que la renom-
mée a portées jusqu'aux extrémitez du monde:
car s'il regne heureusement sur les François par
une puissance naturelle, légitime & héréditaire;
il ne regne pas moins glorieusement dans les
nations étrangeres, en Espagne, en Italie, en Al-
lemagne, par la terreur de ses armes, par la réputation de sa sagesse, de sa valeur, & de sa justice. Voilà l'endroit de l'Oraison funébre: voicy celuy de la Harangue.

Ceux qui sont les plus jaloux de sa gloire,
sont contraints d'avoüer qu'il est l'arbitre absolu de leur destinée, le plus ferme appuy de ses
Aliez, & que sa justice est le seul rampart qu'on
puisse opposer à la rapidité de ses conquestes.
C'est elle qui l'a desarmé dans les bras mesmes
de la victoire. Lassé de vaincre, il a voulu donner la paix à ses ennemis; & bien loin de pro-
fiter de ses forces & de leur foiblesse, il aime
encore mieux maintenir le repos de toute l'Europe que d'en aquerir l'Empire.

Ajoûtez à ces derniéres pensées, dît Philanthe, celles d'une Epitre en vers qui traite le
mesme sujet, & que je sçay presque par cœur.
Qu'y a-t-il de plus beau & de plus noble que
ces six vers qui suivent la peinture des Hé-

ros de différent caractére?

Grand Roy, sans recourir aux histoires antiques;
Ne t'avons-nous pas veû dans les plaines Belgiques,
Quand l'ennemi vaincu desertant ses ramparts,
Au devant de ton joug couroit de toutes parts,
Toy-mesme te borner au fort de la victoire,
Et chercher dans la paix une plus juste gloire?

Six autres vers d'un autre Poéte, repartit Eudoxe, ont encore beaucoup de noblesse:

Regler tout dans la paix, vaincre tout dans la
    guerre;
D'un absolu pouvoir calmer toute la terre;
A tous ses ennemis avoir donné des loix;
C'est estre au plus haut point de la grandeur su-
    presme.
Pour sauver ses sujets, juger contre soy-mesme;
    C'est estre le meilleur des Rois.

Ces deux derniers vers regardent l'affaire qui fut rapportée au Conseil il y a quelques années par un Magistrat également capable & integre, & dont la prudence, l'équité, la droiture, l'amour pour les peuples, & le zele pour la Religion ont paru ensuite avec tant d'éclat en plus d'une Province du Royaume.

Ajoûtons, si vous voulez, dît Philanthe, sur l'hérésie éteinte dans la France, la conclusion

SECOND DIALOGUE.

d'un Sonnet italien qu'a composé un Jésuite illustre par son nom, par son esprit, & par sa vertu. Le sens est que puisque le Roy a détruit le Calvinisme presque d'un seul mot, & par son autorité Royale, il n'a qu'à devenir le maistre du monde pour rendre le monde entier Catholique, & faire que l'Arabe, l'Indien, le Maure, le Persan, & le Turc se soumettent au joug de l'Eglise :

Perche adorino al fin la Fé di Piero
L'Arabo, l'Indo, il Mauro, il Perso, il Trace;
Ah sia del gran Luigi il mondo intero.

Mais n'oublions pas, reprît Eudoxe, ce que nous avons leû dans une Harangue composée par le Magistrat dont je viens de vous parler, & prononcée aux Etats de Languedoc, avec une grace & une force qui se rencontrent rarement ensemble. N'oublions pas, dis-je, l'endroit où l'heureuse contrainte qui a ramené en partie nos Freres errans est comparée à ces nuées sombres & menaçantes qui jettent la terreur dans les campagnes, alarment les laboureurs, & semblent devoir ravir l'espérance de leurs moissons ; mais qui aprés se résolvent en des pluyes douces, salutaires & fécondes, dont l'unique effet est de porter par tout la joye avec l'abondance, & de presser les troupeaux d'entrer dans la bergerie.

Le Pere Spinola, neveu du Cardinal Spinola, & missionnaire de la Chine, estant à Paris.

Difons encore, repartit Philanthe, ce que fait dire Sapho à fa fauvette, fur le pardon que Gennes a obtenu par fes foumiffions :

Allez, Doge, allez fans peine
Luy rendre grace à genoux :
La République Romaine
En eût fait autant que vous.

Et ce qu'elle dit elle-mefme fur le génie de Loüis le Grand, fupérieur à celuy de fes Capitaines & de fes Miniftres : *Il eft l'ame de fes armées & de fon Etat, comme le foleil l'eft de l'univers.* La comparaifon eft riche & heureufe, repartit Eudoxe, & rien ne nous peut donner une idée plus haute de la conduite du Prince qui gouverne aujourd'huy la France.

Il me femble, repartit Philanthe, que les comparaifons bien choifies, & tirées des grands fujets de la nature, font toûjours des penfées fort nobles. Oûï, repliqua Eudoxe : & Longin qui donne des régles du Sublime, non feulement dans les paroles, mais dans les penfées, penfe noblement luy-mefme ; quand il compare Démofthene à une tempefte & à un foudre qui ravage & emporte tout ; Ciceron à un feu qui ne s'éteint point, & qui à mefure qu'il s'avance prend toûjours de nouvelles forces.

Longin. Sect. 19.

Les comparaifons qu'on tire des arts, pour-

SECOND DIALOGUE.

suivit-il, valent quelquefois celles qu'on emprunte de la nature; & un de nos Panegyristes dit excellemment sur les actions surprenantes que fit Saint Loüis dans une journée mémorable, & qui parurent audessus des regles de la vaillance commune: qu'il en est à peu prés de ces grands éxemples comme de ces grands tableaux chargez d'ombres & d'obscuritez : ce qui paroist d'abord dureté, ce qui semble choquer la veüë & les préceptes par des traits trop forts & trop marquez à ceux qui ne s'y connoissent pas, est une heureuse hardiesse, & un chef-d'œuvre de l'art aux yeux des intelligens.

L'histoire fournit encore de tres-belles comparaisons. Sur une des médailles que l'on jetta dans les fondemens de l'église des Jésuites de Saint Loüis, que Loüis le Juste faisoit bastir, ces paroles estoient gravées: *Vicit ut David, ædificat ut Salomon.* Que peut-on imaginer de plus grand? *Il a vaincu comme David, il bastit comme Salomon.*

A propos de Jésuites & de comparaisons, dit Philanthe, sçavez-vous la pensée qu'a eû un grand Prince au sujet des nouvelles Vies de Saint Ignace & de Saint Xavier pour marquer le caractére de ces deux hommes Apostoliques? *Saint Ignace*, dit-il un jour, *c'est César qui ne fait jamais rien que pour de bonnes raisons; Saint Xa-*

vier, c'est Alexandre que son courage emporte quelquefois. Le Prince dont vous parlez, repartit Eudoxe, estoit de ces hommes extraordinaires en qui l'esprit & la science ne cedent point à la valeur héroïque. Il jugeoit de tout admirablement, & pouvoit au reste mettre César & Aléxandre où il luy plaisoit; luy qui les connoissoit si bien, qui les exprimoit tous deux en luy-mesme, & de qui on a dit, *plus capitaine que César, & aussi soldat qu'Aléxandre.*

Je ne sçay aprés tout, repliqua Philanthe, si la comparaison est bien fondée, & si les régles d'Aristote y sont observées éxactement. Car quel rapport entre un Saint & un Conquérant ? Sont-ils dans le mesme genre ? Il y a beaucoup plus de convenance, dît Eudoxe, entre les deux Saints & les deux Héros dont il est icy question qu'il n'y en paroist peut-estre d'abord. Saint Ignace estoit avant sa conversion un homme de guerre, illustre par ses beaux faits d'armes. En quittant le monde, il ne perdit pas ses idées guerriéres : il conceût les choses de Dieu sous ces images martiales dont il avoit la teste remplie; & ce fut dans la méditation *des deux Etendarts,* ainsi que luy-mesme l'a nommée, qu'il forma le plan de son Ordre. Ce fut par le mesme esprit qu'il luy donna un nom de guerre, en l'appellant la Compagnie de Jésus, & qu'il entreprit

avec

SECOND DIALOGUE.

avec ses disciples de combattre l'erreur & le vice, d'abolir de tous costez l'empire du démon, & d'étendre celuy de Jesus-Christ jusqu'aux extrémitez de la terre. Voilà le fondement éloigné de la comparaison d'Ignace avec un Héros & un Conquérant : le prochain, c'est qu'Ignace avoit comme César une prudence consommée, & que tous ses pas estoient mesurez, en sorte qu'il ne faisoit rien qu'aprés une meûre délibération ; ménageant son zele, & allant plus au solide qu'à l'éclat ; prenant dans les affaires difficiles toutes les précautions possibles, & ne manquant jamais de ressources dans les conjonctures les plus fâcheuses.

Pour ce qui regarde Saint Xavier, s'estant enrôllé dans la milice d'Ignace, & ayant fait tant de conquestes évangéliques dans les Indes, on a droit de le comparer au Conquérant de l'Asie : l'un & l'autre a suivi toûjours l'ardeur qui l'animoit, sans se rebuter jamais ni de la difficulté des entreprises, ni de la grandeur des périls, ni de toutes les fatigues qui sont inséparables de l'éxécution des grands desseins. Mais l'un & l'autre s'est quelquefois laissé emporter à son courage, & a presque passé les bornes de la vertu héroïque.

Ainsi la pensée du Prince de Condé est juste ; & toutes ces sortes de pensées ont de la noblessé, parce que la comparaison qui les fonde n'a rien que de noble : au contraire, les comparaisons basses font que les pensées le sont aussi. Bacon que vous avez leû, & qui estoit un des plus beaux génies de son siécle, dit que l'argent ressemble au fumier, qui ne profite que quand il est répandu. Il y a du vray, & mesme de l'esprit dans cette pensée, mais il n'y a point de noblesse. L'idée du fumier a quelque chose de bas & de rebutant. Je vous trouve bien délicat, dit Philanthe, & je crains que vous n'ayiez du dégoust pour l'Epigramme que le bon homme Patris composa peu de jours avant sa mort : car on y parle de fumier, & le fumier en fait mesme toute la pointe.

Je songeois cette nuit que de mal consumé
Coste à coste d'un pauvre on m'avoit inhumé,
Et que n'en pouvant pas souffrir le voisinage,
En mort de qualité je luy tins ce langage :
Retire-toy, coquin, va pourrir loin d'icy :
Il ne t'appartient pas de m'approcher ainsi.
Coquin, ce me dit-il, d'une arrogance extréme ;
Va chercher tes coquins ailleurs, coquin toy-mesme :
Icy tous sont égaux, je ne te dois plus rien :
Je suis sur mon fumier, comme toy sur le tien.

Ce fumier-là, reprit Eudoxe, n'est pas tout-à-fait comme celuy de Bacon. Le figuré adoucit

SECOND DIALOGUE.

ce que le propre a de rude. L'Epigramme toute sérieuse & toute triste qu'elle est dans le fonds, a un air plaisant & je ne sçay quoy de comique qui souffre le proverbe & le quolibet.

Je suis sur mon fumier comme toy sur le tien.

Car les pensées basses qui sont ingénieuses peuvent avoir lieu dans le comique & dans le burlesque, comme elles doivent estre tout-à-fait bannies du genre grave & austere; tel qu'est celuy des poëmes sérieux, des harangues, des panégyriques, & des oraisons funébres.

Et de grace, dît Philanthe, exceptez-en le Poëme de *la Magdelaine au desert de la Sainte Baume*, que nous avons leû ensemble avec tant de plaisir. Aussi-bien est-il audessus des regles, & d'une espece particuliére, qui ne laisse pas d'avoir son prix. C'est asseûrément une piéce originale, repartit Eudoxe, & je trouve bon pour l'amour de vous que les yeux de la Pécheresse Pénitente soyent des chandelles fonduës; que de moulins à vent ils deviennent des moulins à eau; que ses tresses blondes dont elle essuye les pieds de Jesus-Christ soyent un torchon doré; qu'elle soit elle-mesme une Sainte Courtisane, qui n'est plus un chaudron sale & tout noir; que les larmes d'un Dieu ne soyent que d'eau de vie; que Jesus-Christ soit un grand Opérateur, qui

» eût l'adresse d'oster les cataractes des yeux de
» Magdelaine, & l'Hercule qui purgea l'étable de
» son cœur. Tout cela est admirable, & convient
parfaitement à la dignité du sujet.

Mais laissons-là le Poéte Provençal, & parlons plus sérieusement. Je hais sur tout la bassesse dans les discours chrestiens, continua Eudoxe, & je ne puis me souvenir sans indignation d'un Prédicateur qui dît un jour à des Religieuses, qu'elles devoient avoir toûjours le curedent à la main; parce que les Communautez réguliéres ressembloient aux dents, qui pour estre belles, doivent estre bien rangées, bien blanches, & bien nettes. J'estois à ce sermon-là, repliqua Philanthe, & je vous asseûre que le bon Pere s'applaudit luy-mesme de sa pensée. Elle vaut presque, reprît Eudoxe, celle d'un Prédicateur Italien, qui preschant à Milan le jour de Pasques devant le Cardinal Charles Borromée Archevesque de la Ville, dît aux peuple, qu'ils avoient un Prélat tres-Saint, & tout semblable à un œuf de Pasques, qui est rouge, qui est beni, mais qui est un peu dur : *Havete un Prelato santissimo ; è come l'uovo di Pasca, rosso e benedetto; ma è vero ch'è un poco duretto.*

Aprés tout, cela est ingénieux, dît Philanthe. Dites, repartit Eudoxe, que cela est bien petit, & bien badin. Les ministres de la parole de

PREMIER DIALOGUE.

Dieu doivent parler fur un autre ton, s'ils ne veulent avilir leur miniftére. Mais à propos de la divine parole, fouvenez-vous, je vous prie, que l'Ecriture Sainte eft un fonds de penfées nobles, grandes & fublimes, telles que font celles-cy: *Je fuis celuy qui eft. Le Seigneur régnera dans toute l'éternité & au-delà Que la lumiere fe faffe, & la lumiere fut faite.* Ce dernier trait fi fimple en apparence & à ne regarder que les termes, donne une idée magnifique de la puiffance de Dieu; & Longin, tout payen qu'il eft, le propofe pour un modele du fublime dans la penfée. Car une penfée élevée fe peut tres-bien accorder avec des paroles fimples: il arrive mefme que la fimplicité de l'expreffion fait fouvent fentir davantage la grandeur des chofes. Et cela eft fi vray, felon le fentiment de Longin, que nous admirons quelquefois la penfée d'un homme généreux & magnanime, encore qu'il ne parle pas: nous l'admirons, dis-je, au travers de fon filence, qui marque toute la nobleffe de fon ame, & nous en avons un éxemple dans l'Odyffée. Ulyffe y fait des foumiffions à Ajax, aufquelles Ajax ne daigne pas feulement répondre; & ce filence a je ne fçay quoy de plus grand que tout ce qu'il auroit pu dire.

La force de l'expreffion ne laiffe pas de contribuer quelquefois à la hauteur de la penfée,

Hujus fublimitas eft tanquam imago quæ animi magnitudinem referat; unde fit ut interdum etiam admiremur nudam abfque voce & per fe fententiam, ut Ajacis filentium magnum, & quavis oratione fublimius. *Sect. 2.*

& l'Ecriture elle-mesme nous en fournit de riches éxemples. Pour dire qu'Aléxandre estoit le maistre du monde, que la mer s'ouvrit au peuple de Dieu, que le Ciel & la terre ne peuvent soûtenir les regards de la Majesté divine, le Saint Esprit parle ainsi : *La terre se teût en sa présence ; la mer vit le Seigneur, & s'enfuit ; la terre & le ciel s'enfuirent de devant la face de celuy qui estoit assis sur le trosne.* Ces termes de silence & de fuite ont je ne sçay quoy d'énergique qui peint la chose vivement & noblement tout ensemble.

Siluit terra in conspectu ejus.
Machab. c. 1.
Mare vidit, & fugit.
Psal. 113.
A cujus conspectu fugit cælum & terra.
Apocal. c. 20.

Pour moy, dît Philanthe, je ne vois point de peinture qui approche de celle que fait David d'un renversement de fortune : *J'ay veû l'impie élevé aussi haut que les cedres du Liban : je n'ay fait que passer, & il avoit déja disparu. Je l'ay cherché, & je n'ay pas mesme trouvé la place où il estoit.* Remarquez jusqu'où va David : tout ce que les Poétes ont dit de plus fort sur la décadence de Troye, de Rome, & de Carthage, c'est qu'il ne restoit que le lieu où avoient esté ces villes fameuses : mais icy, le lieu mesme où estoit l'impie dans sa plus haute fortune, ne reste pas.

Transivi, & ecce non erat ; & quæsivi cum, & non est inventus locus ejus.
Psal. 36.

Les Prophetes, reprît Eudoxe, sont remplis de pensées fortes, d'idées magnifiques, & qui passent bien loin celles d'Hermogene. Mais qu'entendez-vous, interrompit Philanthe, par

SECOND DIALOGUE. 127

une pensée forte? J'entends, répondit Eudoxe, une pensée pleine d'un grand sens, exprimée en peu de paroles, & d'une maniére vive qui fasse un prompt & puissant effet. Telles sont dans Tacite, pour revenir aux Auteurs profanes, les pensées d'Othon déterminé à mourir dans le mauvais état de ses affaires, & aprés une bataille qui devoit décider du sort entier de l'Empire entre luy & Vitellius.

Ma vie ne vaut pas que vous hasardiez davantage une vertu comme la vostre, dît-il à ceux qui le pressoient de tenter la fortune tout de nouveau. *Plus vous me donnez lieu d'espérer si je voulois vivre, plus il me sera beau de mourir. Nous nous sommes assez éprouvé la Fortune & moy. Du reste, je n'ay besoin ni de vengeance ni de consolation. Je veux que d'autres ayent tenu l'Empire plus long-temps, du moins personne ne l'aura quité plus généreusement.* Il conclut sa harangue aussi fortement qu'il l'a commencée, & qu'il l'a suivie. *C'est une espece de lascheté que de parler trop de sa mort. Jugez sur tout par un endroit de la résolution que j'ay prise: je ne me plains de personne; car c'est vouloir vivre que d'accuser les Dieux ou les hommes.*

Ce que Germanicus dît à ses amis en mourant a aussi sa force. *Les inconnus mesme pleureront Germanicus. Vous autres, vous le vengerez,* si

Acrius & vehementius est id quod paucis verbis summam continet significationem.
Demet. Phaler. de Elocut.

Hunc animum, hanc virtutem vestram ultra, periculis objicere nimis grande vitæ meæ pretium puto. Quantò plus spei ostenditis, si vivere placeret, tantò pulcrior mors erit. Experti invicem sumus ego & Fortuna. Mihi non ultione, neque solatiis opus est. Alii diutiùs imperium tenuerint, nemo tam fortiter reliquerit.
Histor. lib. 2.

Plura de extremis loqui pars ignaviæ est. Præcipuum destina-

vous estiez plus attachez à ma personne qu'à ma fortune.

La derniére raison de Mucien pour engager Vespasien à se saisir de l'Empire sans balancer davantage, est encore bien forte, & vaut toutes celles qu'il luy avoit dites. *Ceux qui déliberent dans une affaire comme celle-cy, ont déja pris leur parti, & n'ont plus rien à ménager.*

Je mets dans le mesme genre la pensée de ce généreux barbare Galgacus, qui conclut ainsi la harangue qu'il fait aux gens de sa nation avant que de combattre les Romains déja maistres de l'Angleterre : *Allant au combat, songez & à vos ancestres & à vos descendans.* Que ces deux mots renferment de choses, & qu'ils sont capables de faire impression sur un peuple belliqueux, passionné pour la gloire, & jaloux de sa liberté !

Nostre Henri le Grand, poursuivit Philanthe, ne parla pas avec moins de force dans les plaines d'Ivry, lors que sur le point de donner bataille, il dît à ses troupes : *Je suis vostre Roy, vous estes François, voilà l'ennemi.* Il semble, repartit Eudoxe, que ce Monarque qui avoit toute la valeur des anciéns Romains, ait copié le Dictateur Camille, qui dans Tite-Live voyant ses soldats étonnez du nombre des ennemis, leur dît pour les animer : *Ignorez-vous donc qui est*

---

tionis meæ documentum habete, quod de nemine queror; nam incusare deos vel homines ejus est qui vivere velit. *Ibid.*

Flebunt Germanicum etiam ignoti : vindicabitis vos, si me potiùs quàm fortunam meam fovebatis. *Tacit. Annal. lib. 2.*

Nam qui deliberant, desciverunt. *Histor. lib. 2.*

Ituri in aciem, & majores & posteros cogitate. *In Vit. Agric.*

SECOND DIALOGUE.

eſt l'ennemi, qui je ſuis, & qui vous eſtes? C'eſt peut-eſtre auſſi que les grandes ames penſent & ſentent les meſmes choſes dans les meſmes occaſions.

Hoſtem, an me, an vos, ignoratis?
Lib.6.

Ces ſortes de penſées, ajoûta-t-il, portent la conviction avec elles, entraiſnent comme par force noſtre jugement, remuënt nos paſſions, & nous laiſſent l'éguillon dans l'ame. Les peroraiſons de Ciceron & de Démoſthene, les harangues de Tite-Live & de Salluſte pourroient nous en fournir divers éxemples, ſans parler de Tacite que je viens de vous citer, le plus riche des Auteurs en penſées maſles & conciſes; ni de Tertulien qui en a pluſieurs de ce caractére, leſquelles pourtant tirent une partie de leur force de ſon ſtile dur & barbare. Les Poétes en ont auſſi quelques-unes, & il ne ſe peut rien voir de plus court, de plus fort, ni de plus précis que ce que dit Corneille en deux endroits.

Le vieil Horace apprenant que le troiſiéme de ſes fils qui reſtoit après la mort des autres tuez par les Curiaces, avoit pris la fuite, s'emporte contre luy, & dît à Julie Dame Romaine:

Pleurez le deshonneur de toute noſtre race.

Que vouliez-vous qu'il fiſt contre trois, replique Julie? *Qu'il mouruſt*, répond le Pére d'Horace. Ce *qu'il mouruſt*, exprime la généroſité Romaine d'une maniére vive & touchante, qui

R

frappe l'esprit, & émeût le cœur en mesme temps.

Voicy l'autre endroit que je vous disois, & que Corneille a imité de Séneque. Jason répudie Médée pour épouser Creûse fille de Créon Roy de Corinthe. Sur quoy Médée entre en fureur, & menace de faire tout périr. On luy représente qu'elle est sans pouvoir ; que son époux est un infidelle ; que tout l'abandonne. *Médée reste*, dit-elle dans Séneque. Le Poëte François a imité & surpassé le Poëte Latin. Une confidente dît à Medée :

<small>Medea superest.</small>

Vostre païs vous hait, vostre époux est sans foy :
Dans un si grand revers que vous reste-t-il ? Moy.

Répond-elle. *Moy, dis-je, & c'est assez.* N'y a-t-il pas bien de la force & de la grandeur dans ce seul mot-là ? Il y a du moins bien de l'orgueil, repartit Philanthe. Ce *moy* repeté est extrémement fier, & me rappelle le *moy* de Pascal &
» celuy de son Copiste. Le *moy* est haïssable selon
» Pascal : le *moy* est injuste en soy, en ce qu'il se
» fait le centre de tout. Il est incommode aux au-
» tres en ce qu'il les veut asservir ; car chaque *moy*
» est l'ennemi, & voudroit estre le tyran de tous les
» autres. Cela veut dire en bon François, dît Eudoxe, que l'amour propre n'est guéres aimable, qu'il rapporte tout à soy, & qu'il veut dominer

SECOND DIALOGUE.

par tout. Le Copiste, reprit Philanthe, rencherit bien sur son original, en disant que l'idée con-« fuse du *moy* est le principal objet de l'amour « des hommes, & la source de leurs plaisirs & de « leurs ennuis. Mais n'oublions pas où nous en « sommes, & laissons là ce *moy* dont nous aurons peut-estre occasion de parler une autre fois.

C'est trop nous arrester, dît Eudoxe, sur la premiére espece des pensées qui ne gagnent pas seulement la créance comme vrayes, mais qui attirent l'admiration comme nouvelles & extraordinaires. Celles de la seconde espece sont les agréables qui surprennent & qui frappent quelquefois autant que les nobles & les sublimes ; mais qui font par l'agrément ce que font les autres par la noblesse & par la sublimité. A la vérité le nom de belle pensée, si on prend le mot de beau dans sa propre signification, emporte grandeur selon Aristote qui a décidé que les petits hommes n'estoient point beaux, quelque bien faits qu'ils fussent, & qu'ils estoient seulement jolis. Nous appellons pourtant quelquefois belle pensée ce qui n'est que joli, & alors nous confondons le beau avec ce qui plaist, à l'éxemple de Démetrius, qui donne le nom de beauté aux choses qui flatent les sens, ou touchent le cœur.

Ethic. lib. 4. c. 3.

Eh quoy, interrompit Philanthe, les pensées

sublimes n'ont-elles pas de quoy plaire d'elles-mesmes? Ne plaisent-elles pas en effet, & par là ne sont-elles pas agréables? Oûï, repartit Eudoxe : mais ce n'est pas l'agrément qui en fait le caractére, ni qui y domine. Elles plaisent, parce qu'elles ont du grand qui charme toûjours l'esprit ; au lieu que celles-cy ne plaisent que parce qu'elles sont agréables. Ce qu'il y a de charmant en elles, est comme en certaines peintures quelque chose de doux, de tendre & de gracieux: c'est en partie ce *molle atque facetum* qu'Horace donne à Virgile, & qui ne consiste pas dans ce que nous appellons plaisant ; mais dans je ne sçay quelle grace qu'on ne sçauroit définir en général, & dont il y a de plus d'une sorte.

Les pensées donc que je nomme agréables ne sont pas précisément celles où regne la plaisanterie, & qui passent parmi nous pour de bons mots. A la vérité les bons mots ont un agrément particulier, & si vous voulez nous en parlerons un jour à fonds : mais ce n'est pas de quoy il s'agit icy. Nous parlons proprement des pensées qui entrent dans les ouvrages d'esprit, & qui sont d'ordinaire sérieuses, ou dont l'enjoûement ne va pas à faire rire.

Dicendi genus sententiosum & argutum sententiis non tam gravibus & severis, quàm concinnis & venustis. Cicer. *de Clar. Orat.*

J'accepte volontiers, dît Philanthe, le parti que vous me proposez touchant les bons mots :

SECOND DIALOGUE.

c'est une matiére qui n'a point encore esté bien traitée, & qui merite de l'estre; mais je ne veux pas vous interrompre.

Comme la noblesse des pensées, poursuivit Eudoxe, vient, selon Hermogene, de la majesté des choses dont elles sont les images, ainsi que nous avons veû: leur agrément peut venir, selon Démetrius, de la nature des objets qui plaisent d'eux-mesmes, tels que sont les fleurs, la lumiére, les beaux jours, & toutes les choses qui flatent les sens.

> Sunt etiam nonnullæ venustates in rebus, ut nymphæi, horti, amores: res enim suapte natura hilaritate & jucunditate quadam ornata est. *De Elocut.*

C'est sans doute pour cela, repartit Philanthie, que Voiture a des pensées si jolies: car personne n'a mieux mis en œuvre ce que la nature a de plus délicieux & de plus riant. Vous avez deviné justement ce que je pensois, repartit Eudoxe, & je suis bien-aise que nous nous soyons rencontrez. Voicy des endroits de Voiture qui sont dans ce genre d'agrément.

" Vous viendrez icy trouver le printemps que
" vous avez déja passé delà, & y revoir les violet-
" tes aprés avoir veû tomber les roses. Pour moy,
" je souhaite cette saison avec impatience, non
" pas tant à cause qu'elle nous doit rendre les fleurs
" & les beaux jours, que parce qu'elle vous doit
" ramener; & je vous jure que je ne la trouverois
" pas belle, si elle revenoit sans vous.

Il ne se peut rien imaginer de plus fleuri, ni

de plus doux, dît Philanthe. La pensée d'un Ancien, ajoûta-t-il, qui est rapportée par Aristote dans sa Rhétorique, me paroist encore fort belle, de cette beauté qui va plus à l'agréable qu'au
" grand. Tant de brave jeunesse périe à la derniè-
" re bataille estoit une perte si considérable pour
" l'Etat, qu'on pouvoit asseûrer que l'année n'en
" feroit pas une plus grande, si on luy ostoit le
" printemps.

Rhet. lib. 3. p. 10.

Croyez-moy, reprit Eudoxe, Voiture en ce genre vaut bien Péricles ; & les pensées suivantes ont des charmes particuliers.
" Aprés avoir passé un grand parterre & de
" grands jardins tout pleins d'orangers, elle arri-
" va en un bois où il y avoit plus de cent ans
" que le jour n'estoit entré qu'à cette heure-là
" qu'il y entra avec elle. C'est de Madame la Princesse dont Voiture parle, & la pensée est jolie. Mais il ne faut pas la prendre à la rigueur, ni selon les regles de l'éxacte vérité ? Le genre galant a ses licences aussi-bien que le genre poétique ; & c'est en ces rencontres qu'on a droit de passer du propre au figuré : *Un bois où il y avoit plus de cent ans que le jour n'estoit entré,* voilà le propre ; *Qu'à cette heure-là qu'il y entra avec elle,* voilà le figuré. Au reste Voiture semble avoir imité Martial, qui dit à Domitien que quand il feroit la nuit son entrée dans Rome,

Jam Cæsar vel nocte veni ; stent astra licebit :

SECOND DIALOGUE.

le peuple ne manqueroit pas de voir le jour en voyant venir l'Empereur.

<small>Non deerit populo, te veniente, dies.
Lib. 8.
Ante Patris ſtatuam, nati implacabilis irâ
Occubui indigna morte manuque cadens.
Illorum ingemuit neuter mea fata videndo.
Ora patris, nati pectora marmor erant.</small>

Je ſuis ravi, dît Philanthe, que le mélange du propre & du figuré faſſe un agrément, & qu'on puiſſe ſauver par là des penſées qui ne plaiſent pas à tous les critiques : par éxemple, la concluſion de l'Epigramme Latine qu'on fit ſur ce que le Duc de Montmorency fut décapité devant la ſtatuë de marbre d'Henri le Grand, ſans avoir pu obtenir ſa grace de Loüis le Juſte : *Le viſage du pere, & le cœur du fils eſtoient de marbre.*

Une Epigramme, repliqua Eudoxe, tire ſouvent toute ſa grace du figuré & du propre joints enſemble ; & celle qui fut faite quand le Maréchal de Baſſompierre ſortit de la Baſtille aprés la mort du Cardinal de Richelieu, en eſt un éxemple :

Enfin dans l'arriére ſaiſon
La fortune d'Armand s'accorde avec la mienne :
France, je ſors de ma priſon,
Quand ſon ame ſort de la ſienne.

Le mot de *priſon* eſt pris au troiſiéme vers dans le ſens propre, & au dernier dans le figuré ; & ce qui rend l'Epigramme plus heureuſe, c'eſt que *France, je ſors de ma priſon,* eſt l'anagramme de François de Baſſiompere à une lettre prés : mais je reviens à Voiture.

Il mesle encore agréablement ces deux gen-
" res, en disant au Comte d'Avaux : Avec tout
" vostre bon temps, dites le vray, Monseigneur,
" ne fait-il pas plus sombre à Munster depuis que
" Madame de Longueville n'y est plus? Au moins
" fait-il plus clair & plus beau à Paris depuis qu'elle
" y est.

Une pensée que j'ay veûë dans les mémoires de Brantosme approche fort de celle de Voiture, dît Philanthe. La Reine de Navarre sœur de François I. estoit une Princesse tres-accomplie. Sur le bruit qui se répandit à la Cour qu'elle estoit morte en Auvergne, un Courtisan bel esprit asseûra que cela ne pouvoit estre, parce qu'il avoit fait trop beau depuis ce temps-là, & soûtint toûjours galamment que si la Reine estoit morte, le ciel n'auroit pas esté si serein. Il est vray, reprît Eudoxe, que ces deux pensées se ressemblent extrémement: mais ce qui autorise davantage celle de Voiture, c'est que sa Lettre est toute enjoûée : jugez-en par les premiéres lignes.

" A ce que je voy, vous autres Plenipoten-
" tiaires vous vous divertissez admirablement à
" Munster : il vous y prend envie de rire en six
" mois une fois. Vous faites bien de prendre le
" temps tandis que vous l'avez, & de joûïr de la
" douceur de la vie que la fortune vous donne.

Vous

Vous eftes là comme rats en paille, dans les pa- «
piers jufques aux oreilles, toûjours lifant, écri- «
vant, corrigeant, propofant, conferant, haran- «
guant, confultant; dix ou douze heures chaque «
jour dans de bonnes chaifes-à-bras bien à voftre «
aife, pendant que nous autres pauvres diables «
fommes icy marchant, joüant, caufant, veillant, «
& tourmentant noftre miférable vie. «

C'eft-là, dît Philanthe, ce qui s'appelle bien badiner. Et c'eft auffi en badinant de la forte, repartit Eudoxe, que l'on peut confondre le fens propre avec le fens figuré fans choquer la raifon ni la bienféance. Il y a mefme des occafions plus férieufes où cela fe peut, pourveû qu'on n'y entende point fineffe, ainfi que nous avons dit en parlant de la vérité; & ce feul endroit d'une lettre à Mademoifelle Paulet en fait foy.

Nous nous approchons tous les jours du «
païs des melons, des figues, & des mufcats, & «
nous allons combattre en des lieux où nous ne «
cueïllerons point de palmes qui ne foient mef- «
lées de fleurs d'oranges & de grenades. «

Au refte, les comparaifons tirées des fujets fleuris & délicieux font des penfées agréables, de mefme que celles qu'on tire des grands fujets font des penfées nobles.

Il me paroift, dit Coftar, que c'eft un grand «
avantage d'eftre porté au bien fans nulle peine; «

S

» & il me semble que c'est un ruisseau tranquille,
» qui suivant sa pente naturelle coule sans obsta-
» cle entre deux rives fleuries. Je trouve au con-
» traire que ces gens vertueux par raison, qui font
» quelquefois de plus belles choses que les au-
» tres, font de ces jets d'eau où l'art fait violence
» à la nature, & qui après avoir jailli jusques au
» ciel, s'arrestent bien souvent par le moindre
» obstacle.

C'est encore penser joliment que de dire avec
» Balzac, d'une petite riviere : Cette belle eau ai-
» me tellement ce païs, qu'elle se divise en mille
» branches, & fait une infinité d'isles & de tours,
» afin de s'y amuser davantage.

Je ne m'étonne plus, dît Philanthe, que les Eglogues de Théocrite & de Virgile, les Jardins & les Pastorales d'un de nos amis qui égale l'un & l'autre, soient si agréables, & qu'on ne se lasse jamais de les lire : car on y trouve par tout des fleurs, des bois, des ruisseaux, & enfin ce que la vie champestre a de plus aimable, sans parler de la forme & des ornemens que ces grands maistres donnent à leur matiére pour l'égayer, & pour l'embellir.

C'est là proprement, répondit Eudoxe, que la Poésie, qui, selon Hermogene, tend presque toute au plaisir, nous amuse, & nous réjoüit. Mais si nous en croyons le mesme Hermogene,

Hermog. de Formis Orat. c. 6.

SECOND DIALOGUE.

la fiction, ou quelque chose d'un peu poétique, rend les pensées tres-agréables dans la prose.

Ce fut apparemment suivant les idées de ce Rheteur, dit Philanthe, que Voiture composa la Lettre du Roy de Suéde à Mademoiselle de Rambouïllet, & celle de la Carpe à son compere le Brochet. Je suis bien trompé, repliqua Eudoxe, si Voiture a suivi en cela d'autres idées que les siennes, à moins que nous ne disions de Voiture, au regard d'Hermogene, ce qu'on a dit d'un tres-sage Gentilhomme au regard de Tacite : qu'il le sçavoit tout entier sans l'avoir leû, parce qu'estant né avec un grand sens naturel, & ayant un grand usage du monde, il en avoit toutes les maximes politiques dans la teste, bien qu'il n'eust aucune teinture des Lettres.

Quoy qu'il en soit, il est certain que les fictions ingénieuses ne font pas un moins bel effet en prose qu'en vers. Ce sont pour l'esprit autant de spectacles divertissans, qui ne manquent point de plaire aux personnes éclairées. Il y en a au reste de deux sortes : les unes ont de l'étenduë, & forment une piéce entiére : telles sont les Lettres de la Carpe & du Roy de Suéde : à quoy l'on peut ajoûter *les nouveaux Dialogues des morts*, celuy de *l'Amour & de l'Amitié*, le *Miroir ou la Métamorphose d'Orante*, le *Parnasse Réformé*, la *Guerre des Auteurs*, le *Loûis*

Fabulæ in sententiis maximè afferunt suavitatem, & delectationem in oratione.
Idem. c. 4.

d'or. Ces petits ouvrages ont un caractére tres-spirituel & tres-agréable.

Les autres fictions dont je parle icy sont plus courtes, & se renferment quelquefois en une seule pensée. Ainsi Pline le Jeune exhortant par son éxemple Corneille Tacite à étudier jusques dans la chasse, luy dit que l'éxercice du corps réveille l'esprit; que les bois, la solitude, le silence mesme qu'on garde en certaines chasses aident fort à bien penser; & enfin que s'il porte toûjours avec luy des tablettes, il éprouvera que Minerve n'habite pas moins les forests & les collines que Diane. Voilà une petite fiction en deux mots. Pline avoit dit d'abord qu'à une chasse où l'on prit trois sangliers dans les toiles, il estoit assis prés des toiles mesmes, les tablettes à la main, rêvant, & marquant ce qui luy venoit de bon en l'esprit, afin que s'il s'en retournoit les mains vuides, il rapportast au moins ses tablettes pleines. Cela est pensé joliment; mais il y a encore plus d'agrément, en ce qu'il imagine que Minerve est comme Diane hostesse des bois, qu'on la trouve dans les vallons & sur les montagnes.

C'est une fiction à peu prés de cette nature, que ce qu'a dit Varron de Plaute, au rapport de Quintilien: *Si les Muses vouloient parler latin, elles parleroient comme Plaute.* La pensée est

---

Mirum est ut animus agitatione motuque corporis excitetur: jam undique silvæ & solitudo, ipsumque illud silentium quod venationi datur, magna cogitationis incitamenta sunt... Experieris non Dianam magis montibus quàm Minervam inerrare. Lib. 1. ep. 3.

Ad retia sedebam: erant in proximo non venabulum, aut lancea, sed stylus & pugillares. Meditabar aliquid, enotabamque ut si manus vacuas, plenas tamen ceras reportarem. Ibid.

Licet Varro dicat musas Plautino ser-

SECOND DIALOGUE.

belle, dît Philanthe, mais c'est une de ces pensées qu'on trouve par tout, & que tout le monde s'approprie. Ciceron & Valere-Maxime disent ce me semble que si Jupiter vouloit parler
grec, il se serviroit du langage de Platon. Quelques-uns ont dit que les Muses avoient parlé
par la bouche de Xénophon. Au jugement de
Pline le Jeune, un de ses amis écrivoit des Lettres dans un stile si élegant & si pur, qu'on
croyoit, en les lisant, que les Muses elles-mesmes parlassent latin. Enfin on a dit d'une Dame de la Cour, que si les graces vouloient parler, elles parleroient par sa bouche. Toutes ces
pensées sont les mesmes. On peut y ajoûter,
reprît Eudoxe, ce que feint sur la mort du Lope de Vegue le Testi, qui est l'Horace des Italiens, comme le Tasse est leur Virgile. Le Poéte demande où ce Cigne de l'Espagne s'est en-
volé? il répond, qu'il a plû peut-estre à Apollon de l'appeller à soy, pour ne pas chanter
seul sur le Parnasse.

mons locutu-
ras fuisse, si
latinè loqui
vellent.
Lib. 10. c. 1.

Epistolas qui-
dem scribit ut
musas, ipsas
latinè loqui
credas.
Lib. 2. Ep. 13.

Forse piacque ad Apollo à se chiamarte
Per non esser in Pindo a cantar solo.

Il ajoûte que depuis la mort du Lope, Apollon ne chante plus sur sa lyre que des airs Espagnols, & que l'éloquence du Poéte Castillan
a esté capable de changer le langage du Parnasse.

Ne più di Greci accenti
O di Latini, e Toschi il biondo Arciero
Tempre le corde d'ell' aurata cetra :
Sol d'Ispani concenti
Rimbonban Pindo e Cirra; e in suono
Ibero volano arguti carmi à ferir l'etra,
Tanto può, tanto impetra
La facondia di Lope: Ei sol fù degno
Di mutar lingua all'Apollineo regno.

Je juge par là, dît Philanthe, que la poésie imite quelquefois la prose: mais il me paroît que les seules figures qu'on emprunte de la poésie égayent fort une pensée dans la prose. Le Vieux Pline, qui vaut bien plus que le Jeune, si nous nous en rapportons à Voiture, parlant de ces Dictateurs Romains, qui aprés avoir commandé des armées, & remporté des victoires, labouroient les champs, & menoient eux-mesmes la charruë, dit que la terre se réjoûïssoit d'estre cultivée par des laboureurs victorieux, & fenduë avec un soc chargé de lauriers.

Gaudente terra vomere laureato, & triumphali aratore.
Histor. Nat. lib. 18. c. 3.

Il dit ailleurs, que les maisons où estoient disposées par ordre les statuës des Héros d'une noble race, se sentoient encore de leurs triomphes, aprés avoir changé de maistres; & que les murailles reprochoient à un lasche qui les

Triumphabant etiam, dominis mutatis, ipsæ domus; & erat hæc stimulatio ingens, exprobrantibus

SECOND DIALGGUE.

habitoit, que tous les jours il entroit dans un lieu consacré par les monumens de la vertu & de la gloire d'autruy.

tectis, quotidie imbellem dominum intrare in alienum triumphum.
Lib. 35. c. 2.

Il est vray, repartit Eudoxe, que cette joye de la terre, ce sentiment des maisons, ces reproches des murailles ont je ne sçay quoy de vif & de beau qui fait plaisir à l'esprit : mais une métaphore animée, & qui marque de l'action ne plaist guéres moins. Le Pline que vous venez de citer, dit pour faire entendre l'usage des fléches, qu'afin que la mort vinst plus viste à nous, nous l'avons fait voler, en donnant des aîles au fer. La pensée n'est-elle pas vive, & aussi agréable que celle d'Horace sur les chagrins qui volent autour des lambris dorez, & que les gardes ne chassent point ? Remarquons, en passant, dit Philanthe, que la pensée de Malherbe sur la mort, est prise delà :

Ut ocyus mors perveniret ad hominem, alitem illam fecimus, pennasque ferro dedimus.
Lib. 34. c. 14.

Non enim gazæ, neque consularis
Summovet lictor miseros tumultus
Mentis & curas laqueata circum
Tecta volantes.
Lib. 2 Od. 16.

> *Et la Garde qui veille aux barriéres du Louvre*
> *N'en défend pas nos Rois.*

Au reste, reprit Eudoxe, la métaphore est de sa nature une source d'agrémens ; & rien ne flate peut-estre plus l'esprit que la représentation d'un objet sous une image étrangere. Nous aimons, suivant la remarque d'Aristote, à voir une chose dans une autre ; & ce qui ne frappe pas de soy-mesme, ni à face découverte, surprend dans un habit emprunté, & avec un maſque. Ainſi d'une propoſition ſimple & commune telle qu'eſt celle-cy : *les Filles en France ne ſuccedent point à la Couronne,* on fait une penſée ingénieuſe & agréable, en diſant, ſelon l'Evangile, *les Lys ne filent point :* ou ſelon la Fable, *une quenoüille n'accommode pas l'Hercule Gaulois.*

Quelquefois une imagination toute pure fait le meſme effet ſans le ſecours de la métaphore. Catulle, pour faire entendre qu'une perſonne a trés-bonne grace, & eſt trés-bien faite, imagine qu'elle a dérobé tous les agrémens à toutes celles qui en ont :

Omnibus una omnes ſurripuit veneres.

Voiture, interrompit Philanthe, n'a-t-il point dérobé à Catulle la viſion qu'il a ſur Mademoiſelle de Bourbon, ou plûtoſt, pour ne rien dire de trop, Catulle n'a-t-il pas donné lieu à Voiture d'imaginer des vols extraordinaires pour faire valoir le mérite de la Princeſſe ? Philanthe
„ prit le livre, & leût ce qui ſuit. Selon que je la
„ viens de dépeindre, vous jugerez bien que c'eſt
„ une beauté bien différente de celle de la Reine
„ Epicharis : mais ſi elle n'eſt pas ſi Egyptienne
„ qu'elle, elle ne laiſſe pas d'eſtre pour le moins
„ auſſi voleuſe. Dés ſa premiére enfance elle vola
„ la blancheur à la nége ; & aux perles l'éclat &
la

SECOND DIALOGUE.

la netteté. Elle prit la beauté & la lumiére des «
aftres, & encore il ne se passe guéres de jours «
qu'elle ne dérobe quelque rayon au soleil, & «
qu'elle ne s'en pare à la veüë de tout le mon- «
de. Derniérement, dans une assemblée qui se «
fit au Louvre, elle osta la grace & le lustre à «
toutes les Dames & aux diamans qui les cou- «
vroient ; elle n'épargna pas mesme les pierre- «
ries de la Couronne sur la teste de la Reine, & «
elle en sceût enlever ce qui y estoit de plus bril- «
lant & de plus beau. «

Voilà qui est imaginé plaisamment, repartit Eudoxe, & c'est l'air de gayeté dont cela se
dit qui sauve ce que la pensée a en apparence
de faux & d'outré : car enfin il estoit vray dans
le fonds que Mademoiselle de Bourbon effa-
çoit tout ce qu'il y avoit de beau à la Cour; &
ce vol qu'on luy attribuë n'est qu'un tour ingénieux, pour dire la chose agréablement.

Ce qu'on a dit de la jeune Duchesse de Bourbon dans la description du dernier Carousel,
repliqua Philanthe, marque d'une maniére ingénieuse & agréable qu'elle est née sage & spirituelle :

Vous n'aviez pas encor dix ans
Que vostre esprit en avoit trente.

C'est la pensée de Marot, reprit Eudoxe,
T

sur une Personne de la Cour de François I, qu'on nommoit Mademoiselle Helly :

> *Dix-huit ans je vous donne*
> *Belle & bonne ;*
> *Mais à vostre sens rassis*
> *Trente-cinq ou trente-six*
> *J'en ordonne.*

Ces differens nombres opposez les uns aux autres font un effet trés-joli. Aussi l'agrément naist d'ordinaire de l'opposition, sur tout dans les pensées doubles qui ont deux sens, & comme deux faces : car cette figure qui semble nier ce qu'elle établit, & qui se contredit en apparence, est tres-élegante. J'en tombe d'accord, repartit Eudoxe, & les Anciens nous fournissent là-dessus de beaux éxemples. Sophocle dit que les présens des ennemis ne sont pas des présens, & qu'une mere inhumaine n'est pas mere ; Séneque, qu'une grande fortune est une grande servitude ; Tacite, qu'on fait quelquefois toutes sortes de bassesses & d'actions serviles pour regner. Horace parle d'une folle sagesse, d'une paresse empressée, & d'une concorde discordante.

Magna servitus est magna fortuna.
De Consolat. ad Polyb.

Omnia serviliter pro dominatione.
Hist. lib. 1.

Les Modernes, repliqua Philanthe, n'excellent pas moins en ces sortes de pensées que les Anciens. J'ay leû quelque part que les Rois sont

esclaves sur le trosne; que le corps & l'ame sont «
deux ennemis qui ne se peuvent quiter, & deux «
amis qui ne se peuvent souffrir. Selon Voiture, «
le secret pour avoir de la santé & de la gayeté «
est que le corps soit agité, & que l'esprit se re- «
pose. Le mesme dit, en parlant d'une Personne «
de qualité qui avoit de l'esprit infiniment, & «
avec laquelle il estoit en commerce : Je ne me «
trouve jamais si glorieux que quand je reçois «
de ses Lettres, ni si humble que lors que j'y veux «
répondre. «

Un Poéte Espagnol dit sur la mort d'une Reine d'Espagne :

Viva no pudo ser mas :
Muerta no pudo ser menos.

Toute la beauté de la pensée consiste dans l'opposition : *Elle n'a pu estre pendant sa vie plus qu'elle estoit; elle ne peut-estre après sa mort moins qu'elle est.* Marot que je vous citois tout à l'heure, repartit Eudoxe, finit l'Epitaphe de Madame de Château-Briant par une pensée pareille :

Sous ce tombeau gist Françoise de Foix,
De qui tout bien tout chacun souloit dire;
Et le disant onc une seule fois
Ne s'avança d'y vouloir contredire :
De grand' beauté, de grace qui attire,

De bon sçavoir, d'intelligence prompte,
De biens, d'honneur, & mieux que ne raconte,
Dieu Eternel richement l'étoffa:
O Viateur, pour t'abreger le conte,
Cy gist un rien, là où tout triompha.

L'Epitaphe fameuse de Jacques Trivulce enterré à Milan tire toute sa grace de l'opposition & de la briéveté:

Hic quiescit qui nunquam quievit.

Nous pourrions dire en nostre Langue:

Icy repose qui ne s'est jamais tenu en repos.

C'est ce Guerrier si célébre dans l'Histoire d'Italie, interrompit Philanthe, qui mourut à quatre-vingts ans, & qui au rapport de Brantosme, estant sur le point de mourir, voulut tenir son épée nuë, parce qu'il avoit oüi dire que les diables haïssoient fort les épées. La Croix, ou le Cierge beni eust esté mieux entre ses mains, répondit Eudoxe. Aprés tout, quelque belle que soit son Epitaphe, je l'estime beaucoup moins qu'un petit éloge du Roy renfermé en un seul vers, qui vaut à mon gré un panégyrique entier:

Pace beat, totum bello qui terruit orbem.

Je ne sçay si on peut rendre cela en François

SECOND DIALOGUE.

dans toute sa beauté: *Celuy qui a fait trembler le monde par ses armes, le rend heureux par la paix.*

Ce qu'a dit un autre Poéte sur le mesme sujet est encore fort beau, repliqua Philanthe:

Plus pacasse orbem quàm domuisse fuit.

Il est vray, repartit Eudoxe; & la traduction en est aisée: *Il y a plus de gloire à donner la paix au monde qu'à le vaincre.* Mais l'opposition de *paix* & de *guerre*, de *rendre heureux*, & de *faire trembler*, ajoûte au premier vers je ne sçay quel agrément que l'autre n'a pas. Le second est plus fort, si vous voulez; mais le premier me paroist plus agréable.

Deux vers, répondit Philanthe, qui ont esté mis sur le Globe de Versailles, où les Arts sont peints, & par lesquels on fait parler la Poésie, ont toute la grace qu'on peut souhaiter. *A quoy bon feindre*, dit la Poésie? *Quand je chante vos hauts faits, Grand Roy, on croit que c'est une fable, & c'est une histoire.* La fable & l'histoire opposées l'une à l'autre rendent la pensée belle, repliqua Eudoxe, & cela me rappelle un endroit de Pline le Jeune au sujet de la guerre des Daces, qu'un de ses amis avoit entrepris d'écrire. *Quelle matiére plus poétique*, dit-il, *& plus fabuleuse que celle-là, quoy-que pleine d'événemens tres-véritables?*

Fingere cur libeat? dum te cano, Maxime Regum: Fabula narrari creditur, historia est.

Quæ tam poëtica, & quanquam in verissimis rebus tam fabulosa materia? *Lib. 8. Ep. 4.*

Il faut avoüër, dît Philanthe, que les antithefes bien ménagées plaifent infiniment dans les ouvrages d'efprit. Elles y font à peu prés le mefme effet, répondit Eudoxe, que dans la peinture les ombres & les jours qu'un bon Peintre a l'art de difpenfer à propos ; ou dans la mufique, les voix hautes & les voix baffes qu'un habile maiftre fçait mefler enfemble.

Cependant ne croyez pas, continua-t-il, qu'une penfée ne puiffe eftre agréable que par des endroits brillans, & qui ayent du jeu : la feule naïveté en fait quelquefois tout l'agrément. Elle confifte cette naïveté dans je ne fçay quel air fimple & ingénu, mais fpirituel & raifonnable, tel qu'eft celuy d'un villageois de bon fens, ou d'un enfant qui a de l'efprit ; & la plufpart des Epigrammes de * l'*Anthologie* ont ce caractére: s'il ne s'y trouve rien qui pique le gouft, il s'y trouve pourtant quelque chofe qui le chatouïlle, & on peut dire que fans avoir le fel de Martial, elles ne font pas infipides. Il y en a de bien fades, interrompit Philanthe : & vous fçavez que quelques-unes de ces Epigrammes grecques qu'on traduifit à Racan luy parurent fi mauvaifes, & d'un gouft fi plat, que difnant à la table d'un Prince où l'on fervit devant luy un potage qui ne fentoit que l'eau, Voilà, dît-il tout bas à un de fes amis

* Recueïl des *Epigrammes Grecques.*

SECOND DIALOGUE.

qui avoit veû les Epigrammes avec luy, un po- « tage à la grecque s'il en fut jamais. «

Je ne parle pas de celles-là, repartit Eudoxe : je parle de celles qu'on a faites fur la Vache de Myron, & fur des fujets femblables, qui toutes fimples qu'elles font, ne laiffent pas d'eftre ingénieufes à leur maniére. L'une dit : *Petit veau, pourquoy meugles-tu ? l'art ne m'a point donné de lait.* L'autre : *Pafteur, tu me frappes pour me faire marcher ; l'art t'a bien trompé, Myron ne m'a pas animée.*

Les fuivantes font fur des ftatuës de Dieux & de Déeffes. *Ou Jupiter eft venu du ciel pour fe faire voir à Phidias ; ou Phidias eft monté au ciel pour voir Jupiter.*

Pallas & Junon voyant une ftatuë de Venus, dirent : *C'eft à tort que nous avons condamné le jugement de Páris.*

Un Poëte dit au fujet d'une ftatuë de l'Amour enchaifné, & attaché à une colonne : *Petit enfant, qui vous a lié les mains ? ne pleurez pas, vous qui prenez plaifir à faire pleurer les jeunes gens.*

Les Auteurs de ces Epigrammes, ajoûta Eudoxe, avoient un peu du génie des Peintres qui excellent en certaines naïvetez gracieufes, & entre autres du Corrége, dont les peintures d'enfans ont des graces particuliéres, & quel-

que chose de si enfantin, que l'art semble la nature mesme. Parmi les Latins Ovide & Catulle sont originaux en ce genre là : il ne faut qu'ouvrir les *Métamorphoses*, les *Fastes*, & les *Tristes* pour trouver des éxemples de naïveté, & le nombre qu'il y en a m'a empesché d'en écrire aucun. Ce que dit Catulle d'un parfum exquis est agréable par estre naïf : *Quand vous le sentirez, vous prierez les Dieux qu'ils vous fassent devenir tout nez.*

Nous avons des Poëtes, repliqua Philanthe, qui ne le cedent guéres en naïveté à Ovide ni à Catulle, & j'en ay connu un qui a fait en ce genre un trés-joli Madrigal sur la fortune d'un Homme de mérite :

Elevé dans la vertu,
Et malheureux avec elle,
Je disois, A quoy sers-tu,
Pauvre & sterile vertu ?
Ta droiture & tout ton zele,
Tout compté, tout rabatu,
Ne valent pas un festu.
Mais voyant que l'on couronne
Aujourd'huy le grand Pomponne,
Aussitost je me suis teû :
A quelque chose elle est bonne.

Une Epitaphe de la façon de Scarron finit
par

Tunc perfecta ars, cùm naturam ita exprimit, ut natura ipsa esse videatur.
Longin. Sect. 19.

Quod tu cùm olfacies, Deos rogabis
Totum ut te faciant, Fabulle, nasum.

SECOND DIALOGUE.

par une naïveté merveilleuse :

> Cy gist qui fut de belle taille,
> Qui sçavoit danser & chanter,
> Faisoit des vers vaille que vaille,
> Et les sçavoit bien réciter.
> Sa race avoit quelque antiquaille,
> Et pouvoit des Héros compter ;
> Mesme il auroit donné bataille,
> S'il en avoit voulu taster.
> Il parloit fort bien de la guerre,
> Des cieux, du globe de la terre,
> Du Droit Civil, du Droit Canon,
> Et connoissoit assez les choses
> Par leurs effets & par leurs causes :
> Estoit-il honneste homme ? oh, non !

Mais peut-estre que le plus naïf de tous nos Poëtes est le Chevalier de Cailly, qui déguisa son nom en donnant ses vers au public sous le titre de *Petites Poésies du Chevalier d'Accilly*.

Ces *Petites Poésies* sont pleines de naïvetez, & on y reconnoist bien le Poëte, qui avec de l'esprit estoit l'homme du monde le plus naturel, & qui avoit le plus de candeur.

Son Quatrain sur l'étimologie du mot d'*Alfana*, qu'un Sçavant faisoit venir d'*Equus*, ne m'est jamais sorti de la mémoire :

Alfana vient d'Equus sans doute :
Mais il faut avoüer aussi,
Qu'en venant de là jusqu'icy,
Il a bien changé sur la route.

Il m'en revient un autre qui marque son desintéressement d'une maniére bien naïve :

Quand je vous donne ou vers ou prose,
Grand Ministre, je le sçay bien,
Je ne vous donne pas grand' chose :
Mais je ne vous demande rien.

On diroit, interrompit Eudoxe, que ces Quatrains soient de Gombaud, tant ils ont de son air : témoin celuy-cy qui est un chef-d'œuvre en naïveté :

Colas est mort de maladie :
Tu veux que j'en pleure le sort :
Que diable veux tu que j'en die ?
Colas vivoit, Colas est mort.

Aprés tout, reprît Philanthe, ces pensées, toutes naïves qu'elles sont, ne laissent pas d'avoir un peu d'antithese.

Je ne vous donne pas grand' chose,
Mais je ne vous demande rien.
Colas vivoit, Colas est mort.

Donner, demander, vivre, mourir, fait un petit jeu qui égaye la chose. La naïveté, dît Eudoxe, n'est pas ennemie d'une certaine espece d'antitheses, qui ont de la simplicité selon Hermogene, & qui plaisent mesme d'autant plus qu'elles sont plus simples : elle ne hait que les antitheses brillantes, & qui joüent trop.

<small>Simplicia habent etiam suum acumen, suas argutias. *Gaspar Laurent. Comment. in Tract. Hermog. de Formis Orat.* Ipsa ἀφέλεια simplex & inaffectata habent quemdam purum qualis etiam in fœminis amatur ornatum. *Quintil. lib. 8. c. 3.*</small>

Mais n'avez-vous point remarqué, ajoûta-t-il, que les idées tristes, telle qu'est l'idée de la mort, n'empesche pas qu'une pensée ne plaise beaucoup ? Comme les tempestes, les batailles sanglantes, les bestes farouches charment dans un tableau, au lieu d'effrayer, si elles sont bien représentées & bien peintes : ainsi les objets les plus pitoyables ont de quoy plaire s'ils sont bien conceûs & bien exprimez. Car, selon la doctrine d'Aristote, tout ce qui sera imité parfaitement, sera agréable, quand mesme ce seroit quelque chose d'affreux. Le plaisir qu'on a de voir une belle imitation, ne vient pas précisément de l'objet, mais de la réflexion que fait l'esprit, qu'il n'y a rien en effet de plus ressemblant : de sorte qu'il arrive en ces rencontres qu'on apprend je ne sçay quoy de nouveau qui pique & qui plaist.

<small>*Rhet. lib. 1. c. 11.*</small>

C'est dans cette veüë qu'un excellent Philosophe, qui joint toute la politesse de nostre langue avec une profonde connoissance de la na-

ture, dit à un illuftre Chancelier, en luy dé-
» diant *les Caractéres des Paſſions*, Que les defordres
» & les vices qu'il met fous fa protection, ne font
» pas de la nature de ceux qui craignent la févé-
» rité des loix; que ce n'en font que les images
» & les figures, qui peuvent eftre receûës comme
» celles des monftres & des tyrans, & qui ne luy
» doivent pas eftre moins agréables à voir que les
» portraits des vaincus ont accouftumé de l'eftre
» aux vainqueurs.

Je m'eftois apperceû il y a long-temps, dît
Philanthe, que les penfées qui repréfentent des
chofes fâcheufes peuvent plaire, mais je n'en
fçavois pas la raifon; & je vois bien à cette heure
pourquoy les *Triftes* d'Ovide plaifent tant, fans
parler des piéces dramatiques anciennes & modernes, qui nous divertiffent en nous arrachant
des pleurs.

C'eft pour la mefme raifon, repliqua Eudoxe,
que les endroits de Virgile les plus douloureux
& les plus funeftes font tant de plaifir aux lecteurs. La mort de Didon a un charme particulier; & cette Reine malheureufe occupe agréablement l'efprit, quand toute éplorée, & le vifage couvert d'une pafleur mortelle, elle monte
fur fon bûcher, qu'elle tire l'épée dont elle veut

Non hos quæ- fe percer le fein, & qui ne luy a pas efté donnée
fitum munus
in ufus. pour un tel ufage : quand prefte à fe tuër elle-

SECOND DIALOGUE. 157

mesme, elle fond en larmes à la veûë des présens *Dulces exuviæ* qu'elle a receûs du Prince Troyen, si doux & si *dum fata Deus-* chers dans le temps que les destins luy estoient *que sincbant.* propices. Quand enfin aprés avoir déclaré, en *Moriemur in-* soupirant, qu'elle seroit heureuse si les navires *Sed moria-* de Troye n'avoient jamais touché les bords de *mur, ait. Sic,* Carthage, elle dit dans un transport furieux : *sub umbras.* *Quoy, mourir sans se venger!* Puis un reste d'a- *oculis ignem* mour se meslant à la rage & à la douleur : *Mais* alto *mourons,* ajoûte-t-elle. *C'est ainsi qu'il me faut périr.* *Dardanus, & nostræ secum* *Que le Cruel voye au moins de la mer les flammes de* *ferat omina* *mon bûcher, & emporte avec soy des asseûrances* *mortis.* *de ma mort.* *Æneid. Lib. 4.*

Voilà effectivement une passion bien touchée, dit Philanthe, & je ne croy pas qu'on puisse rien voir de mieux peint. Voicy un autre portrait plus en petit, repliqua Eudoxe, mais presque aussi agréable, tout triste qu'il est. C'est la description que Virgile fait des Amans qui sont *Hîc quos du-* aux enfers où descend Enée. Le Poëte établit *deli tabe per-* leur demeure dans des lieux arrosez de larmes, *edit,* & qui se nomment les campagnes pleurantes. *lant calles, &* *Là,* dit-il, *ceux que l'amour a tourmentez & fait* *cum* *mourir cruellement, suivent des routes solitaires, &* *Sylva tegit: curæ non ipsa* *se cachent sous un bois de myrthe : les chagrins ne les* *in morte re-* *abandonnent pas dans le séjour mesme de la mort.* *linquunt.*
Æneid. lib. 6.

Cette derniére pensée me plaist beaucoup, repartit Philanthe, & rien à mon gré ne mar-

V iij

que mieux jusques où vont les peines que cause une si folle passion.

Virgile, reprit Eudoxe, pense toûjours agréablement, aussi-bien qu'Homere, qui est, selon les Sçavans, le Pere des graces, & dont parle ainsi l'Auteur de *l'Art Poétique* François.

Ille elegantiarum omnium pater Homerus. Casaub.

> *On diroit que pour plaire, instruit par la nature,*
> *Homere ait à Venus dérobé sa ceinture :*
> *Son livre est d'agrémens un fertile tresor,*
> *Tout ce qu'il a touché se convertit en or ;*
> *Tout reçoit dans ses mains une nouvelle grace,*
> *Par tout il divertit, & jamais il ne lasse.*

Mais nous n'aurions jamais fait si nous voulions remarquer ce qu'il y a d'agréable dans l'un & dans l'autre ; & puis il faut que je vous parle d'une troisiéme espece de pensées, qui avec de l'agrément ont de la délicatesse, ou plûtost dont tout l'agrément, toute la beauté, tout le prix vient de ce qu'elles sont délicates.

Ah dites moy, je vous prie, repliqua Philanthe, ce que c'est précisément que délicatesse ! on ne parle d'autre chose, & j'en parle à toute heure moy-mesme sans bien sçavoir ce que je dis, ni sans en avoir une notion nette. Je sçay seulement qu'il y a de bons esprits, comme de bons Peintres, qui ne sont point délicats. Les ouvrages de Rubens, au rapport des

SECOND DIALOGUE.

maistres de l'art, sentent plus le génie Flamand que la beauté de l'Antique ; & quoy-qu'il y eust de la vivacité & de la noblesse en tout ce qu'il faisoit, ses figures estoient plus grossiéres que délicates : au lieu que les tableaux de Raphaël ont avec beaucoup de grandeur, des graces inimitables, & toute la délicatesse possible.

La délicatesse dans le propre, repartit Eudoxe, est plus aisée à définir que dans le figuré. Si vous me demandiez ce que c'est que délicatesse en matiére de parfum, de viande, de musique : je pourrois peut-estre vous contenter, en disant qu'un parfum délicat est un parfum dont les parties sont subtiles, & qui n'enteste jamais ; qu'une viande délicate est celle qui ayant peu de masse & beaucoup de suc, flatte le goust, & ne charge point l'estomac ; qu'une musique délicate est un concert de voix & d'instrumens qui ne font que chatouiller les oreilles, & qui n'excitent que des mouvemens doux dans le cœur. Mais quand vous me demandez ce que c'est qu'une pensée délicate, je ne sçay où prendre des termes pour m'expliquer. Ce sont de ces choses qu'il est difficile de voir d'un coup d'œil, & qui à force d'estre subtiles nous échapent lors que nous pensons les tenir. Tout ce qu'on peut faire, c'est de les regarder de prés, & à diverses reprises, pour parvenir peu à peu à les connoistre. Tâchons donc de nous former quelque idée de la délicatesse ingénieuse, & sur tout ne nous contentons pas de dire qu'une pensée délicate est la plus fine production, & comme la fleur de l'esprit : car ce n'est rien dire ; & dans un sujet si difficile on ne se tire pas d'affaire avec un synonyme, ou avec une métaphore.

Rerum natura nusquam magis quàm in minimis tota. Plin. lib. 11. c. 2.

Il faut, à mon avis, raisonner de la délicatesse des pensées qui entrent dans les ouvrages d'esprit, par rapport à celle des ouvrages naturels. Les plus délicats sont ceux où la nature prend plaisir à travailler en petit, & dont la matière presque imperceptible fait qu'on doute si elle a dessein de montrer ou de cacher son adresse : telle est un insecte parfaitement bien formé, & d'autant plus digne d'admiration, qu'il tombe moins sous la veûë, selon l'Auteur de l'Histoire naturelle.

In arctum coacta rerum naturæ majestas, multis nulla sui parte mirabilior. Idem, lib. 37. proœm.

Auditoribus grata sunt hæc, quæ cùm intellexerint, acumine suo delectantur ; & gaudent non quasi audiverint, sed quasi invenerint. Quintil. lib. 8. c. 2.

Disons par analogie qu'une pensée où il y a de la délicatesse a cela de propre, qu'elle est renfermée en peu de paroles, & que le sens qu'elle contient n'est pas si visible ni si marqué : il semble d'abord qu'elle le cache en partie, afin qu'on le cherche, & qu'on le devine ; ou du moins elle le laisse seulement entrevoir, pour nous donner le plaisir de le découvrir tout-à-fait quand nous avons de l'esprit. Car comme

il

SECOND DIALOGUE.

il faut avoir de bons yeux, & employer mesme ceux de l'art, je veux dire les lunettes & les microscopes, pour bien voir les chefs-d'œuvres de la nature; il n'appartient qu'aux personnes intelligentes & éclairées de pénétrer tout le sens d'une pensée délicate. Ce petit mystere est comme l'ame de la délicatesse des pensées, en sorte que celles qui n'ont rien de mysterieux ni dans le fonds, ni dans le tour, & qui se montrent toutes entiéres à la premiére veüë, ne sont pas délicates proprement, quelque spirituelles qu'elles soyent d'ailleurs. D'où l'on peut conclure que la délicatesse ajoûte je ne sçay quoy au sublime & à l'agréable, & que les pensées qui ne sont que nobles ou jolies ressemblent en quelque façon à ces Héroïnes ou à ces Bergeres de Roman qui n'ont sur le visage ni masque ni crespe; toute leur beauté saute aux yeux dés qu'elles se présentent. Je ne sçay si vous m'entendez : je ne m'entends presque pas moy-mesme, & je crains à tous momens de me perdre dans mes réflexions.

Je vous entends, ce me semble, repliqua Philanthe, & je ne vous admire guéres moins que Pline admiroit les ouvrages de la nature, tant je trouve que vous raisonnez juste sur une matiére si abstraite. Je vous quitte de vostre admiration, dît Eudoxe; il suffit que vous conceviez à peu prés ce que je veux dire : mais les éxemples vous le feront peut-eſtre mieux comprendre que mes paroles.

La premiére penſée qui me revient en ce genre-là, eſt du Panégyrique de Pline. Le Panégyriſte dit à ſon Prince qui avoit refuſé long-temps le titre de Pere de la patrie, & qui ne voulut le recevoir que quand il crut l'avoir mérité : *Vous eſtes le ſeul à qui il eſt arrivé d'eſtre Pere de la Patrie, avant que de le devenir.*

<small>Soli omnium contigit tibi, ut Pater Patriæ eſſes, antequam fieres.</small>

Le Cardinal Bentivogle, interrompit Philanthe, a eû preſque la meſme idée ſur la dignité de Grand d'Eſpagne, en parlant du Marquis de Spinola. Sa naiſſance illuſtre & ſon grand mérite l'avoient fait Grand d'Eſpagne avant qu'il le fuſt. L'Italien a un tour qu'on ne peut rendre en François : *E per nobiltà di ſangue, & per eminenza di merito, portò ſeco in Iſpagna il Grandato, anche prima di conſequirlo.*

Le Cardinal, reprît Eudoxe en riant, pourroit bien avoir un peu volé le Conſul : mais ne le chinanons pas là-deſſus, & faiſons-luy honneur de ſa penſée autant qu'à Pline de la ſienne. Elles ont toutes deux de la fineſſe, & laiſſent plus de choſes à penſer qu'elles n'en diſent : car pour ne parler que de celle du Panégyriſte de Trajan, je conçois, ſi j'ay de l'intelligence & de la pénétration, que les autres Prin-

SECOND DIALOGUE.

ces prenoient le nom de Pere de la Patrie dés qu'ils commençoient à regner ; que Trajan, & plus modeste & plus équitable qu'eux, ne le prit qu'aprés s'en estre rendu digne par le soin qu'il eût de sauver l'Empire, & par l'amour qu'il porta à ses sujets ; enfin qu'il estoit le Pere de la Patrie dans le cœur de tout le monde avant qu'on luy en donnast la qualité & le nom.

Ce Panégyrique si ingénieux & si éloquent, poursuivit Eudoxe, a d'autres pensées délicates : mais pour vous les dire, il faut que je consulte mon recueïl. En voicy une sur ce que le fleuve qui rendoit l'Egypte fertile par ses inondations réglées, ne s'estant point débordé une fois, Trajan envoya des bleds en abondance au secours des peuples qui n'avoient pas de quoy vivre : *Le Nil n'a jamais coulé plus abondamment pour la gloire des Romains.* Nilus Ægypto quidem sæpè, sed gloriæ nostræ nunquam largior fluxit.

Voicy un autre trait pour le moins aussi délicat à l'occasion des jardins & des maisons de plaisance qui avoient toûjours esté aux Empereurs, & que les particuliers possedoient alors. *Les fontaines, les fleuves, les mers ne servent pas aux plaisirs d'un homme seul. Il y a dans le monde quelque chose qui ne vous appartient pas, & le patrimoine des Césars est moins étendu que leur empire.* Il ajoûte, pour faire entendre que ces beaux Non unius oculis flumina, fontes, maria deserviunt : est quòd Cæsar non suum videat, tandemque imperium Principum quàm patrimonium majus est.

jardins, ces magnifiques maisons s'achetoient librement, & que la possession en estoit paisible. *La bonté du Prince est si grande, & les temps sont si heureux sous son Regne, qu'il nous croit dignes des choses qui ne convenoient qu'aux Empereurs, & que de nostre costé nous ne craignons pas d'en paroistre dignes.*

Rien au reste n'est pensé plus finement que ce que Pline dit à son Prince vers la fin du Panégyrique : *La flatterie ayant épuisé il y a long-temps toutes les nouvelles maniéres de loüer les Grands, la seule qui reste pour célébrer vos vertus est d'oser s'en taire.*

Un Homme de qualité que nous connoissons, & qui tourne ses pensées le plus délicatement du monde, interrompit Philanthe, n'a-t-il pas imité Pline en écrivant dans ses Mémoires, qu'il faut dire les mesmes choses, ou se taire sur les belles actions du Roy ; qu'il en fait plus de nouvelles tous les jours qu'il n'y a de tours differens en nostre langue pour les loüer dignement ? Celuy dont vous parlez, repliqua Eudoxe, n'a peut-estre pas leû le Panégyrique de Trajan, non plus qu'une Epitre adressée au Cardinal de Richelieu, dans laquelle un Ecrivain du regne passé le flatte en ces termes qui me sont demeurez dans la mémoire. Nos forces defaillent à mesure que vos merveilles crois-

Tanta benignitas Principis, tanta securitas temporum est, ut ille nos principalibus rebus existimet dignos, nos non timeamus quod digni esse videmur.

Cùm jam pridem novitas adulatione consumpra sit, non alius erga te novus honor superest, quàm si aliquando de te tacere audeamus.

SECOND DIALOGUE.

fent; & comme l'on a dit autrefois d'un vaillant homme, qu'il ne pouvoit plus recevoir de bleſſures que ſur les cicatrices de celles qu'il avoit receuës, vous ne ſçauriez eſtre loüé que par des redites ; puis que la vérité qui a des bornes a dit pour vous tout ce que le menſonge qui n'en connoiſt point a inventé pour les autres.

Mais je reviens au Panégyriſte ancien, & je ne ſçay ſi ce qu'il dit ſur l'entrée de Trajan dans Rome n'eſt point auſſi fin que ce que je vous diſois tout à l'heure. *Les uns publioient aprés vous avoir veû, qu'ils avoient aſſez vécu; les autres qu'ils devoient encore vivre.*

Ciceron ne dit-il pas quelque choſe de ſemblable en loüant Céſar, repartit Philanthe? Je devine ce que vous voulez dire, reprît Eudoxe, & j'ay marqué icy l'endroit. Ciceron parle à Céſar meſme en ces termes : *J'ay entendu avec peine la belle & ſage parole qui vous eſt échapée plus d'une fois, que vous avez aſſez vécu pour la nature & pour la gloire. Peut-eſtre que vous avez aſſez vécu pour la nature, & j'ajoûte pour la gloire, ſi vous voulez; mais ce qui eſt plus important, vous avez certainement peu vécu pour la Patrie.*

Il s'explique encore d'une autre maniére ſur le meſme ſujet : *J'ay ſouvent oüi dire que vous*

<small>Alii ſe ſatis vixiſſe, te viſo, te recepto, alii nunc magis eſſe vivendum prædicabant.</small>

<small>Illam tuam præclariſſimam & ſapientiſſimam vocem invitus audivi : ſatis te diu vel naturæ vixiſſe, vel gloriæ : ſatis, ſi ita vis naturæ fortaſſe ; addo etiam, ſi placet, gloriæ : at quod maximum eſt, Patriæ certe parum.
Or. pro Ligar.</small>

<small>Sæpè venit ad aures meas te idem iſtud ni-</small>

mis crebro: satis te tibi vixisse: credo, si tibi soli viveres, aut si tibi etiam soli natus esses. Ibid.

disiez à toute heure que vous aviez assez vécu pour vous. Je le croy, si vous viviez pour vous seul, ou que vous fussiez né pour vous seul.

L'Idylle qu'on fit il y a deux ans pour estre chantée dans l'orangerie de Seaux, repliqua Philanthe, a une pensée dont je suis plus touché que de celles de César & de Cicéron. La paix que le Roy venoit de donner à toute l'Europe estoit le sujet de l'Idylle, & voicy l'endroit qui me touche par rapport à ce que vous venez de dire.

Qu'il regne ce Héros, qu'il triomphe toûjours;
Qu'avec luy soit toûjours la paix ou la victoire;
Que le cours de ses ans dure autant que le cours
De la Seine & de la Loire:
Qu'il regne ce Héros, qu'il triomphe toûjours,
Qu'il vive autant que sa gloire!

Rien n'est plus beau, ni plus naturel, repartit Eudoxe; & ce *qu'il vive autant que sa gloire*, a beaucoup de délicatesse.

Mais j'ay oublié de vous dire une pensée délicate qui est au commencement du Panégyrique de Pline, & par laquelle il semble que je devois commencer, si la conversation n'estoit plus libre qu'un discours réglé. C'est sur ce que Trajan fut adopté par

SECOND DIALOGUE.

Nerva, & élevé au trosne des Césars lors qu'il estoit éloigné de Rome. *La posterité croira-t-elle qu'il n'ait point fait d'autre démarche pour estre Empereur que de mériter l'Empire, & d'obéir en le recevant ?*

Un autre Panégyriste ancien prend le mesme tour en parlant à l'Empereur Théodose, & voicy sa pensée, si je ne me trompe : *La postérité pourra-t-elle croire que dans nostre siécle il se soit fait une chose qui n'a point eû d'imitateur dans les siécles suivans, ni d'éxemple dans les siécles precedens ? Mais quiconque aura sceû quelle estoit vostre vie, & vostre conduite, ne doutera pas que celuy qui devoit regner de la sorte, n'ait refusé l'Empire.*

Les Modernes au reste, continua Philanthe, ne pensent guéres moins finement que les Anciens sur la créance de la posterité, au regard de l'incroyable ; & je sçay là-dessus deux ou trois pensées que je ne puis m'empescher de vous dire : aussi-bien est-il juste que vous respiriez un peu.

Marigny qui avoit l'esprit si délicat, & qui faisoit de si jolies choses, est peut-estre le premier qui dans nostre Langue a mis en œuvre la foy, ou l'incredulité de nos descendans sur les évenemens merveilleux du Regne de Loüis XIV. Ecoutez son Madrigal.

Credentne posteri, nihil ipsum, ut Imperator fieret, agitasse, nihil fecisse, nisi quod meruit, & paruit ?

Credetne hoc olim ventura posteritas, & præstabit nobis tam gloriosam fidem, ut nostro demùm seculo annuat factum quod tantis infra supraque temporibus nec invenerit æmulum, nec habuerit exemplum? Sed qui vitæ tuæ sectam, rationesque cognoverit, fidei incunctanter accedet, nec abnuisse dubitabit imperium sic imperaturum.
Panegyr.
Pacat.

Les Muses à l'envi travaillant pour la gloire
De Loüis le plus grand des Rois
Orneront de son nom le Temple de Mémoire :
Mais la grandeur de ses exploits,
Que l'esprit humain ne peut croire,
Fera que la postérité,
Lisant une si belle histoire,
Doutera de la vérité.

Voiture avoit dit presque le mesme en prose avant Marigny, interrompit Eudoxe ; & je vous prie de m'écouter à mon tour, ou de lire vous-mesme l'endroit que voicy dans la Lettre au Duc d'Anguien sur la prise de Dunkerque. Philanthe leût ce qui suit :

» Pour moy, Monseigneur, je me réjoüis de
» vos prosperitez comme je dois : mais je prévois
» que ce qui augmente vostre réputation présente
» nuira à celle que vous devez attendre des autres
» siécles, & que dans un petit espace de temps
» tant de grandes & importantes actions les unes
» sur les autres rendront à l'avenir vostre vie incroyable, & feront que vostre histoire passera pour un Roman à la postérité.

Je tombe d'accord, dît Philanthe, que c'est-là la pensée du Madrigal de Marigny : mais j'en sçay un autre dont la pensée est fort differente, & par lequel la Sapho de nostre temps excite nos Poétes à loüer le Roy.

SECOND DIALOGUE.

Vous à qui les neuf Sœurs au milieu du repos
Ont appris à chanter les hauts faits des Héros,
A nostre Conquerant venez tous rendre hommage:
Par des vers immortels célébrez son courage,
Et n'appréhendez pas que la posterité
Puisse vous accuser de l'avoir trop vanté:
Quoy que vous puissiez dire en publiant sa gloire,
Vous le ferez moins grand que ne fera l'histoire.

Cela est pensé avec beaucoup de délicatesse, dît Eudoxe, & cela me remet en l'esprit une belle Epitre au Roy. Vous me prévenez reprît Philanthe, & j'allois vous dire l'endroit que vous avez en veüë; car je le sçay par cœur.

Je n'ose de mes vers vanter icy le prix:
Toutefois si quelqu'un de mes foibles écrits
Des ans injurieux peut éviter l'outrage,
Peut-estre pour ta gloire aura-t-il son usage;
Et comme tes exploits étonnant les lecteurs
Seront à peine crus sur la foy des Auteurs:
Si quelque esprit malin les veut traiter de fables,
On dira quelque jour, pour les rendre croyables,
Boileau qui dans ses vers pleins de sincérité
Jadis à tout son siécle a dit la vérité,
Qui mit à tout blasmer son étude & sa gloire,
A pourtant de ce Roy parlé comme l'histoire.

Il ne se peut rien imaginer de plus délicat sur

ce sujet, dît Eudoxe. Mais, reprît Philanthe, il me reste encore à vous dire là-dessus le Sonnet d'un autre Académicien qui tient la plume dans l'Académie, & qui ne réussit pas moins en vers qu'en prose. C'est au Roy que le Poéte parle.

Lors que les seuls travaux font tes plus doux emplois ;
Que d'éxemples fameux tu remplis nostre histoire ;
Qu'avec tant de vigueur, de succés & de gloire,
Seul de ton vaste Etat tu soûtiens tout le poids.

Lors que pour coup d'essai de tes nobles exploits
On te voit ajoûter victoire sur victoire,
Que par cent actions tu ternis la mémoire
Des plus grands Conquérans & des plus sages Rois.

Quel est ton but, Louïs, & que penses-tu faire,
Tu te flattes en vain d'une belle chimére,
Si par là tu prétends à l'immortalité ?

Tant de faits audessus de la portée humaine
Comment seront-ils crus de la postérité ;
Si nous qui les voyons, ne les croyons qu'à peine ?

Cela est beau & délicat comme vous voyez. Un Critique aussi sévere que Phyllarque, repliqua Eudoxe, ne seroit pas de vostre goust, ni du mien. Ce Phyllarque impitoyable se moque de

SECOND DIALOGUE.

Balzac, & s'emporte contre luy, jusques à luy dire des injures, parce qu'il avoit dit à un grand Ministre : *Les actions de vostre vie sont telles que nous avons peine à les croire après les avoir veûës.* Nous pouvons dire des grandes actions, s'écrie « le Censeur, que nous aurions peine à les croire « si nous ne les avions veûës : mais de dire qu'el- « les nous sont incroyables après les avoir veûës, « cela est fat; car nul ne peut ne pas croire ce « qu'il est asseûré d'avoir veû : quand ce seroit les « faits d'armes d'Amadis de Gaules, nous les croi- « rions, & n'en douterions nullement, si nous y « avions esté présens. C'est donc sottement par- « ler, ajoûte Phyllarque, que de dire à un grand « Personnage que ses actions sont telles que nous « avons peine à les croire après les avoir veûës. « Ce qui se pourroit dire malaisément des char- « mes & des enchantemens d'Urgande la décon- « nuë. «

Le Censeur de Balzac, dît Philanthe, me paroist outré & malhonneste en cette rencontre. Du moins il chicane, repliqua Eudoxe, & chicane peut-estre mal à propos. A la vérité dans le discours familier nous dirions : *Je ne croirois pas cela, si je ne l'avois veû.* Mais l'éloquence ne parle pas comme le peuple ; & on peut dire sans difficulté, pour faire sentir que des choses sont surprenantes & extraordinaires, *J'ay peine à les*

Y ij

croire aprés les avoir veuës. L'un eſt bien plus beau, plus figuré, & plus fin que l'autre. D'ailleurs une penſée peut eſtre fort bonne en vers qui ne l'eſt pas tout-à-fait en proſe ; & celle du Sonnet préparée & amenée comme elle eſt, n'a rien à mon gré qui doive déplaire.

Cependant il faut avoüer que ces penſées ſur la foy de la poſtérité, au regard des événemens qui paroiſſent incroyables, commencent à s'uſer ; & qui voudroit maintenant s'en ſervir, ne plairoit guéres. Les plus belles choſes, à force d'eſtre dittes & redittes, ne piquent plus, & ceſſent preſque d'eſtre belles : c'eſt la nouveauté, ou le tour nouveau que Ciceron loüe dans les penſées de Craſſus, qui donne du luſtre & du prix aux noſtres.

Ne trouvez-vous pas, dit Philanthe, qu'une certaine penſée que je vois par tout ſur la modération de noſtre invincible Monarque, eſt de la nature de celles qui commencent à vieillir ? C'eſt qu'aprés avoir dompté tous ſes ennemis, il s'eſt ſurmonté luy-meſme, & a triomphé de ſon propre cœur. La penſée eſt belle, repartit Eudoxe ; mais je ne voudrois plus m'en ſervir : elle ſera bientoſt, ſi je ne me trompe, comme celle qu'on trouve en pluſieurs endroits, & qui s'applique d'ordinaire aux grands hommes qui excellent en leur profeſſion, & dont le dernier ouvrage est le plus parfait: *Aprés avoir sur-passé tous les autres, il s'est surpassé luy mesme.* Ciceron en est l'inventeur dans l'éloge de Crassus; & Voiture est peut-estre un des premiers qui s'en est servi en nostre langue au sujet de Balzac, à qui il dit: Je n'ay rien veû de vous depuis vostre départ qui ne m'ait semblé audessus de ce que vous avez jamais fait, & par ces derniers ouvrages vous avez gagné l'honneur d'avoir surmonté celuy qui a passé tous les autres.

Mais une pensée encore bien usée, quelque délicate qu'elle soit, c'est que le Roy a vaincu la victoire mesme, du moins est-elle bien ancienne : & de ce costé-là, ajoûta-t-il en souriant, on ne peut pas douter de sa noblesse, à en juger par les regles de la généalogie. Un ancien Panégyriste loüe Théodose d'estre vainqueur de la victoire, & d'avoir quitté avec les armes tous les sentimens de vengeance. Ce n'estoit pas mesme une pensée fort nouvelle du temps de Théodose : Ciceron l'a je croy inventée, & c'est dans une de ses Oraisons qu'elle me paroist toute neuve; encore ne sçay-je si estant répetée deux fois au mesme endroit, elle n'est point usée la seconde fois, ou du moins si à la fin elle ne perd pas en quelque façon cette fleur de nouveauté qu'elle avoit au com-

Cæteros à Crasso semper omnes, illo autem die etiam ipsum à se superatum. *De Or. l.3.c.2.*

Tu ipsius victoriæ victor omnem cum armis iram deposuisti. *Pacat.*

mencement. Aprés avoir dit à César, *Vous a-viez déja vaincu tous les autres vainqueurs par vostre équité & par vostre clémence, mais vous vous estes aujourd'huy vaincu vous-mesme,* il ajoûte : *Vous avez, ce semble, vaincu la victoire mesme, en remettant aux vaincus ce qu'elle vous avoit fait remporter sur eux : car vostre clémence nous a tous sauvez, nous que vous aviez droit comme victorieux de faire perir. Vous estes donc le seul invincible, par qui la victoire mesme, toute fiére & toute violente qu'elle est de sa nature, a esté vaincuë.*

<small>Cæteros quidem omnes victores jam antè æquitate & misericordia viceras : hodierno verò die teipsum vicisti. Ipsam victoriam vicisse videris : rectè igitur unus invictus es, à quo etiam ipsius victoriæ conditio visque devicta est. Orat. pro Ligar.</small>

Il y a des pensées sur la victoire & sur la modération du vainqueur qu'on a moins mises en œuvre que celle-là, interrompit Philanthe. Sans parler de ce que dit le Panégyriste mesme de Théodose : *Vous avez fait en sorte que personne ne se croit vaincu lors que vous estes victorieux ;* nous avons entendu dire à un grand Magistrat dans des Harangues publiques, Que nostre in-
» vincible Monarque se seroit rendu maistre de
» l'Europe, s'il n'eust mieux aimé joindre à la
» gloire de pouvoir tout ce qu'il veut, celle de
» ne pas vouloir tout ce qu'il peut ; qu'en don-
» nant la paix à l'Europe il n'a rien perdu de la
» gloire de s'en voir le maistre, & que jamais il
» n'a si bien fait sentir qu'il l'estoit, ou du moins
» qu'il ne tenoit qu'à luy de l'estre.

<small>Fecisti ut nemo sibi victus, te victore, videatur. Pacat.</small>

SECOND DIALOGUE. 175

Ce qu'a dit un illustre Académicien, reprit Eudoxe, sur ce que le Roy garantit du pillage une ville riche, exposée à l'insolence du soldat victorieux, n'est guéres moins beau, & n'est point usé : Il ne sçait pas moins se faire obéïr " par les siens, que redouter par les ennemis : il " ne fait la guerre que pour rendre heureux les " peuples en se les assujétissant, & il a trouvé dans " la victoire quelque chose de plus glorieux que " la victoire mesme. "

C'est dans la mesme occasion, repartit Philanthe, qu'un autre Académicien ayant dit au Roy, que les soldats combattirent en héros tant ils furent animez par sa présence ; mais qu'après avoir renversé tout ce qui s'estoit opposé à l'impétuosité de leur courage, ils s'arresterent par ses ordres dans la chaleur de la victoire, & qu'il ne luy en cousta qu'une parole pour empescher l'affreuse desolation d'une ville florissante ; il ajoûte : Vous eustes le plaisir de la prendre, & " de la sauver au mesme temps ; & vous fustes " bien moins satisfait de vous en rendre le maistre, que d'en estre le conservateur. "

Ajoûtez à ces pensées, repliqua Eudoxe, celle d'un Panégyrique du Roy, prononcé dans l'Académie lors qu'un grand Archevesque y fut receû. L'Auteur, après avoir dit, Le voilà qui " marche à la teste de ses armées, qui étonne les "

„ plus vieux & les plus sages capitaines par sa
„ conduite, les plus braves, & les plus détermi-
„ nez soldats par sa valeur, qui force, qui ga-
„ gne, qui inonde Places & Provinces entiéres
„ comme un torrent que l'hyver rend mesme
„ plus rapide, *dit ensuite :* Sans qu'il manque rien
„ à sa gloire, que ce qui manque toûjours à cel-
„ le des Héros, c'est qu'on se résout avec peine
„ à leur résister & à les attendre, & que leur ré-
„ putation laisse beaucoup moins à faire à leurs
„ armes. La pensée est délicate, & n'est point
usée.

Quelquefois, poursuivit Eudoxe, une petite allégorie fait entendre finement ce que l'on pense, & un seul éxemple vous le fera concevoir. Dans le temps que ce funeste parti qui prétendoit abolir la Religion de nos peres, & qui vient d'estre ruiné par la piété de Loüis le Grand ; dans le temps, dis-je, que ce parti estoit redoutable en France, la Cour ménageoit les Huguenots, & les traitoit souvent mieux que les Catholiques, jusqu'à venger les moindres injures qu'on faisoit aux uns, & à laisser impunis les outrages les plus atroces qu'on faisoit aux autres. Sur quoy un Poéte de ce temps-là fit allégoriquement la plainte du bon parti sous celle d'un chien mort à force de coups:

Pour

SECOND DIALOGUE. 177

Pour aboyer un Huguenot
On m'a mis en ce piteux estre:
L'autre jour je mordis un Prestre,
Et personne ne m'en dit mot.

Quelquefois aussi sans allégorie ni sans fiction l'on s'explique avec délicatesse, & l'on se tire mesme d'un mauvais pas par un trait d'esprit. Aprés la disgrace de Séjan, & lors que tout le monde maudissoit son nom, un Chevalier Romain osa soûtenir ses interests, & faire profession d'estre son ami: on luy en fit un crime, & voicy de quelle maniére il se disculpe dans Tacite, en parlant à Tibere mesme. *Ce n'est pas à nous, César, à éxaminer le mérite de l'homme que vous élevez au dessus des autres, ni les raisons que vous en avez. Les Dieux vous en ont donné le pouvoir de juger souverainement des choses: il ne nous reste que la gloire de l'obéïssance. Si Séjan a formé des desseins contre le salut de l'Empire, & contre la vie de l'Empereur, qu'on punisse ses mauvais desseins: au regard de l'amitié que nous avons pour luy, & des devoirs que nous luy avons rendus, la mesme raison qui vous justifie, Cesar, nous rend innocens.*

Non est nostrûm æstimare quem supra cæteros & quibus de causis extollas. Tibi summum rerum judicium Dii dedere, nobis obsequii gloria relicta est. Insidiæ in Rempublicam, consilia cædis adversus Imperatorem puniantur: de amicitia & officiis idem finis, & te, Cæsar, & nos absolverit. *Annal. lib. 5.*

Il n'y a pas moins de générosité & de hauteur, que d'habileté & de finesse dans les paroles du Chevalier Romain, repliqua Philanthe;

Z

& cela ressemble à ce que dit Amintas dans Quinte-Curce, lors qu'estant accusé d'avoir eû des liaisons avec Philotas chef de la conjuration découverte, il se défend en la présence d'Aléxandre. *Bien loin*, dit-il, *de desavoüer l'amitié de Philotas, je confesse que je l'ay recherchée; & trouvez-vous étrange que nous ayions fait la cour à celuy qui possedoit vos bonnes graces, & qui estoit fils de Parménion vostre favori? Certainement s'il en faut dire la vérité, c'est vous, Seigneur, qui nous avez jetté dans l'embaras & dans le péril où nous sommes. Car qui a fait que tous ceux qui vouloient vous plaire couroient à luy, si ce n'est vous-mesme? Vous l'aviez élevé si haut que nous ne pouvions ne pas desirer son amitié, ni ne pas craindre sa haine; & si c'est là un crime, peu sont innocens, que dis-je, personne ne l'est.*

Mais sçavez-vous, continua Eudoxe, qu'une réflexion subtile & judicieuse tout ensemble contribuë beaucoup à la délicatesse des pensées? Telle est la réflexion de Virgile sur l'imprudence ou la foiblesse d'Orphée, qui en ramenant sa femme des enfers, la regarda, & la perdit au mesme moment. *Folie pardonnable à la vérité, si les Dieux des enfers sçavoient pardonner!*

Quevedo a fait des réflexions fort subtiles sur l'avanture d'Orphée, dît Philanthe, & je sçay

Tu hercule si verum audire vis, Rex, hujus nobis periculi causa es. Quis enim alius effecit ut ad Philotam decurrerent, qui placere vellent tibi? Is apud te fuit, cujus gratiam expetere, & iram timere possemus. Si hoc crimen est, tu paucos innocentes habes, immò hercule neminem. Lib. 7.

Cum subita incautum dementia cepit amantem; Ignoscenda quidem: si irent si ignoscere manes. Georg. lib. 4.

SECOND DIALOGUE. 179

là-dessus de jolis vers de sa façon, que les Espagnols nomment *Redondillas*.

Al infierno el Tracio Orfeo
Su muger baxò a buscar:
Que no pudo a peor lugar
Llevarle tan mal desseo.
Cantò y al mayor tormento
Pusò suspension y espanto,
Mas que lo dulce del canto
La novedad del intento.
El triste Dios ofendido
De tan estraño rigor,
La pena que hallo mayor
Fue bolverlo à ser marido.
Y aunque su muger le diò
Por pena de su pecado:
Por premio de lo cantado.
Perder la facilitò.

Ces réflexions, dit Eudoxe, sont beaucoup plus subtiles que judicieuses, & je suis asseûré que les Dames seront de mon avis. Elles n'approuveront pas du moins qu'Orphée aille chercher sa femme aux Enfers, par la raison qu'un si mauvais dessein que celuy de ravoir sa femme ne put le conduire ailleurs. Elles ne trouveront pas bon sans doute que le Dieu des enfers offensé de ce que les tourmens des malheureux furent suspendus & charmez plus par l'entreprise nouvelle du Mari que par le chant mélodieux du Musicien, ne trouva point de plus grande peine pour le punir, que de luy rendre sa femme: mais que pour le récompenser de son chant, il luy donna le moyen de la perdre fort aisément. Raillerie à part, continua Eudoxe, il y a en tout cela bien plus de subtilité que de jugement, & ce n'est pas là ce que je demande pour la vraye délicatesse. C'est de ces réflexions qui sont vives & sensées, comme j'ay déja dit, telle qu'est la réflexion de Tacite sur le gouvernement de Galba, & celle de Pline le Jeune sur la liberalité de Trajan envers l'Egypte dans le temps de la disette.

Major privato visus dum privatus fuit; & omnium consensu capax imperii, nisi imperasset.
Histor. lib. 1.

Il a paru plus grand qu'un homme privé tandis qu'il estoit homme privé; & tout le monde l'auroit cru digne de l'Empire, s'il n'avoit point esté Empereur.

Actum erat de fæcundissima gente, si libera fuisset.
Panegyr. Traj.

La Province la plus fertile du monde estoit perduë sans ressource, si elle eust esté libre.

La réflexion d'un de nos Orateurs François sur les faits d'armes de Saint Loüïs à la bataille de Taillebourg, & celle d'un de nos Poëtes Latins sur la valeur des troupes Françoises au passage du Rhin sont de cette espece.

„ Il fit des actions, dit le premier, qui seroient
„ accusées de témérité, si la vaillance héroïque
„ n'estoit infiniment audessus de toutes les regles.

« L'ennemi, dit le second, foudroye du rivage les cavaliers qui passent. Le fleuve est rapide, & les eaux en sont étrangement agitées.
Chose capable d'effrayer, si quelque chose pouvoit donner de la frayeur aux François!

Horrendum! scirent, si quicquam horrescere Galli.

Ne peut-on pas compter parmi ces réflexions
qui ont de la finesse & du sens également, dît
Philanthe, celle qui a esté faite sur les disgraces d'Henriette de France Reine d'Angleterre?
« O mere, ô femme, ô Reine admirable, & digne d'une meilleure fortune, si les fortunes de
la terre estoient quelque chose! Oûï sans doute, repartit Eudoxe, & nous pouvons y en ajoûter une de Virgile presque semblable. *J'ay vécu long-temps, si quelque chose peut estre de longue
durée à des mortels.*

Phœbe diu, res
si qua diu
mortalibus ul-
la est,
Viximus.
Æneid. l. 10.

La réflexion est belle & morale, interrompit
Philanthe, & je sçay pourquoy celuy qui la
fait dans l'Enéide s'avise de la faire en parlant
à son cheval. C'est de la morale perduë, continua-t-il en riant; à moins que ce cheval qui
portoit le nom de Phebus, ne fust descendu de
Pégase en droite ligne, & n'eust plus de raison
que les autres. Virgile, repartit Eudoxe, a imité
Homére, qui dans l'Iliade fait parler Achille
à son cheval comme à une personne raison-

nable; & je vous avoüe que le Poëte Latin pouvoit se dispenser de copier en cela le Poëte Grec.

Je ne puis au reste me dispenser moy-mesme de vous dire encore une pensée qui a ce tour fin & judicieux dont nous parlons, c'est sur une Feste de Marly où les personnes de la Cour joüerent & acheterent tout ce qu'ils voulurent sans qu'il leur en coustast rien. La Sapho de nostre siecle dit là-dessus: Le Roy seul perdit tout ce " que les autres gagnerent, si toutefois on peut " appeller perdre d'avoir le plaisir de donner sans " vouloir mesme estre remercié. Rien n'est pensé plus heureusement, & ce qu'elle ajoûte donne encore plus de prix à sa pensée:

Mesme dans les plaisirs il est toûjours Héros.

Mais les réflexions politiques, ou les sentences que l'on mesle dans l'histoire, poursuivit-il, doivent sur tout estre délicates, & je ne puis souffrir ces Historiens qui affectent d'en faire, & qui n'en font que de communes; car les sentences ne sont que pour réveiller le Lecteur, & pour luy apprendre quelque chose de nouveau: or celles qui n'ont aucune délicatesse, & qui viennent d'elles-mesmes à tout le monde, ne piquent point, & ennuyent beaucoup; elles irritent mesme en quelque sorte le Lecteur, qui se fasche qu'on luy dise ce qu'il sçait déja.

Tacite est à mon avis, repliqua Philanthe, de tous les Historiens celuy qui fait le plus de réflexions. Il n'en fait que trop, dît Eudoxe: mais il faut avoüer qu'il y excelle, & que les traits politiques dont sa narration est semée, ont je ne sçay quoy de fin qui récompense la dureté de son stile.

Mariana qui a écrit si poliment & si purement l'Histoire d'Espagne en Latin & en Espagnol, repartit Philanthe, est plein aussi de sentences. Il y a dequoy s'étonner, repliqua Eudoxe, qu'ayant pris Tite-Live pour son modele au regard de la narration & du stile, il se soit formé sur Tacite en ce qui regarde les sentences & les réflexions. Que dis-je, il l'a si bien imité de ce costé-là, que tres-souvent ses pensées sont celles de Tacite toutes pures. J'en ay marqué quelques-unes, & vous en jugerez vous-mesme.

En parlant de Carille Archevesque de Tolede, qui reprit Dom Pedre le cruel de ses débauches, & qui en fut pour cela extrémement haï: il dit que les raisons qu'avoit le Roy de haïr l'Archevesque, estoient d'autant plus fortes qu'elles estoient injustes. Tacite a dit le mesme mot pour mot de la haine secrete que Tibere & Livie portoient à Germanicus.

Odii causæ acriores, quia iniquæ. Marian. lib. 16. c. 18.

Anxius occultis in se Patrui Aviæque odiis, quorum causæ acriores, quia iniquæ. Annal. lib. 1.

A l'occasion de Ferdinand V. Roy d'Arragon, qui quitta les Eſtats de Sarragoſſe pour aller en diligence à Ségovie auſſitoſt qu'il eût appris la mort d'Henri IV. ſon beaufrere, parce qu'il y avoit un grand parti contre luy pour Jeanne fille d'Henri : Mariana juge qu'il n'y a rien de plus ſeûr que de ſe haſter dans les diſſenſions domeſtiques, où l'éxécution eſt bien plus néceſſaire que la déliberation. Tacite avoit fait faire la meſme réflexion aux ſoldats de Vitellius.

Bello civili facto magis quàm conſulto opus, nihilque feſtinatione tutius. Marian. lib. 3. c. 18.

Nihil in diſcordiis civilibus feſtinatione tutius, ubi facto potius quàm conſulto opus eſſet. Tacit. hiſtor. lib. 1.

Un des Hiſtoriens de la guerre de Flandre, qui s'eſt propoſé Tacite pour modele plûtoſt que Tite-Live, repliqua Philanthe, ne l'a pas ſi fort volé, ou a eſté du moins plus habile à déguiſer ſes larcins : on ne laiſſe pas pourtant de les entrevoir quand on s'y applique. Par éxemple, Strada dit que les plus laſches deviennent hardis s'ils s'apperçoivent qu'on les craigne : ne croyez-vous pas que cela ſoit pris de Tacite, où il dit que la populace ſe fait craindre, ſi elle ne craint ?

Viliſſimo cuique creſcit audacia, ſi ſe timeri ſentiat. Strad. Dec. 1. lib. 5.

Nihil in vulgo modicum, terrere ni paveant. Tacit. Ann. lib. 1.

Mais peut-on douter que l'endroit de la mort de Germanicus & de l'affliction que Tibere & Livie en témoignerent publiquement, ne ſoit l'original d'une des belles ſentences de Stradā ? Écoutez Tacite : *Nulles perſonnes ne s'affligent avec plus d'oſtentation de la mort de Germanicus,*

Periiſſe Germanicum nulli jactantius mœrent, quàm qui maximè lætantur. Ann. lib. 2.

que

SECOND DIALOGUE.

que celles qui s'en réjoüissent davantage. Ecoutez Strada: *Nulles personnes n'engagent leur foy avec plus d'ostentation que celles qui la violent davantage.*

Nulli jactantius fidem suam obligant, quàm qui maximè violant.
Decad. 1. lib. 1.

C'est-là imiter plûtost que voler, repartit Eudoxe ; & si Mariana en usoit ainsi, on n'auroit rien à luy reprocher sur ses réflexions. Aprés tout ils ont l'un & l'autre des maximes fines, qu'ils ne doivent peut-estre qu'à eux-mesmes. Selon l'Auteur de l'Histoire d'Espagne, *Presque dans tous les differends qu'ont les Princes entre eux, le plus puissant semble avoir tort, quelque droit qu'il ait.* Selon l'Auteur de l'Histoire de Flandre, *On ne pense jamais que l'aggresseur soit le plus foible.*

Ferè in omni certamine qui potentior est, quamvis optimo jure nitatur, injuriam tamen facere videtur.
Lib. 14. c. 4.

Neque credi aggressurum, qui non sit superior.
Dec. 2. lib. 1.

Il me semble, repliqua Philanthe, qu'une apparence de faux rend quelquefois la pensée fine. Quelqu'un a dit que les heures sont plus longues que les années : cela est vray dans un sens ; car la durée des heures, au regard de l'ennuy & du chagrin, se fait plus sentir que celle des années, qui ne se mesurent pas comme les heures : mais cela paroist faux d'abord, & c'est cette fausseté apparente qui y met de la finesse.

Une Princesse que nous avons connuë, & qui avoit l'esprit infiniment délicat, disoit que le soleil ne faisoit les beaux jours que pour le peuple. Elle vouloit dire que la présence des personnes cheres, & avec qui on est en commerce, faisoit les beaux jours des honnestes gens,

& elle avoit raison dans le fonds: car le soleil a beau luire, le ciel a beau estre serein; les jours sont vilains dés qu'on ne voit pas ce qu'on aime, pour peu qu'on ait de délicatesse dans le cœur. Cependant la proposition semble fausse, & elle n'a de beauté que par là.

Je suis tout-à-fait de vostre avis, repartit Eudoxe, & je pourrois à mon tour vous citer des pensées de ce caractére. Le Renaud du Tasse, dans le dernier combat de l'armée Chrestienne avec l'armée Sarrasine, tua plus de gens qu'il ne donna de coups. *Die più morti che colpi.* Et nostre sage Monarque, selon un de nos Ecrivains, dit en ses réponses plus de choses que de paroles. L'air faux, ou l'ombre du faux rend ces deux pensées délicates : du reste, on entend ce que signifie ce plus là, & on n'y est point trompé. D'ailleurs, la vérité s'y rencontre : car absolument d'un coup on peut tuer plus d'une personne, & d'une parole on peut faire entendre plus d'une chose. Ciceron dit de Thucydide, que dans son discours le nombre des choses suit presque celuy des paroles : cela n'est pas pensé si finement que ce que je viens de dire du Roy, *Il dit plus de choses que de paroles*, pour signifier que ses réponses sont précises & pleines d'un tres-grand sens.

La pensée de Salluste que Costar à pris plaisir

Ita creber est rerum frequentia, ut verborum prope numerum sententiarum numero consequatur. De Orat. lib. 2.

à traduire, & qu'il a tournée de plusieurs façons, est tout-à-fait dans ce genre: *In maxima fortuna, minima licentia est;* c'est à dire, suivant les traductions de Costar, Plus les hommes sont « en fortune, & moins se doivent-ils donner de « licence; plus leur fortune leur permet, & moins « se doivent-ils permettre à eux-mesmes; & quand « leur puissance n'a point de limites, c'est alors « qu'ils sont obligez d'en donner de plus étroi- « tes à leurs desirs. Pour moy, je dirois plus sim- « plement, afin de garder le tour de la pensée, *dans la plus grande fortune il y a moins de liberté:* mais ne diroit-on pas qu'il est faux que plus on a de pouvoir, moins on ait de liberté? Cependant si on y regarde de prés, il est vray que les personnes qui ont une puissance absoluë, & que la hauteur de leur condition expose aux yeux de toute la terre, doivent se permettre moins de choses que les autres; & c'est dans ce sens qu'on a dit que plusieurs choses ne sont pas permises à César, parce que tout luy est permis.

 Toutes ces pensées au reste sont de la nature de celles que Séneque nomme coupées & mysterieuses, où l'on entend plus que l'on ne voit; comme dans ces tableaux dont Pline dit que quoy-qu'il n'y eust rien de mieux peint, & que l'art y fust en sa perfection, les connoisseurs y découvroient toûjours quelque chose

Bell. Jugurth.

Cæsari multa non licent, quia omnia licent.
Senec. Consol. ad Polyb.

Sunt qui sensus præcidant, & hinc gratiam sperent, si sententia pependerit, & audienti suspicionem sui fecerit.
Senec. Ep. 114.

In omnibus

que la peinture ne marquoit pas, & trouvoient mesme que l'esprit du Peintre alloit bien plus loin que l'art.

C'est aussi par cette raison, qu'au rapport du mesme Pline, les derniéres piéces des excellens Peintres, & celles qui sont demeurées imparfaites ont mérité plus d'admiration que les tableaux qu'ils avoient finis : car outre qu'en voyant ces piéces qui n'estoient pas achevées, on ne pouvoit s'empescher de regreter les grands Maistres à qui la mort avoit fait tomber le pinceau des mains sur de si rares ouvrages, & que la douleur qu'on ressentoit d'une telle perte faisoit estimer davantage ce qui restoit d'eux, on entrevoyoit tous les traits qu'ils y eussent ajoûté s'ils eussent vécu plus long-temps, & on devinoit jusqu'à leurs pensées.

Quoy qu'il en soit, poursuivit Eudoxe, il y a des pensées délicates qui flattent l'esprit en le suspendant d'abord, & en le surprenant aprés : cette suspension, cette surprise fait toute leur délicatesse. Cela paroist clairement dans une Epigramme Françoise que vous sçavez, sans sçavoir peut-estre pour quoy elle plaist.

Superbes monumens que vostre vanité
   Est inutile pour la gloire,
Des grands Héros dont la mémoire

---

ejus operibus intelligitur plus semper quàm pingitur, & cùm ars summa sit, ingenium tamen ultra artem est.
Histor. natur. lib. 35. c. 10

Quippe in iis lineamenta reliqua, ipsæque cogitationes artificum spectantur.
Ibid. c. 11.

Quia nova placent, ideo sententiæ quæ desinunt præter opinionem delectant.
Arist. 3. Rhet. c. 11.

SECOND DIALOGUE.

Mérite l'immortalité!
Que sert-il que Paris aux bords de son canal
Expose de nos Rois ce grand original,
Qui sceût si bien regner, qui sceût si bien combattre?
   On ne parle point d'Henri quatre,
   On ne parle que du cheval.

Cette chûte à quoy on ne s'attend pas, & qui frappe tout-à-coup l'esprit que les premiéres pensées tiennent suspendu, font comme vous voyez toute la finesse de l'Epigramme.

Un Poëte du siécle d'Auguste, pour faire sa cour à l'Impératrice, & regagner par là les bonnes graces de l'Empereur, disoit que la Fortune, en mettant Livie sur le trosne des Césars, faisoit voir qu'elle n'estoit pas une Déesse aveugle, & qu'elle avoit de bons yeux. Comme on a toûjours oûï dire que la fortune est aveugle, on est surpris de ce qu'elle a des yeux pour connoistre, & pour distinguer le mérite d'une Princesse accomplie.

Fœmina, sed princeps, in qua Fortuna videre
Se probat; & cæcæ crimina falsa tulit.
Ovid. lib. 3. de Ponto, Ep. 1.

On a dit de l'ancienne Sapho, que Mnémosyne l'entendant chanter eût peur que les hommes ne fissent d'elle une dixiéme Muse: on a dit mesme qu'elle l'estoit devenuë. Comme le nombre des Muses estoit limité à neuf, la premiére fois que Sapho fut appellée la dixiéme Muse, au nom de la dixiéme l'esprit fut saisi de je ne sçay quelle surprise, & demeura un peu en suspens. J'ay dit la premiére fois ; car l'esprit s'est accoustumé à la dixiéme des Muses, & cela est mesme usé maintenant.

Mais plus la suspension dure, plus la pensée semble estre fine. Un Poëte Grec voulant loüër Dercilis qui n'avoit pas moins d'esprit & de sçavoir que de beauté & d'agrément, commence par dire, *Il y a quatre Graces, deux Venus & dix Muses*, & il ajoûte aussitost. *Dercilis est Grace, Venus, Muse.* La premiére proposition tient du paradoxe, & suspend l'esprit ; car on ne compte ordinairement que trois Graces, une Venus, & neuf Muses. Il y a de la délicatesse à en augmenter le nombre pour faire de Dercilis une dixiéme Muse, une seconde Venus, & une quatriéme Grace. C'est une espece d'énigme que le Poëte propose, & qui pique d'autant plus estant expliquée, qu'on en a d'abord moins compris le sens.

<small>Τέσσαρες αἱ Χάριτες, Παφίαι δύο καὶ δέκα Μοῦσαι Δερκυλὶς ἐν πάσαις Μοῦσα, Χάρις, Παφίη. *Anthol. l. 7.*</small>

Un des plus beaux esprits & des plus honnestes hommes de nostre siécle, repartit Philanthe, a pensé quelque chose de semblable sur la Comtesse de la Suze, & il a exprimé sa pensée en quatre vers Latins qu'il a mis sous le portrait de cette Dame si fameuse. Elle est representée en l'air dans un char, & voicy le sens des vers. *La Déesse qui est portée par les airs, est-ce Junon,*

<small>Quæ Dea sublimi rapitur per inania curru</small>

SECOND DIALOGUE. 191

ou Pallas? N'eſt-ce point Venus elle-meſme? Si vous conſiderez ſa naiſſance, c'eſt Junon; ſi vous avez égard à ſes ouvrages, c'eſt Minerve. Si vous regardez ſes yeux, c'eſt la mere de l'Amour. Il y a là bien de la délicateſſe, pourſuivit Philanthe ; car enfin les deux premiers vers tiennent l'eſprit ſuſpendu comme vous le ſouhaitez, & les deux derniers ne révelent pas tellement le myſtere qu'on n'ait plus rien à deviner. Cela n'eſt que trop délicat, repartit Eudoxe, ou au moins que trop galant : mais cela eſt auſſi fort élevé, & voilà juſtement une de ces penſées où la délicateſſe & la nobleſſe ſe rencontrent enſemble dans un égal degré.

An Juno, an Pallas, num Venus ipſa venit? Si genus inſpicias, Juno; ſi ſcripta, Minerva: Si ſpectes oculos, mater Amoris erit.

Au reſte, c'eſt preſque la penſée d'Ovide ſur Livie : car pour la flatter, & la rendre elle ſeule digne d'Auguſte, il luy donne les mœurs de Junon, & la beauté de Venus. C'eſt auſſi à peu prés celle du Lope de Vegue ſur la Princeſſe Iſménie qui eſtoit également belle & vaillante.

Quæ Veneris formam, mores Junonis habendo Sola eſt cæleſti digna reperta toro. Lib. 3. de Ponto, Ep. 1.

Venus era en la paz, Marte en la guerra.

La penſée du Taſſe ſur Renaud, ce jeune Prince ſi brave & ſi beau, repliqua Philanthe, eſt à mon avis de ce caractére.

S'el vedi fulminar fra l'arme auuolto
Marte lo ſtimi, Amor ſe ſcopre il volto.

J'en tombe d'accord, dît Eudoxe : *Si vous le voyiez combattre dans la meslée, & foudroyer les ennemis, vous le prendriez pour Mars.* Cela ne donne que des idées de sang & de carnage : de sorte que quand le Poëte vient à dire, *S'il leve son casque, on le prendroit pour l'Amour*, on est surpris de cette douceur, de cette beauté qu'on n'attendoit pas. L'image du Dieu de la guerre ne promettoit tout au plus que de la noblesse & de la fierté. Du mélange des fureurs de Mars & des charmes de l'Amour, il se forme je ne sçay quoy qui étonne, & qui flatte en mesme temps.

La délicatesse toute pure, dît Philanthe, est dans une folie ingénieuse de Marot que je n'ay pas oubliée :

Amour trouva celle qui m'est amére,
Et j'y estois, j'en sçay bien mieux le conte,
Bon jour, dît-il, bon jour Venus ma mere ;
Puis tout-à-coup il voit qu'il se méconte ;
Dont la couleur au visage luy monte,
D'avoir failli honteux, Dieu sçait combien :
Non, non, Amour, ce dis-je, n'ayez honte ;
Plus clairs-voyans que vous s'y trompent bien.

Marot, dît Eudoxe, a une pensée qui approche encore plus de celle du Tasse : c'est au sujet d'une Demoiselle de la Cour de François I. vestuë apparemment comme nos chasseuses d'aujourd'huy,

SECOND DIALOGUE.

d'huy, & avec un bonnet en teste.

Sous vos atours bien fournis
  D'or garnis,
A Venus vous ressemblez :
Sous le bonnet me semblez
  Adonis.

Mais sçavez-vous, continua-t-il, que les vers du Tasse sur Renaud me font souvenir d'un jeune Prince auquel on les a appliquez, & qui n'avoit rien que de grand & que d'aimable ? Je vous entends, repartit Philanthe, & je conviens avec vous de tout le mérite du dernier Duc de Longueville : il estoit tres-bien fait, & avoit sur le visage certains agrémens qui ne se voyent point ailleurs. Son humeur n'estoit pas moins charmante que sa figure, dît Eudoxe, & je ne crois pas qu'on puisse se former l'idée d'un Prince plus commode, ni plus aisé dans le commerce de la vie. On ne l'a presque jamais veû en colére ; on ne luy a jamais entendu dire avec dessein une parole desobligeante. Quelque aversion naturelle qu'il eust pour les sottes gens, il les souffroit patiemment, persuadé d'une des maximes de la Marquise de Sablé, qu'il faut s'accoustumer aux sottises & aux niaiseries d'autruy.

Cela venoit sans doute, dît Philanthe, d'un grand fonds de raison & d'honnesteté, qui se rencontre rarement avec une grande fortune. Le Duc de Longueville avoit l'ame belle & généreuse, des sentimens héroïques, sur tout une passion ardente pour la gloire, je dis pour la vraye, que les seules actions vertueuses font mériter. Aussi paroissoit-il peu sensible à toute autre chose : toûjours prest de quitter ses plaisirs, dés que son devoir l'appelloit ; & en cela bien différent de Renaud, qu'il fallut retirer par force du palais enchanté d'Armide.

Cependant, repartit Eudoxe, il estoit si ennemi de l'ostentation, & aimoit si peu à se faire valoir, qu'il alloit souvent à une autre extrémité, & se cachoit trop. Je ne sçay, reprît Philanthe, si une modestie excessive est loûable dans un Prince ; mais je sçay bien que celuy dont nous parlons estoit si modeste, qu'il rougissoit des loûanges comme les autres rougissent des injures & des reproches. Du reste, véritable en ses actions & en ses paroles, il ne pouvoit voir sans indignation les gens qui se parent d'un faux mérite, & qui s'étudient à tromper le monde par de belles apparences. Ceux qui l'approchoient, & qui luy faisoient la cour, se plaignoient de son air réservé, & mesme un peu froid. Ce n'est pas qu'il fust orgueilleux, ou indifférent : mais c'est que n'estant pas en état de faire du bien selon l'étenduë de son inclination

SECOND DIALOGUE.

libérale; par une délicatesse d'honneur & de probité, il craignoit de donner de vaines espérances sur des démonstrations d'amitié, qui parmi les Grands d'ordinaire ne signifient rien, & n'ont nul effet.

Vous en parlez juste, dît Eudoxe, & je suis asseûré que si le Duc de Longueville fust parvenu au Trosne qu'une nation libre dans l'élection de ses Rois luy destinoit, il auroit esté plus ouvert, & plus caressant, parce qu'il eust pu joindre des graces solides à ces marques extérieures d'honnesteté & de bienveillance.

Aussi personne ne connoissoit mieux, & ne pratiquoit plus purement le parfait usage de la libéralité. Le mérite, les besoins, la reconnoissance luy servoient & de motif & de regle pour donner; mais il avoit un soin particulier de cacher ses dons : & l'on sçait qu'ayant fait des gratifications considérables à quelques personnes, il leur fit promettre sous la foy du secret de n'en dire jamais rien.

Il avoit de la discrétion & de la fidélité dans les moindres choses; & en matiére de secret, il estoit religieux jusqu'au scrupule, jusqu'à la superstition, si j'ose user de ce terme. Mais que dirons-nous de son esprit & de son courage ? L'un & l'autre sont au dessus de nos paroles, repliqua Philanthe. En effet, avons-nous veû de nos jours un esprit plus délicat, plus poli, plus cultivé, & plus solide que le sien ? Quelle en estoit la pénétration, la justesse, & l'étenduë ? Il avoit aquis toutes les belles connoissances qu'un honneste homme doit avoir : il parloit de tout avec capacité, sans faire le capable ; & dans les ouvrages qui tomboient entre ses mains, rien n'échapoit à sa critique fine & judicieuse.

Sa valeur, repartit Eudoxe, surpassoit toutes ses autres qualitez. Il aimoit la guerre avec d'autant plus de passion, qu'il ne cherchoit à se distinguer du reste des hommes que par des actions de courage : mais il estoit si intrépide, qu'il ne sentoit pas mesme d'émotion à la veûë des plus grands périls. Les Vénitiens l'ont admiré plus d'une fois en Candie combattant les Infidelles de prés, & toûjours maistre de luy-mesme dans la chaleur du combat. C'est par là qu'il ressembloit au jeune Héros de *la Jérusalem delivrée.*

Sed vedi fulminar fra l'arme au volto
Marte lo stimi.

Achevez, repliqua Philanthe :

Amor se scopre il volto.

Ce nom luy convient aussi-bien que celuy de Mars. Du moins, dît Eudoxe, s'il n'estoit pas l'Amour mesme, on ne pouvoit le voir sans l'aimer ; & je ne pense point à sa mort que je ne me souvienne de celle du jeune Marcellus, qui estoit si cher aux Romains, & dont la vie fut si courte selon la destinée des amours du peuple Romain, pour me servir du mot de Tacite. Le Ciel n'a fait que les montrer tous deux à la terre ; comme si en les faisant naistre, il n'avoit point eû d'autre dessein que de les faire regretter : nous avons pleuré le Duc de Longueville, & nous avons plaint en mesme temps & la France & la Pologne.

[*] Breves & infaustos populi Romani amores. *Annal. lib.* 1.

Mais pour revenir où nous en estions, si cependant nous nous sommes écartez de nostre sujet en parlant d'un Prince qui avoit tant de délicatesse dans l'esprit & dans le cœur, c'est un grand art que de sçavoir bien loüer, & à mon avis nul genre d'éloquence ne demande des pensées plus fines, ni des tours plus délicats que celuy-là. Car enfin une loüange grossiére, quelque vraye qu'elle soit, vaut presque une injure, & les personnes raisonnables ne la peuvent supporter. J'entens par le mot de grossiére, une loüange directe & toute visible, qui n'a aucune enveloppe. C'est loüer pour ainsi dire les gens en face, & d'une maniére qui ne ménage point leur pudeur ; au contraire, une loüange délicate est une loüange détournée, qui n'a pas mesme l'air de loüange, & que les personnes les plus modeſtes peuvent entendre ſans rougir. Enfin il y a autant de différence entre l'une & l'autre qu'il y en a entre un parfum trés-exquis & un gros encens. Les loûanges fauſſes rendent ridicules ceux qu'on loûë: les groſſiéres leur font honte; au lieu que les fines flattent leur amour propre, & contentent leur vanité ſans bleſſer leur modeſtie.

Il eſt difficile, dît Philanthe, d'aſſaiſonner ſi bien une loûange, qu'elle ſoit receuë comme ſi ce n'en eſtoit pas une. A la vérité peu de gens s'y entendent, repartit Eudoxe, & la pluſpart des faiſeurs de panégyriques & d'éloges dans les formes y réuſſiſſent moins que les autres. On ne peut guéres loûër plus finement un Monarque victorieux que l'a fait l'Auteur d'une belle Epitre en vers ſur la vie champeſtre. Il feint qu'à ſon retour de la campagne un de ſes amis luy parle des victoires du Roy, & voicy de quelle maniére il le fait parler.

Dieu ſçait comme les vers chez vous s'en vont couler,
Dît d'abord un ami qui veut me cajoler,
Et dans ce temps guerrier & fecond en Achilles
Croit que l'on fait les vers comme l'on prend les villes.
Mais moy dont le génie eſt mort en ce moment,

Je ne sçay que répondre à ce vain compliment,
Et justement confus de mon peu d'abondance,
Je me fais un chagrin du bonheur de la France.

La loüange que donne au Roy une de nos Muses, & la Première de toutes, dans un Madrigal sur Madame la Dauphine, me paroist bien délicate, dît Philanthe.

Quoy donc, Princesse, en un moment
Vous gagnez de LOUÏS *l'estime & la tendresse!*
   Nostre Dauphin est vostre Amant,
Et pour vous adorer tout le monde s'empresse.
   Cela tient de l'enchantement,
   Ou du pouvoir d'une Déesse.
Rien ne peut résister à vos attraits vainqueurs;
   Tous efforts seroient inutiles;
   En un mot vous prenez les cœurs
   Comme nostre Roy prend les villes.

Un de nos Poétes dit sur le voyage que le Roy fit en poste à Marsal pour s'en rendre maistre :

   La victoire couste trop,
   Quand il faut un peu l'attendre :
   LOUÏS, *ainsi qu'Aléxandre,*
   Prend les villes au galop.

Le voyage de Marsal, repartit Eudoxe, me rappelle, en paſſant, celuy du Maréchal de Grammont, qui alla demander l'Infante pour le Roy, & qui entra dans Madrid en courant la poſte : ſur quoy on fit *un Romance* dont voicy quatre jolis vers :

Va por la poſta corriendo :
Que de Amor las Embaxadas
Deven yr à toda prieſſa,
Y ſi ſe puede con alas.

Mais ce n'eſt pas de quoy il s'agit. J'avoüe que nos Orateurs & nos Poétes ont employé tout leur art pour faire valoir la rapidité de nos
» conqueſtes. Les uns diſent, que ſa Majeſté s'é-
» leve audeſſus des regles & des éxemples ; qu'Elle
» qui met l'ordre par tout, renverſe pourtant tout
» l'ordre de la guerre ; qu'Elle fait en peu de jours
» ce qui devroit ce ſemble ſe faire en pluſieurs
» années ; qu'Elle a trouvé un certain art de vain-
» cre, & d'abreger les conqueſtes, qui décrie tous
» les Capitaines qui l'ont précedé, & qui fera le
» deſeſpoir de tous ceux qui la doivent ſuivre.
» Les autres diſent, que dans le temps que ſes en-
» nemis ſe croyoient en ſeûreté par la rigueur
» d'une ſaiſon où tout autre que luy n'auroit pas
» penſé qu'on puſt continuer la guerre, il leur
» enleve une Province en moins de temps qu'il
» n'en faudroit pour la parcourir.

Vous

SECOND DIALOGUE.

Vous sçavez le Madrigal de Sapho sur la campagne de la Franche-Comté?

Les Heros de l'Antiquité
N'estoient que des Heros d'esté.
Ils suivoient le printemps comme les hirondelles :
La victoire en hyver pour eux n'avoit point d'aisles;
Mais malgré les frimats, la nége, & les glacons,
Louïs est un Heros de toutes les saisons.

Mais vous ne sçavez pas peut-estre un autre Madrigal qui me plaist infiniment?

Louïs plus digne du trosne
Qu'aucun Roy que l'on ait veû,
Enseigne l'art à Bellone
De faire des impromptu.
C'est une chose facile
Aux disciples d'Apollon :
Mais ce Conquerant habile
A plûtost pris une ville
Qu'ils n'ont fait une chanson.

Toutes ces pensées sont ingénieuses, continua Eudoxe : mais la loûange y est toute visible, & les Auteurs font profession de loûër, au lieu que celuy qui dit,

Croit que l'on fait les vers comme l'on prend les villes,

n'y songe pas, ce semble: il a l'air chagrin; il ne paroist avoir autre intention que de se tirer d'affaire; & c'est par là que le trait de loûange qu'il donne en passant est plus délicat.

Un Poéte du Regne passé, repliqua Philanthe, prît un tour fin & flatteur pour obtenir quelque chose du Cardinal de Richelieu, & pour se plaindre honnestement de sa mauvaise fortune. La piéce n'est pas longue, & il y a long-temps que je la sçay.

Armand l'âge affoiblit mes yeux,
Et toute ma chaleur me quitte:
Je verray bientost mes ayeux
Sur le rivage du Cocyte:
Je seray bientost des suivans
De ce bon Monarque de France,
Qui fut le Pere des Sçavans
En un siécle plein d'ignorance.
Lors que j'approcheray de luy,
Il voudra que je luy raconte
Tout ce que tu fais aujourd'huy,
Pour combler l'Espagne de honte:
Je contenteray son desir,
Et par le recit de ta vie
Je charmeray le déplaisir
Qu'il receût au Camp de Pavie:
Mais s'il demande à quel employ

SECOND DIALOGUE.

Tu m'as occupé dans le monde,
Et quel bien j'ay receû de toy,
Que veux tu que je luy réponde ?

Cette fin est délicate, répondit Eudoxe, & on ne peut pas demander de meilleure grace. Martial, repliqua Philanthe, demande encore avec beaucoup de délicatesse dans une de ses Epigrammes dont voicy le sens. *Lors que je demandois à Jupiter quelques centaines d'écus : celuy qui m'a donné des Temples, me répondit Jupiter, te les donnera. A la vérité il a donné des Temples à Jupiter, mais il ne m'a rien donné. J'ay honte d'avoir demandé si peu de chose à Jupiter. Domitien s'est contenté de lire ma requeste sans nul chagrin, & du mesme air dont il distribuë les Royaumes aux Daces vaincus & suppliants, & dont il va au Capitole. Dites-moy, je vous prie, Pallas, vous qui estes la Divinité que l'Empereur honore le plus, s'il refuse avec un visage si serein, quel visage prend-il quand il donne ? Pallas prenant elle-mesme un air doux, me répondit en deux mots : Fou que tu es, crois-tu qu'on t'ait refusé ce qu'on ne t'a pas encore donné ?* Il est difficile, ajoûta Philanthe, de ne pas obtenir ce qu'on souhaite, quand on demande de la sorte, pour peu que le Prince ait le goust bon, & soit sensible aux loüanges.

Voiture à mon gré est de tous nos Ecrivains

Pauca Jovem nuper cum millia forte rogarem, &c. Lib. 6.

Quæ nondum data sunt, stulte, negata putas? Ibid.

celuy qui prépare le mieux une loûange, & qui loûë le plus finement en prose: car il sçait loûër en ne faisant semblant de rien, en faisant quelquefois des reproches, ou en donnant des avis, en disant mesme quelquefois des injures, ou en témoignant du dépit.

Voyez de quelle maniére il loûë le Duc d'Anguien sur le succés de la bataille de Rocroy. » Monseigneur, vous en faites trop pour le pou-» voir souffrir en silence; & vous seriez injuste si » vous pensiez faire les actions que vous faites, » sans qu'il en fust autre chose. Si vous sçaviez » de quelle sorte tout le monde est déchaisné dans » Paris à discourir de vous, je suis asseûré que » vous en auriez honte, & que vous seriez éton-» né de voir avec combien peu de respect & peu » de crainte de vous déplaire, tout le monde s'en-» tretient de ce que vous avez fait. A dire la vé-» rité, Monseigneur, je ne sçay à quoy vous avez » pensé; & ç'a esté sans mentir trop de hardiesse » d'avoir à vostre âge choqué deux ou trois vieux » Capitaines que vous deviez respecter, quand » ce n'eust esté que pour leur ancienneté; fait » tuer le pauvre Comte de Fontaines, qui estoit un » des meilleurs hommes de Flandres, & à qui le » Prince d'Orange n'avoit jamais osé toucher; » pris seize piéces de canon qui appartenoient à » un Prince qui est oncle du Roy & frere de la

SECOND DIALOGUE.

Reine, avec qui vous n'aviez jamais eû de «
différend ; & mis en defordre les meilleures «
troupes des Efpagnols qui vous avoient laiffé «
paffer avec tant de bonté. J'avois bien oûi dire «
que vous eftiez opiniaftre comme un diable, & «
qu'il ne faifoit pas bon vous rien difputer : mais «
j'avoûë que je n'euffe pas cru que vous vous «
fuffiez emporté à ce point-là. Si vous continuez, «
vous vous rendrez infupportable à toute l'Eu- «
rope, & l'Empereur, ni le Roy d'Efpagne ne «
pourront durer avec vous. «

Ce que l'Auteur du *Lutrin* fait dire à la Molleffe fur les travaux guerriers de noftre invincible Monarque, repliqua Philanthe, vaut bien
ce que dit Voiture fur la premiére victoire d'un
Prince qui en a remporté tant d'autres ; & pour
moy je trouve que les dépits, les murmures, & les
plaintes de la Molleffe font les plus fines loûanges du monde. Ecoutez-la, je vous prie.

Helas, qu'eft devenu ce temps, cét heureux temps,
Où les Rois s'honoroient du nom de fainéans,
S'endormoient fur le trofne, & me fervant fans honte,
Laiffoient leur fceptre aux mains ou d'un Maire ou
   d'un Comte!
Aucun foin n'approchoit de leur paifible Cour;
On repofoit la nuit, on dormoit tout le jour:
Seulement au printemps, quand Flore dans les plaines

Faisoit taire des vents les bruyantes haleines,
Quatre bœufs attelez d'un pas tranquille & lent
Promenoient dans Paris le Monarque indolent.
Ce doux siécle n'est plus, le Ciel impitoyable
A placé sur le trosne un Prince infatigable :
Il brave mes douceurs, il est sourd à ma voix,
Tous les jours il m'éveille au bruit de ses exploits;
Rien ne peut arrester sa vigilante audace,
L'esté n'a point de feux, l'hiver n'a point de glace,
J'entens à son seul nom tous mes sujets fremir.
En vain deux fois la paix a voulu l'endormir :
Loin de moy son courage entraisné par la gloire
Ne se plaist qu'à courir de victoire en victoire :
Je me fatiguerois à te tracer le cours
Des outrages cruels qu'il me fait tous les jours.

J'avoüë, dît Eudoxe, que rien n'est mieux imaginé, & que ce tour-là est nouveau : mais ne quittons pas encore Voiture. Voicy de jolis endroits de la Lettre qu'il écrit au mesme Prince sur la prise de Dunkerque, & qui commence par : Monseigneur, je croy que vous prendriez la Lune avec les dents si vous l'aviez entrepris. Il marque d'abord son embarras, & luy fait une proposition plaisante. Sans doute dans l'état glorieux où vous estes, c'est une chose tres-avantageuse que d'avoir l'honneur d'estre aimé de vous : mais à nous autres beaux esprits qui sommes obli-

SECOND DIALOGUE.

gez de vous écrire sur les bons succés qui vous «
arrivent, c'en est une aussi bien embarrassante «
que d'avoir à trouver des paroles qui répondent «
à vos actions, & de temps en temps de nouvel- «
les loûanges à vous donner. S'il vous plaisoit «
vous laisser battre quelquefois, ou lever seule- «
ment le siége de devant quelque place, nous «
pourrions nous sauver par la diversité, & nous «
trouverions quelque chose de beau à vous dire «
sur l'inconstance de la fortune, & sur l'honneur «
qu'il y a à souffrir courageusement ses disgraces. «

Il luy donne ensuite des conseils sérieux en apparence, & finit par là sa Lettre. Mettez, s'il «
vous plaist, Monseigneur, quelques bornes à «
vos victoires, quand ce ne seroit que pour vous «
accommoder à la capacité de l'esprit des hom- «
mes, & pour ne pas passer plus avant que leur «
créance ne peut aller. Tenez-vous au moins «
pour quelque temps en repos & en seûreté, & «
permettez que la France qui dans ses triomphes «
est toûjours en allarme pour vostre vie, puisse «
joûïr quelques mois tranquillement de la gloire «
que vous luy avez aquise. «

Tout cela veut dire que ce Prince magnanime n'entreprenoit rien dans la fleur de son âge dont il ne vinst à bout par sa conduite & par sa valeur; qu'il faisoit des choses incroyables, & qui tenoient du merveilleux; enfin qu'il ne ménageoit nullement sa personne, & qu'il se hasardoit trop dans les occasions périlleuses.

Mais voyez un peu comme nostre Auteur loüé le Comte d'Avaux sur les Lettres qu'il en
» recevoit de Munster. Nous autres favoris d'A-
» pollon sommes étonnez qu'un homme qui a
» passé sa vie à faire des Traitez fasse de si belles
» Lettres ; & voudrions bien que vous autres gens
» d'affaires ne vous mélassiez pas de nostre mes-
» tier. Et certes, vous devriez, ce me semble, vous
» contenter de l'honneur d'avoir achevé tant de
» grandes négotiations, & de celuy qui vous va
» venir encore de desarmer tous les peuples de
» l'Europe, sans nous envier cette gloire telle
» qu'elle vient de l'agencement des paroles, & de
» l'invention de quelques pensées agréables. Il
» n'est pas honneste à un personnage aussi grave
» & aussi important que vous l'estes, d'estre plus
» éloquent que nous, ni que tandis qu'on vous
» employe à accorder les Suédois & les Impé-
» riaux, & à balancer les interests de toute la terre,
» vous songiez à accommoder des consones qui
» se choquent, & à mesurer des périodes.

Il y a en cela bien de l'enjoûment, dît Philanthe, & un enjoûment spirituel qui a esté ce me semble inconnu aux Anciens en matiére de loüanges. Ciceron aime fort à rire, mais il ne rit pas quand il loüé. Martial qui badine, &
qui

SECOND DIALOGUE.

qui plaisante d'ordinaire, est sérieux & grave en loüant. L'un & l'autre, repartit Eudoxe, ne laissent pas de loüër délicatement, car il y a plus d'une espece de loüanges délicates ; & les sérieuses ont leur sel aussi-bien que les enjoüées. Par éxemple, celle-cy de Ciceron à César : *Vous avez coustume de n'oublier rien que les injures.* Un de nos Orateurs François, interrompit Philanthe, a dit finement sur la modestie de M. de Turenne : *Il ne tenoit pas à luy qu'on n'oubliast ses victoires & ses triomphes* ; & un de nos Poëtes Latins, sur la bonté avec laquelle le Roy se communiqua à ses Sujets, estant venu à Paris, & disnant à l'Hostel de Ville : *Le Roy oublia qu'il estoit Roy, & devint presque bourgeois.*

<small>Oblivisci nihil soles, nisi injurias. *Orat. pro Ligario.*</small>

<small>Se Regem oblitus, Rex propè civis erat.</small>

La pluspart des loüanges que Martial donne aux Empereurs, reprît Eudoxe, ont de la finesse, & sont tres-flatteuses. Sur ce que Domitien faisoit souvent de grandes largesses : *Le peuple ne vous aime pas pour les présens, luy dit-il : mais le peuple aime les présens pour l'amour de vous.*

<small>Diligeris populo non propter præmia Cæsar :
Propter te populus præmia Cæsar amat.
Lib. 8.</small>

Il le conjure de revenir à Rome, en luy disant que Rome envie aux ennemis de l'Empire Romain le bonheur qu'ils ont de voir l'Empereur, quelques Victoires que son éloignement vaille à ses Sujets : *Les Barbares,* dit-il, *voyent de prés le Maistre du monde. A la vérité vostre présence les effraye : mais ils en joüissent.*

<small>Terrarum dominum propius videt ille, tuoque
Terretur vultu Barbarus, & fruitur.
Lib. 7.</small>

Dd

Ce que dit le mesme Poëte à Trajan n'est guéres moins délicat: *Si les anciens Peres de la République revenoient des Champs Elysées, Camille le généreux défenseur de la liberté Romaine feroit gloire de vous servir; Fabrice recevroit l'or que vous luy presenteriez; Brutus seroit bien-aise de vous avoir pour chef & pour maistre; le cruel Sylla vous remettroit le commandement entre les mains dés qu'il voudroit s'en défaire; Pompée & César vous aimeroient, & seroient contens d'estre hommes privez; Crassus vous donneroit tous ses tresors; enfin Caton mesme embrasseroit le parti de César.*

Je trouve bien de la délicatesse, dît Philanthe, dans une pensée de Martial sur le fils de Domitien qui venoit de naistre, ou qui n'estoit pas encore né, car l'Epigramme commence ainsi: *Naissez, vraye race des Dieux.* Il souhaite que l'Empereur luy remette l'Empire aprés des siécles entiers, & que le fils déja vieux gouverne le monde avec son pere fort vieux:

Quique regas orbem cum seniore senex.

Martial a pris cela d'Ovide mot pour mot, repartit Eudoxe, & n'a fait qu'appliquer au fils de Domitien ce qu'Ovide dit de celuy d'Auguste. Le tour est asseûrément délicat, & ces deux vieillesses sont tres-bien imaginées pour faire regner le fils sans faire mourir le pere, ni

---

Si redeant veteres, ingentia nomina, Patres, &c. *Lib. 11.*

Ipse quoque infernis revocatus ditis ab umbris Si Cato reddatur, Cæsarianus erit.

Sospite sic te sit natus quoque sospes, & olim Imperium regat hoc cum seniore senex. *Trist. lib. 2.*

SECOND DIALOGUE. 211

sans donner mesme aucune idée de sa mort.

Un de nos Poétes, repliqua Philanthe, a trouvé un autre expédient pour couronner l'héritier du plus puissant Royaume de la terre avant que la Couronne de ses Ancestres vienne à luy.

Prince, dont la valeur par le Ciel fut choisie
Pour abbatre le trosne & l'orgueil des Tyrans,
 Regnez dés l'âge de quinze ans;
 Mais allez regner en Asie.

Les railleries les plus badines de Martial, reprît Eudoxe, n'ont guéres moins de finesse que ses flatteries les plus sérieuses : en voicy deux ou trois.

Lycoris l'empoisonneuse a fait mourir toutes ses amies : qu'elle devienne amie de ma femme.

Voilà la septiéme femme que tu as enterrée dans ton champ : nul champ n'est de meilleur rapport que le tien.

Paule veut m'épouser, je ne le veux pas : elle est vieille. Je le voudrois, si elle estoit plus vieille.

Ce qu'Ovide dit au sujet des amours d'Hercule, repartit Philanthe, me paroist plus fin. Il fait parler Déjanire jalouse d'Omphale qui se revestoit de la peau du Lion tandis qu'Hercule s'habilloit en femme, & il la fait parler de la sorte au Dompteur des monstres : *Quelle honte*

Omnes quas habuit Fabiane Lycoris amicas
Sustulit, uxori fiat amica meæ.
Lib. 2.

Septima jam Pbileros tibi conditur uxor in agro :
Plus nulli Phileros quàm tibi reddit ager.
Lib. 10.

Nubere Paula cupit nobis, ego ducere Paulam
Nolo, anus est. Vellem, si magis esset anus.
Lib. 10.

Dd ij

Falleris, & nescis, non sunt spolia ista leonis:
Sunt tua, tuque feræ victor es, illa tui Heroid. ep. 9.

de voir une personne délicate couverte de la peau d'une beste féroce ! Vous vous trompez, ce n'est pas là la dépouille du Lion, c'est la vostre. Vous avez vaincu le Lion, mais Omphale vous a vaincu vous-mesme.

La pensée du Lope de Vegue sur le mesme sujet, dît Eudoxe, est bien aussi fine que celle d'Ovide : elle est du moins plus morale.

Si aquien los leones vence,
Vence una muger hermosa :
O el de flaco se averguence
O ella de ser mas furiosa.

" Si le Vainqueur des lions est vaincu par une
" femme qui a de la beauté, que l'un ait honte
" d'estre plus foible qu'une femme, ou l'autre d'es-
" tre plus furieuse qu'un lion.

Le Tasse, repartit Philanthe, a bien exprimé sur la porte du Palais d'Armide le ridicule de ce Héros amoureux :

Mirasi qui frà le Méonie ancelle
Favoleggiar con la conocchia Alcide.
Se l'inferno espugnò, resse le stelle
Hor torce il fuso. Amor s'el guarda, e ride.

Le beau spectacle qu'Hercule avec la quenouïlle, parmi les suivantes d'Omphale, & filant de la mesme main dont il avoit soûtenu le ciel ;

SECOND DIALOGUE.

& dompté l'enfer! L'Amour le regarde, & s'en rit.

Amor s'el guarda, e ride.

Les Graveures de la porte du Palais d'Armide repréſentent encore, dît Eudoxe, la bataille navale que gagna Auguſte, & ſur tout la fuite d'Antoine avec celle de Cléopatre:

Ecco fuggir la barbara Reina,
E fugge Antonio e laſciar puo la ſpeme
De l'imperio del mondo ou' e gli aſpira.
Non fugge nò, non teme il fier, non teme,
Ma ſegue lei che fugge, e ſeco il tira.

Il ne ſe peut rien de mieux penſé: On voit fuir la Reine d'Egypte. On voit auſſi Antoine qui fuit, & qui abandonne l'eſpérance de l'Empire du monde où il prétend. Mais non: il ne fuit pas, il ne fait que ſuivre celle qui fuit, & qui l'entraiſne aprés ſoy. Qu'il y a de fineſſe dans ce *Non fugge nò, ma ſegue lei che fugge!* Ce n'eſt pas ſeulement par l'endroit de l'eſprit que cela eſt délicat, c'eſt auſſi par l'endroit du cœur: Car il faut bien qu'à mon tour, continua-t-il en ſouriant, je faſſe joüer l'eſprit & le cœur.

Pour vous dire donc tout ce que je penſe ſur la délicateſſe, outre celle des penſées qui ſont purement ingénieuſes, il y en a une qui vient des ſentimens, & où l'affection a plus de part que l'intelligence.

Ovide excelle en ce genre-là, & ses *Héroïdes* sont pleines de pensées que la passion rend délicates. *Vous haïssez bien à vos dépens,* dit la Reine de Carthage à Enée ; *& vostre haine vous couste cher, si la mort ne vous est rien, pourveû que vous m'abandonniez.*

<small>Exerces pretiosa odia & constantia magno ;
Si dum me fugias, est tibi vile mori.
Heroid. ep. 7.</small>

Ce qu'écrit Pâris à Helene sur les trois Déesses de la beauté desquelles il devoit juger, a une délicatesse de sentiment trés-exquise. *Elle méritoient toutes trois de gagner leur cause ; & j'estois fasché moy qui estois leur juge, de ce qu'elles ne pouvoient toutes la gagner.*

<small>Vincere erant omnes dignæ, judexque verebar
Non omnes causam vincere posse suam.
Heroid. ep. 15.</small>

Catulle, repliqua Philanthe, ne le cede guéres à Ovide en sentimens délicats. Il dit au sujet de la mort d'un frere qu'il aimoit passionnément: *Je ne vous verray plus jamais, mon cher frere, vous qui m'estiez plus cher que la vie : mais je vous aimeray toûjours.* Ce sentiment est fort tendre, repartit Eudoxe, mais il est un peu trop dévelopé, & trop uni pour avoir toute la délicatesse dont nous parlons. Celuy qu'un de nos Poétes donne à Titus au sujet de Bérénice est plus délicat :

<small>Nunquam ego te vita
Frater amabilior
Aspiciam posthac : at certè semper amabo.</small>

Depuis cinq ans entiers chaque jour je la vois,
Et croy toûjours la voir pour la premiére fois.

Le sentiment de Catulle mesme, sur l'injure

SECOND DIALOGUE.

que fait une personne qu'on aime quand elle donne lieu à la jalousie par sa conduite & par ses maniéres, est encore plus fin. *Une telle injure force d'aimer d'avantage, & de vouloir moins de bien ;* c'est à dire, qu'elle augmente la passion, & qu'elle diminuë la bienveillance. Ce qu'il y a d'un peu mystérieux là-dedans y met un air délicat qui n'est point dans le sentiment passionné de ce Poéte sur son frere mort.

<small>Injuria talis Cogat amare magis, sed benè velle minus.</small>

Les sentimens que donne Corneille à Sabine sœur des Curiaces & femme d'un Horace, sont trés-beaux, sans estre si mystérieux :

Albe où j'ay commencé de respirer le jour,
Albe, mon cher païs, & mon premier amour,
Lors qu'entre-nous & toy je voy la guerre ouverte,
Je crains nostre victoire autant que nostre perte :
Rome, si tu te plains que c'est-là te trahir,
Fais-toy des ennemis que je puisse haïr.

Ces deux derniers vers, dît Philanthe, ont esté autrefois appliquez heureusement à un Catholique qui changea de religion pour épouser une huguenote. Mais tout le mystere de la délicatesse, reprît Eudoxe, se rencontre en ce que fait dire un autre de nos Poétes Dramatiques à la confidente de la Sultane qui avoit juré la mort de Bajazet, & qui vouloit luy faire des reproches avant qu'on le fist mourir.

Je connois peu l'amour, mais je puis vous répondre
Qu'il n'est pas condamné puis qu'on veut le confondre.

Armide, repliqua Philanthe, pour se venger de Renaud qui l'avoit abandonnée, & qu'elle ne pouvoit haïr dans le fonds du cœur, le poursuit au fort du combat, & lance une fléche contre luy; mais en mesme temps elle souhaite que le coup ne porte point.

Lo stral volò : ma con lo strale un voto
Subito uscì, che vada il colpo à voto.

Le souhait d'Armide, dît Eudoxe, marque bien le caractére d'une personne en qui le ressentiment, la colere, la fureur n'ont pas étouffé toute la tendresse, & me remet en l'esprit un trait de Pline le Jeune : *Vostre vie vous est odieuse*, dit-il à Trajan, *si elle n'est jointe avec le salut de la République : vous ne souffrez pas qu'on souhaite rien pour vous, si ce n'est quelque chose d'utile à ceux mesme qui font des souhaits.* Ce sentiment est tout ensemble bien généreux & bien délicat.

<small>Tibi salus tua invisa est, si non sit cum Reipublicæ salute conjuncta; nihil pro te pateris optari, nisi expediat optantibus. Panegy. Traj.</small>

Que pensez-vous, dît Philanthe, du sentiment de Tibulle au regard d'une Personne qui luy estoit extrémement chere? *Dans les lieux les plus solitaires & les plus deserts vous estes pour moy une grande compagnie.*

<small>In solis tu mihi turba locis. Lib. 12.</small>

Ce que dit Martial à une illustre Romaine
avec

SECOND DIALOGUE.

avec laquelle il eſtoit à la campagne, me paroiſt plus vif, répondit Eudoxe: *Vous me valez tout Rome vous ſeule.* {Romam tu mihi ſola facis. *Lib. 12.*}

Corneille qui ſe connoiſſoit parfaitement en paſſions délicates, & qui faiſoit ſi bien parler les Romains, continua-t-il, fait dire à la Veuve de Pompée, ſur ce que Céſar voyant la teſte ſanglante de Pompée meſme, en parut touché, & ſe plaignit qu'on euſt oſé attenter à la vie d'un ſi grand homme:

O ſoupirs, ô reſpect, ô qu'il eſt doux de plaindre
Le ſort d'un ennemi quand il n'eſt plus à craindre!

Les plaintes de Céſar, repartit Philanthe, n'eſtoient pas de ſi bonne foy que celles d'une Tourterelle qu'on a fait parler dans un petit Dialogue en vers. Le Dialogue eſt entre un Paſſant & la Tourterelle: il eſt court, le voicy.

Le Passant:

Que fais-tu dans ce bois plaintive Tourterelle?

La Tourterelle:

Je gemis, j'ay perdu ma compagne fidelle.

Le Passant:

Ne crains-tu point que l'oiſeleur
Ne te faſſe mourir comme elle?

SECOND DIALOGUE.

La Tourterelle :
Si ce n'est luy, ce sera ma douleur.

Il ne se peut rien voir de plus touchant, dit Eudoxe, & c'est à peu près le sentiment que Lucain donne à Cornélie dont nous venons de parler : *Il m'est honteux de ne pouvoir mourir aprés vous de ma douleur seule.* Sisigambis mere de Darius, repliqua Philanthe, mourut effectivement de la mort que Cornélie souhaitoit : car dés qu'elle sceût celle d'Aléxandre qui l'avoit traitée toûjours trés-honnestement & comme sa mere, elle se jetta par terre fondant en larmes, & s'arrachant les cheveux ; elle ne voulut plus ni voir la lumiére, ni prendre de nourriture : tellement que renonçant ainsi à la vie, elle mourut enfin. Sur quoy Quinte-Curce dit fort délicatement ce me semble : *Ayant eû la force de vivre aprés Darius, elle eût honte de survivre à Aléxandre.*

A ce que je voy, reprit Eudoxe, vous comprenez bien ce que c'est qu'une pensée délicate, & en quoy elle différe d'une pensée sublime, ou purement agréable. Mais croiriez-vous que les pensées qui surprennent, qui enlevent, qui piquent le plus, ou par la délicatesse, ou par la sublimité, ou par le simple agrément, sont en quelque sorte vicieuses si elles ne sont naturel-

Turpe mori post te solo non posse dolore.
Lib. 9.

Cùm sustinuisset post Darium vivere, Alexandro esse superstes erubuit.
Lib. 10.

SECOND DIALOGUE.

les, comme estoient encore celles de Crassus que nous avons prises pour nostre modelle, & qui n'avoient nulle ombre d'affectation ?

Sententiæ Crassi tam integræ, tam veræ, tam novæ, tam sine pigmentis fucoque puerili. Cic. de Orat. lib. 2.

Je crains toûjours, dît Philanthe, qu'en voulant estre naturel, on ne devienne plat & insipide ; ou du moins que la pensée ne perde quelque chose de ce qui la rend vive & piquante. Ce n'est pas mon intention, répondit Eudoxe ; & comme dans le langage une éxactitude qui desseche & affoiblit le discours me déplaist fort, ce que j'appelle naturel, ne m'accommoderoit pas dans la pensée, si elle en estoit platte & languissante. Mais cela se peut éviter : il y a de la différence entre le plat & le fade. Une sauce peut estre bonne, sans estre pleine de poivre & de sel ; & un excellent potage de santé vaut mieux qu'une bisque pour les personnes de bon goust.

Qu'entendez-vous donc, dît Philanthe, par ce que vous appellez naturel en matière de pensée ? J'entends, repartit Eudoxe, quelque chose qui n'est point recherché, ni tiré de loin ; que la nature du sujet présente, & qui naist pour ainsi dire du sujet mesme. J'entends je ne sçay quelle beauté simple sans fard & sans artifice, telle qu'un Ancien dépeint la vraye éloquence. On diroit qu'une pensée naturelle devroit venir à tout le monde ; on l'avoit, ce semble, dans la teste avant que de la lire ; elle pa-

Grandis, & ut ita dicam pudica oratio, non est maculosa, nec turgida ; sed naturali pulcritudine exurgit. Pet. Satyr.

Ee ij

roift aifée à trouver, & ne coufte rien dés qu'on la rencontre; elle vient moins en quelque façon de l'efprit de celuy qui penfe, que de la chofe dont on parle.

Au refte, par le mot de naturel je n'entends pas icy ce caractére naïf qui eft une des fources de l'agrément des penfées. Toute penfée naïve eft naturelle; mais toute penfée naturelle n'eft pas naïve, à prendre la naïveté en fa propre fignification. Le grand, le fublime n'eft point naïf, & ne le peut eftre : car le naïf emporte de foy-mefme je ne fçay quoy de petit, ou de moins élevé. Ne m'avez-vous pas dit, interrompit Philanthe, que la fimplicité & la grandeur n'eftoient pas incompatibles ? Oûï, reprît Eudoxe, & je vous le dis encore : mais il y de la différence entre une certaine fimplicité noble & la naïveté toute pure : l'une n'exclut que le fafte, l'autre exclut mefme la grandeur.

Mais pour m'expliquer d'une maniére plus fenfible, une penfée naturelle reffemble en quelque façon à une eau vive qui fe trouve dans un jardin au lieu d'y eftre amenée par force, ou à une jeune perfonne qui a le teint beau fans mettre du blanc ni du rouge. Les Auteurs du fiécle d'Augufte ont des penfées de ce caractére, fur tout Ciceron, Virgile, & Ovide.

Optima minimè accerfita, & fimplicibus atque ab ipfa veritate profectis fimilia. Quintil. lib. 8. proœm.

Nihil videatur fictum, nihil follicitum : omnia potiùs à caufa quàm ab oratore profecta credantur. Idem, lib. 4.

SECOND DIALOGUE.

La pensée de Ciceron sur les Colosses de Cérés & de Triptoleme que Verrés ne put emporter à cause de leur pesanteur, quelque tentation qu'il en eust, vient du sujet, & se présente d'elle-mesme. *Leur beauté les mit en danger d'estre pris; leur grandeur les sauva.* Mais celle qu'il a sur la mort de Crassus est une des plus naturelles qui se puisse voir. D'abord il remarque que Crassus mourut avant tous les troubles de la République, & que ce grand homme ne vit ni la guerre allumée dans l'Italie, ni le bannissement de son gendre, ni l'affliction de sa fille, ni enfin le funeste estat de Rome toute défigurée par une suite continuelle de malheurs. Il dit après: *Il me semble que les Dieux ne luy ont pas osté la vie, mais qu'ils luy ont fait comme un présent de la mort.* La pensée, comme vous voyez, est tirée du fonds de la chose: il n'y a rien là qui soit étranger & hors du sujet; il n'y a rien aussi de plat & de fade.

His pulcritudo periculo, amplitudo saluti fuit. *Lib. 3. in Verr.*

Hi tamen Rempublicam casus consecuti sunt; ut mihi, non erepta L. Crasso à Diis immortalibus vita, sed donata mors esse videatur. *De Orator. l. 3.*

Est enim vitiosum in sententia, si quid aut alienum, aut non acutum, aut subinsulsum est. *Cicer. de optimo genere Or.*

Je vous comprends, dit Philanthe, & je juge selon vos principes que la pensée de Maynard sur la mort d'un enfant est fort naturelle.

> On doit regretter sa mort;
> Mais sans accuser le sort
> De cruauté ni d'envie:
> Le Siécle est si vicieux,

Paſſant, qu'une courte vie
Eſt une faveur des cieux.

Je juge le meſme d'une autre penſée du meſme Auteur ſur un pere affligé de la mort de ſa fille. Le Poëte fait parler le pere au Ciel :

Haſte ma fin que ta rigueur différe,
Je hay le monde, & n'y prétends plus rien.
Sur mon tombeau ma fille devroit faire
Ce que je fais maintenant ſur le ſien.

Vous en jugez ſainement, repartit Eudoxe, & vous avez ſans doute le meſme gouſt pour les ſentimens du pere de Pallas, ce jeune guerrier que Turnus tua de ſa main dans la chaleur du combat. Ils ſont les plus naturels du monde, ſur tout quand il dit que les commencemens d'une valeur naiſſante ont eſté bien funeſtes ; que les Dieux n'ont point écouté les vœux d'un malheureux pere qui ſurvit à ſon fils, & qui reſte ſeul aprés luy contre l'ordre de la nature ; que ſa femme eſtoit heureuſe d'eſtre morte auparavant, & de n'avoir point eſté réſervée pour une ſi grande affliction ; enfin qu'il auroit eſté bien plus juſte qu'Evandre fuſt demeuré ſur la place que Pallas, & qu'on euſt rapporté le corps du pere que celuy du fils.

Ce que penſe Quintilien ſur la mort de ſa

<small>Primitiæ juvenis miſeræ, belliqué propinqui Dura rudimenta ; & nulli exaudita Deorum Vota precesque meæ : tuque, ô ſanctiſſima conjux, Felix morte tuâ, neque in hunc ſervata dolorem, &c.
Æneid. lib. 11.</small>

SECOND DIALOGUE. 223

femme & de ses enfans n'est pas à mon gré tout-à-fait si naturel, ni si raisonnable.

Quel pere véritablement pere me le pourra pardonner, dit-il, si je puis m'appliquer encore à l'étude ? Et comment un cœur paternel souffrira-t-il que j'aye l'esprit assez libre & la teste assez forte pour cela, ou que je me serve de ma voix à autre chose qu'à accuser les Dieux qui m'ont ravi tout ce qui m'estoit le plus cher, & à prouver par mon éxemple qu'il n'y a nulle Providence qui prenne soin des choses du monde ?

Il jure ensuite par ses malheurs, par sa conscience, par les manes de son fils aisné, qu'il appelle les divinitez de sa douleur : il jure, dis-je, que les talens prodigieux, & les vertus extraordinaires qu'il voyoit en cét enfant, luy avoient fait craindre de le perdre ; par la raison qu'on a presque toûjours remarqué que ce qui meûrit trop tost se passe bien viste, & qu'il y a je ne sçay quel destin jaloux qui ruine de si grandes espérances : de peur apparemment que les prospéritez de l'homme n'aillent plus loin qu'il n'appartient à la condition humaine. Il y a de l'esprit à tout cela, dit Philanthe. Il y a ce me semble, reprît Eudoxe, plus de raison à ce que Virgile fait dire au pere de Pallas. Quintilien s'en prend aux Dieux, & l'excés de sa douleur le porte à ne croire nulle Providence, au lieu

Quis enim mihi bonus parens ignoscat, si studere amplius possum, ac non oderit animi mei firmitatem, si quis in me est alius usus vocis quàm ut incusem Deos, superstes omnium meorum ? nullam terras despicere providentiam tester ? *Lib. 6. Proœm.* Juro per mala mea, per infelicem conscientiam, per illos manes numina doloris mei, has me in illo vidisse virtutes ingenij, ut prorsus possit hinc esse tanti fulminis metus. Quod observatum fere est, celerius occidere festinatam maturitatem, & esse nescio quam quæ spes tantas decerpat, invidiam ; ne videlicet ultra quàm homini datum est, nostra provehantur. *Ibid.*

qu'Evandre ne s'en prend qu'à la la valeur de son fils, & se contente de se plaindre que les Dieux n'ayent pas éxaucé ses priéres.

Agamemnon, dans *Iphigénie*, repliqua Philanthe, ne ménage gueres plus les Dieux; & le trouble où le met l'Oracle qui le condamne à immoler luy-mesme sa fille, luy permet ce semble de dire à Iphigénie:

Montrez, en expirant, de qui vous estes née :
Faites rougir ces Dieux qui vous ont condamnée.

J'avoüe, repartit Eudoxe, qu'Agamemnon sur le théatre a droit d'estre plus emporté que Quintilien dans son cabinet. J'avoüe aussi que Clitemnestre dans la violence de sa douleur peut dire à Achille pour l'engager à sauver Iphigénie:

Ira-t-elle des Dieux implorant la Justice,
Embrasser leurs autels parez pour son supplice?
Elle n'a que vous seul: vous estes en ces lieux
Son pere, son époux, son asyle, ses Dieux.

Mais avoüez aussi que ce que dit encore Agamemnon dans la nécessité fatale où le jette l'ordre du Ciel, est tiré du fonds de la nature:

Helas, en m'imposant une loy si sévere,
Grands Dieux, me deviez-vous laisser un cœur
de pere ?

Brutus

SECOND DIALOGUE.

Brutus qui fit mourir ses enfans rebelles, dît Philanthe, se dépouïlle dans Valere Maxime des sentimens de pere pour faire la fonction de Consul. Tite-Live qui pense toûjours naturellement, repartit Eudoxe, dit sur la mort des fils de Brutus, que la Fortune voulut que celuy qu'on devoit empescher d'assister à un si tragique spectacle, en fust luy-mesme l'auteur. Florus qui ne pense pas toûjours comme Tite-Live, repliqua Philanthe, l'imite sur ce sujet; & dit que Brutus, en faisant couper la teste à ses fils, sembla adopter le Peuple en leur place, & devenir le pere de la Patrie.

Exuit patrem ut consulem ageret. Lib. 5. c. 8.

Qui spectator erat amovendus, eum ipsum Fortuna exactorem supplicii dedit. Lib. 2.

Liberos securi percussit, ut planè publicus parens in locum liberorum adoptasse sibi populum videretur. Lib. 1. c. 9.

Ce que Voiture écrivit à Madame la Duchesse de Longueville sur la mort de Monsieur le Prince son pere, poursuivit Philanthe, me paroist fort naturel: Qu'il estoit bien juste qu'une personne aussi celeste qu'elle, s'accommodast aux volontez du Ciel, & qu'ayant tout receû de luy, elle souffrist qu'il luy ostast quelque chose.

Cela n'est pas seulement naturel, répondit Eudoxe; cela est bien tourné, & a beaucoup de justesse. Mais voicy encore deux pensées tres-naturelles; l'une est de Virgile, & l'autre d'Ovide. Virgile dit à l'occasion de deux freres qui se ressembloient parfaitement: *Le pere & la mere ne peuvent presque les distinguer, & leur méprise*

Simillima proles Indiscreta suis, gratusque parentibus error. Æneid. l. 10.

leur est agréable. Ovide, en décrivant le superbe Palais du Soleil, dit que les Néréides qui sont gravées sur les portes avec les Dieux Marins, n'ont pas toutes le mesme air, ni les mesmes traits de visage; qu'elles ne les ont pas aussi tout-à-fait différens, mais qu'elles les ont tels que des sœurs les doivent avoir.

<small>Facies non omnibus una, Nec diversa tamen, qualem decet esse sororum. *Metamorph. lib. 2.*</small>

La pensée du Lope de Vegue sur la ressemblance est belle & heureuse, repartit Philanthe: il dit que la nature qui se plaist à peindre n'invente pas toûjours; qu'elle se lasse quelquefois, & ne fait que copier. C'est au sujet d'une Princesse Espagnole qui s'habilla en homme pour suivre Alphonse Roy de Castille dans l'expédition de Jérusalem, & qui se fit passer pour le frere de celle qu'elle estoit.

Yva mirando el Rey el rostro hermoso
Tan semejante à Ismenia; que à su cuenta
El pincel natural maravilloso
Cansado alguna vez copia, y no inventa.

Les pensées où la nature entre, dit Eudoxe, ne sçauroient manquer d'estre naturelles, quelque ingénieuses qu'elles soyent; & celle du Guarini l'est beaucoup: Qu'on ne peut se défaire de la honte que la nature à gravée en nous; & que si on veut la chasser du cœur, elle se sauve au visage.

SECOND DIALOGUE. 227

Vergogna ch'en altrui stampò natura
Non si può rinegare; che se tu tenti
Di cacciarla dal cor, fugge nel volto.

Mais j'ay remarqué, poursuivit-il, que le caractére dont nous parlons se rencontre principalement dans les pensées où il y a quelque chose de conforme aux inclinations de la nature : ainsi comme l'amour de la vie est tres-naturel, ce qu'Achille répond à Ulysse dans les enfers, l'est aussi : *J'aimerois mieux estre villageois & valet de quelque pauvre homme qui auroit de la peine à vivre, que d'avoir icy un empire absolu sur tous les morts.* Cette réponse suppose ce qu'avoit dit Ulysse, aprés s'estre plaint de sa mauvaise fortune, qu'Achille estoit l'homme du monde le plus heureux ; que pendant sa vie les Grecs l'avoient honoré comme un homme divin, ou égal aux Dieux ; & que maintenant les morts le respectoient comme leur Roy & leur maistre.

Odyss. 11.

Nostre Charles IX. repliqua Philanthe, n'estoit pas du goust d'Achille, luy qui disoit qu'il aimoit mieux mourir Roy que de vivre prisonnier. Il n'estoit pas non plus, dît Eudoxe, du sentiment de Salomon, qui préfere un chien vivant à un lion mort : mais c'est que l'ambition luy avoit un peu gasté le jugement, & qu'elle le faisoit parler. S'il eust consulté la nature, il au-

Melior est canis vivus leone mortuo. Eccle. c. 9.

Ff ij

roit changé & d'avis & de langage : car pour me servir de la pensée, & mesme des termes
" d'un de nos Ecrivains qui l'a bien étudiée : Il
" n'y a point de Roy mourant qui ne voulust
" estre le dernier de ses sujets ; & il n'y a point
" de si misérable esclave qui voulust changer sa
" fortune avec celle de ce Roy qui n'auroit plus
" qu'un quart d'heure à vivre.

Quoy qu'il en soit, ajoûta Eudoxe, la pensée d'Homere sur Achille est fort naturelle. Celle de Martial contre les admirateurs & les idolâtres de l'Antiquité doit l'estre dans vos principes, repartit Philanthe : *Vous n'admirez que les Anciens, & ne loüez que les Poétes morts. Pardonnez-moy, je vous prie : il n'y a pas tant d'avantage à mourir pour vouloir vous plaire à ce prix-là.* Elle l'est sans doute, reprit Eudoxe, & toutes les autres du mesme Poéte qui roulent sur le desir de la vie ne le sont pas moins.

Si la gloire ne vient qu'aprés la mort, je ne me haste pas d'en aquerir.

Les mausolées que nous voyons auprés de la Ville nous font des leçons pour vivre, en nous aprenant que les Dieux mesmes ne sont pas éxempts de la mort. Il entend par ces Dieux, les Empereurs qui vouloient qu'on leur rendist des honneurs divins, & il fait allusion au tombeau d'Auguste.

Miraris veteres Vacerra solos :
Nec laudas nisi mortuos Poetas.
Ignoscas, petimus, Vacerra : tanti
Non est, ut placeam tibi, perire.
Lib. 8.
Si post fata venit gloria, non propero.
Lib. 5.
Jam vicina jubent nos vivere mausolea :
Cum doceant ipsos posse perire Deos.
Lib. 5.

SECOND DIALOGUE.

Il dit ailleurs: *Croyez-moy, il n'est pas d'un homme sage de dire, Je vivray. C'est vivre trop tard que de vivre demain: vivez aujourd'huy.* Il encherit luy-mesme sur sa pensée, en disant: *C'est vivre trop tard que de vivre aujourd'huy: le plus sage est celuy qui a vécu dés hier.* Tout cela est naturel, & ne l'est mesme que trop à prendre la chose dans le sens & selon la morale de l'Auteur.

Racan a esté parmi nous un de ces esprits faciles & heureux en qui le génie supplée au sçavoir, & dont les ouvrages ne sentent ni la contrainte, ni l'étude. Il n'a rien fait que de naturel, & deux strophes d'une Ode adressée à Léonor de Rabutin Comte de Bussy me paroissent excellentes dans ce genre-là.

<small>Non est, crede mihi, sapientis dicere, vivam: Sera nimis vita est crastina, vive hodie. *Lib. 1.*
Hodie jam vivere posthume serum est:
Ille sapit, quisquis posthume vixit heri. *Lib. 5.*</small>

Que te sert de chercher les tempestes de Mars,
Pour mourir tout en vie au milieu des hazars
    Où la gloire te meine?
Cette mort qui promet un si digne loyer
N'est toûjours que la mort, qu'avecque moins de peine
    On trouve en son foyer.
A quoy sert d'élever ces murs audacieux,
Qui de nos vanitez font voir jusques aux cieux
    Les folles entreprises?
Maints Chasteaux accablez dessous leur propre faix
    Enterrent avec eux les noms & les devises
    De ceux qui les ont faits.

Il me semble, dît Philanthe, que l'expression contribuë quelquefois à rendre la pensée plus naturelle & plus simple. Vous avez raison, repliqua Eudoxe, & la perfection du caractére naturel vient d'ordinaire d'une diction pure, & d'un tour aisé. Ce seul Quatrain adressé à une jeune Personne entestée de son mérite, & qui ne pense point à la mort, peut donner idée de ce que je dis :

Vous avez beau charmer : vous aurez le destin
De ces fleurs si fraisches, si belles
Qui ne durent qu'un matin :
Comme elles, vous plaisez : vous passerez comme elles.

On peut dire en général que quoy-qu'il ne s'agisse pas icy de l'élocution, elle ne laisse pas de se mesler souvent à la pensée, & d'en rehausser le prix. Un habit propre & magnifique donne de la grace & de la dignité à une personne bien faite ; & s'il est juste, il fait paroistre la taille, quand on l'a fine. Il y a mesme des termes si attachez aux choses, & si faits pour elles, qu'ils semblent suivre la pensée comme l'ombre suit le corps.

<small>Ut sensibus inhærere videantur, atque ut umbra corpus sequi. Quintil. lib. 8. procem. de verbis.</small>

L'affectation, poursuivit Eudoxe, est le defaut directement opposé à ce caractére naturel dont nous parlons. C'est, selon Quintilien, dît Philanthe, de tous les vices de l'éloquence le

<small>Omnium in eloquentia vitiorum pessi-</small>

pire, parce qu'on évite les autres, & qu'on recherche celuy-là; mais il est tout entier dans l'élocution. N'en déplaise à Quintilien, repartit Eudoxe, ce défaut si spécieux & si beau en apparence n'a pas moins de part dans la pensée que dans le langage; & c'est le sentiment d'un habile homme d'Italie, qui ose donner un démenti à Quintilien sur le dernier article du passage que vous venez de citer. *Questo ultimo, dit-il, è falso, peroche l'affettatione consiste anche ne' concetti.* Il le dit aprés un ancien Rheteur, qui apporte pour exemple d'affectation dans la pensée, le Centaure qui est à cheval sur luy-mesme. Mais d'autres exemples le feront encore mieux connoistre.

Virgile dit que le Géant Encélade bruslé des foudres de Jupiter, vomit des flammes par les ouvertures de la montagne que les Dieux luy ont mise sur le corps; & le Guarini dit que ce Géant lance des feux de colére & d'indignation contre le ciel, sans qu'on sçache s'il est foudroyé, ou s'il foudroye.

mum : nam cætera cùm vitentur, hoc petitur. Est autem totum in elocutione. Lib. 8. c. 3.

Proginnasmi Poetici di Udeno Nisiely da Vernio.

Posita autem est mala affectatio in sententia quidem, ut qui dixit: Centaurus equitans seipsum. Demetr. Phaler. de Elocut.

*La dove sotto à la gran mole Etnea
Non so sè fulminato ò fulminante,
 Vibra il fiero Gigante
Contra'l nemico ciel fiamme di sdegno.*

L'un est naturel, & l'autre affecté.

A ferro fan-guis humanus fe ulcifcitur. Lib. 34. c. 14.

Seque de Fortuna præfationibus vindicat. Lib. 4. ep. 7.

Selon l'Ancien Pline, le sang humain, pour se venger du fer qui est son mortel ennemi, & qui aide à le répandre, y fait venir la rouille. Selon Pline le Jeune, un certain Licinianus, qui de Sénateur devint Professeur de Rhétorique pour avoir de quoy vivre, se vengeoit de la Fortune par les harangues qu'il faisoit contre elle. Il y a de l'affectation dans la pensée du premier: car cette vengeance qu'on attribuë au sang n'est point tirée de la nature ; & la rouille qui gaste le fer vient autant du sang des bestes que du sang des hommes. La pensée de l'autre est naturelle, & la vengeance que prend le Sénateur dégradé a son fondement dans la nature, qui porte les hommes malheureux à se fascher contre tout ce qui peut estre cause de leur disgrace.

Je pensois, repartit Philanthe, que Pline le Jeune fust moins naturel que l'Ancien. Il l'est quelquefois davantage, repliqua Eudoxe ; mais à parler en général, il veut toûjours avoir de l'esprit : & pour ne rien dire icy du Panégyrique de Trajan, ses Epitres sont pleines de traits qui ne me paroissent pas assez simples. Dans la Lettre où il décrit une de ses maisons de campagne, aprés avoir dit que l'air du païs est si bon qu'on n'y peut presque mourir, & qu'à voir la quantité de vieilles gens qui y sont, vous croiriez

SECOND DIALOGUE.

riez en y venant que vous eftes né dans un autre fiécle ; il dit que fa maifon, quelque ferein que foit le ciel, reçoit de l'Apennin des vents qui n'ont rien de rude ni de violent, qui font fatiguez & rompus du chemin qu'ils ont fait : *Ces vents doux & foibles de laffitude* n'ont guéres de fimplicité. Ce grand efpace qui les fatigue, qui les affoiblit, repliqua Eudoxe, reffemble à celuy que décrit un de nos Poëtes.

<small>Cumque veneris illò, putes alio te fæculo natum. *Lib. 5. ep. 6.*

Accipit ab hoc auras quamlibet fereno & placido die, non tamen acres & immodicas, fed fpatio ipfo laffas & infractas. *Ibid.*</small>

Il fe voit prés du Caire une plaine deferte,
Que d'un fable mouvant la nature a couverte,
Et qui femble un efpace applani fous les cieux
Pour le feul exercice ou des vents ou des yeux.

Je trouve plus naturel, dît Eudoxe, ce que j'ay leû dans la defcription d'une autre maifon de campagne, qu'il y a une veûë d'une fi vafte étenduë du cofté de la mer, que les yeux n'y trouvent point d'autres limites que leur propre foibleffe, qui ne leur permet pas de difcerner ce qu'ils voyent au-delà des bornes que la nature leur a prefcrites. Mais je veux vous faire fentir davantage la différence qu'il y a entre une penfée naturelle & une qui ne l'eft pas.

Térence, continua-t-il, introduit dans *l'Eunuque* un jeune homme qui cherche par tout une Perfonne dont la beauté extraordinaire l'avoit frappé ; & il luy fait dire : *Elle ne paroift*.

point, & je ne sçay où je pourray la trouver. Une seule chose me donne de l'esperance, c'est qu'en quelque lieu qu'elle soit, elle ne peut pas estre cachée longtemps. Il n'y a rien de plus naturel que cela : c'est le propre d'une grande beauté d'attirer les yeux du monde, & de faire de l'éclat.

Le Tasse est affecté en traitant le mesme sujet : car ayant dit que la modeste Sophronie se déroboit dans sa retraite aux regards des hommes, il ajoûte :

> *Pur guardia esser non può, ch'en tutto celi*
> *Beltà degna qu'appaia e che s'ammiri.*
> *Ne tu il consenti Amor ; ma la riveli*
> *D'un giovinetto a i cupidi desiri :*
> *Amor, ch'or cieco, hor Argo ; hora ce veli*
> *Di benda gli occhi, hora ce gli apri e giri :*

Passe de dire qu'il ne peut y avoir de retraite qui cache entièrement une beauté digne de paroistre, & d'estre admirée. L'affectation n'est pas là, & c'est à peu prés ce que dit Térence : mais elle est dans *l'Amour tantost aveugle, & tantost Argus ; qui se couvre tantost les yeux d'un bandeau, & qui tantost les ouvre, les tourne, & les jette de tous costez.*

Si c'est là de l'affectation, dît Philanthe, je crains bien pour des pensées du Bonarelli dans sa *Filli di Sciro*, sur des sujets tout semblables.

[marginal note: Ubi quæram ? ubi investigem ? quem perconter ? quam insistam viam ? Incertus sum : una hæc spes est ; ubi, ubi est, diu celari non potest. *Act. 2. scen. 3.*]

SECOND DIALOGUE.

Aminte estant en peine de Célie qui le fuyoit, & qui avoit disparu, déclare qu'il la suivra en quelque lieu de monde qu'elle aille. J'auray le plaisir, dit-il, de suivre vos pas; & je reconnoistray par où vous aurez passé, aux fleurs qui seront en plus grand nombre sur vostre chemin.

Conoscerollo a i fiori
Ove saran più folti

J'auray le plaisir de respirer l'air que vous aurez respiré vous-mesme; & je le reconnoistray à je ne sçay quelle fraischeur plus douce

Conoscerollo à l'aure
Ove saran più dolci.

Le mesme Poëte, au sujet d'une autre Bergere qui craignoit d'estre reconnuë, & qui prétendoit se cacher, fait dire à un Berger qui luy parle: Il sort de vos yeux je ne sçay quelle lumière trop vive, qui ne se voit point ailleurs. A une clarté si brillante on vous connoistra bientost, & vous ne pourrez jamais demeurer cachée.

Da guegli occhi tuoi, non sò qual luce
Ch'in altrui non si vede
Troppo viva risplende: à tanto lume
Non potrai star nascosa

Voilà bien des gentillesses à quoy Térence n'a

Minuti corruptique sensiculi, & extra rem petiti. Quintil.lib. 8. c. 5.

point pensé, repartit Eudoxe: mais par malheur ces jolies pensées sont pleines d'affectation, & je ne m'en étonne pas. Les Poétes Italiens ne sont guéres naturels, ils fardent tout; & le Tasse par ce seul endroit est bien audessous de Virgile. Quelle différence entre l'adieu de Didon à Enée & celuy d'Armide à Renaud? Ce que pense & ce que dit la Reine de Carthage est une expression de l'amour le plus tendre & le plus violent qui fut jamais; c'est la nature elle-mesme qui la fait parler: au lieu qu'Armide ne pense & ne dit presque rien de naturel.

Eh quoy, repliqua Philanthe, ne commence-t-elle pas par quelque chose de bien touchant?
» O vous qui emportez une partie de moy-mesme,
» & qui laissez l'autre; ou prenez l'une, ou rendez
» l'autre, ou donnez la mort à toutes les deux.

Forsennata gridava. O tu che porte
Teco parte di me, parte ne lassi;
O prendi l'una, ò rendi l'altra, o morte
Da insieme ad ambe.

C'est justement là, dît Eudoxe, qu'il y a trop d'art. Le cœur s'explique mal d'abord par un jeu d'esprit, & je dirois volontiers avec un homme de bon goust: *Je n'aime pas un commencement si recherché,* sur tout dans une passion violente, où le brillant ne doit avoir nulle part. Du reste, la

Non me delectavit tam curiosum principium. Petr.

SECOND DIALOGUE.

suite ressemble au commencement, à une ou deux pensées prés, qui sont assez naturelles.

Vous n'aimez pas apparemment, repartit Philanthe, l'endroit de *Scudiero o Scudo* ? Je seray ce qu'il vous plaira, dit Armide en se radoucissant un peu, ou vostre Escuyer, ou vostre bouclier, pour vous défendre des coups, aux dépens mesme de ma vie.

Saro qual più vorrai scudiero o scudo.
Non fia ch'in tua difesa io mi risparmi:
Per questo sen, per questo collo ignudo
Tria che giugano a te, passeran l'armi.

Ce jeu de *scudiero o scudo* est une affectation toute pure, repliqua Eudoxe, & dont le Poëte pouvoit se passer. Si Armide se fust contentée de dire, Je vous suivray dans le combat, & vous y rendray tous les services possibles, soit en tenant vos armes, & vous menant des chevaux ; soit en parant, ou recevant les coups qu'on vous portera ; elle auroit exprimé sa passion, & l'auroit fait naturellement. Mais le Tasse, qui est un si beau génie, tient un peu du caractére des femmes coquetes, qui mettent du fard, quelque belles qu'elles soyent ; sans prendre garde que l'artifice gaste en elles la nature, & qu'elles plairoient davantage si elles avoient moins envie de plaire.

Ce qui me fasche le plus, ajoûta-t-il, c'est

<small>Unum quodque genus cùm ornatur castè pudiceque, fit illustrius : cùm fucatur, & prælinitur, fit præstigiosum. *Aul. Gell. Noct. Attic. lib. 7. c. 14.*</small>

que le Tasse donne quelquefois dans l'affectation lors que son sujet l'en éloigne. Par éxemple, pour dire qu'on ne s'apperçoit pas d'une passion quand elle ne fait que de naistre, & que quand on s'en apperçoit elle est déja forte & tout-à-fait maistresse du cœur; il dit dans l'Aminte que l'amour naissant a les aisles courtes, & ne peut voler; qu'ainsi l'homme ne s'apperçoit pas de sa naissance, & que quand il s'en apperçoit l'amour est devenu grand, & a pris son vol.

Amor nascente ha corte l'ale, a pena
Può tenerle e non le spiega à volo.
Pur non s'accorge l'huom quand'egli nasce;
E quando huom se n'accorge, è grande e vola.

Pour moy, j'aime mieux sur une matiére aussi morale que celle-là un petit Dialogue tout simple dont je me souviens :

A quoy pensiez-vous, Climene,
A quoy pensiez-vous d'aimer ?
Ne sçaviez-vous pas la peine
Que souffre un cœur qui se laisse enflammer ?

RÉPONSE.

On n'y pense pas, Silvie,
Quand on commence d'aimer;
Et sans en avoir envie,
En un moment on se laisse enflammer.

SECOND DIALOGUE.

Au reste l'affectation qui regarde les pensées vient d'ordinaire de l'excés où on les porte, c'est-à-dire, ou de trop de sublimité, ou de trop d'agrément, ou de trop de délicatesse, suivant les trois genres que nous avons établis; l'un de pensées nobles, grandes, & sublimes; l'autre de pensées jolies & agréables; & le troisiéme de pensées fines & délicates: car si on n'a soin de ménager son esprit selon les régles du bon sens, & de se renfermer dans les bornes de la nature, on outre tout. L'enflûre prend la place du grand & du sublime; l'agrément n'est qu'afféterie; & la délicatesse qu'un rafinement tout pur.

Per affectationem decoris corrupta sententia, cùm co ipso dedecoretur quo illam voluit Author ornare. Hoc fit aut nimio tumore, aut nimio cultu. Diomed. Grammatic. lib. 2.

Je crains, dît Philanthe, qu'avec toutes vos distinctions vous ne rafiniez un peu vous-mesme; & je voudrois bien que vous me donnassiez des exemples de cette enflûre, de cette afféterie, & de ce rafinement, pour voir si vous ne poussez point les choses trop loin. Il me sera aisé de vous contenter là-dessus, repartit Eudoxe: car en lisant les Auteurs, j'ay remarqué diverses pensées qui sont vicieuses dans ces trois genres, & qui ne péchent quelquefois que par trop d'esprit.

Ils en estoient là, lors qu'on vint avertir Eudoxe qu'une compagnie entroit: c'estoit trois beaux Esprits de son voisinage, grands parleurs,

& grands rieurs, du nombre de ces honneſtes faſcheux qui troublent toutes les ſociétez agréables, & qui ſont d'autant plus incommodes, qu'ils ne croyent point l'eſtre. Comme on n'a pas à la campagne les facilitez qu'on a à la ville pour ſe précautionner contre ces ſortes de gens, ou pour s'en défaire bientoſt, Eudoxe fut obligé de les recevoir, & de les ſouffrir. On diſna, on joûa aprés le diſner, on ſe promena enſuite juſqu'au ſoir; car la viſite fut tres-longue, & la nuit ſeule chaſſa les trois importuns.

Auſſitoſt qu'ils furent partis, Philanthe qui ne croit pas qu'on puiſſe jamais avoir trop d'eſprit, & qui avoit impatience de ſçavoir comment une penſée peut eſtre vicieuſe par là, pria ſon Ami de s'expliquer un peu là-deſſus: mais Eudoxe eſtoit ſi fatigué de la compagnie qui venoit de les quitter, qu'il n'eût pas la force de dire un mot. Il demanda quartier à Philanthe, & remit la converſation au lendemain.

LA MANIERE
DE
BIEN PENSER
DANS
LES OUVRAGES
D'ESPRIT.

TROISIE'ME DIALOGUE.

LE jour qui fuivit la visite des fascheux fut un des plus beaux jours de l'automne. Jamais le soleil ne parut si brillant, ni le ciel si pur: l'air estoit doux, & la chaleur si tempérée, qu'on pouvoit se promener à toutes les heures sans nulle incommodité.

Dés le matin Eudoxe craignit une persécution semblable à celle de la journée précedente: tellement que pour se sauver des importuns qui pourroient venir, il proposa à Philanthe de faire une promenade hors de la maison. Ayant mangé de bonne heure, ils sortirent ensemble du costé de la prairie qui conduit à une riviére dont les bords sont tres-agréables.

A peine eûrent-ils gagné un certain endroit écarté où regne un profond silence, & qui a tous les charmes de la solitude, que Philanthe dît à son Ami : Nous voicy en seûreté, & apparemment nous ne serons pas aujourd'huy interrompus. Je n'en voudrois pas jurer, repliqua Eudoxe : il n'y a point de lieu inaccessible aux fascheux, & le malheur veut souvent qu'on les rencontre lors qu'on les fuit. Du moins, ajoûta-t-il, jusqu'à ce qu'ils nous ayent déterrez, nous pourrons nous entretenir quelque temps sur le sujet que nous quittasmes hier. Je vous disois, si je m'en souviens, qu'en voulant avoir trop d'esprit on pense mal quelquefois, & qu'une pensée est vicieuse dans le genre noble quand on la porte à un excés de grandeur ; qu'elle l'est dans le genre agréable, quand on luy donne plus d'agrément qu'il ne faut ; & dans le genre délicat, lors qu'on pousse la délicatesse jusqu'à une vaine subtilité.

Conatus supra vires & supra rem. Jul. Scalig. Poët. l. 3. c. 27. Ces affectations différentes sont, selon un sçavant Critique, des efforts que l'esprit fait au-dessus de sa matiére, & au dessus de ses forces.

TROISIE'ME DIALOGUE. 243

Mais vous voulez des exemples, & je veux bien vous en donner pour me faire entendre. Le cayer que j'ay apporté avec moy nous fournira des pensées outrées de toutes les especes & de toutes les façons.

Pour commencer par le sublime, Gracian que vous connoissez, & qui est un des beaux Esprits de l'Espagne, ne se contente pas de dire dans son *Héroe*, qu'un grand cœur est un cœur géant, *un coraçon gigante:* il traite celuy d'Aléxandre d'Archicœur, dans un coin duquel tout ce monde estoit si à l'aise, qu'il y restoit de la place pour six autres : *Grande fue el de Alexandro y el archicoraçon, pues cupo en un rincon del todo este mundo holgadamente, dexando lugar para otros seis.* Avez-vous rien veû de plus recherché & de plus enflé ?

A la vérité, dit Philanthe, la pensée est un peu hardie, & mesme un peu fanfaronne ; mais elle marque bien un grand cœur que le monde entier ne pouvoit remplir. Croyez-moy, reprît Eudoxe, cela est énorme, & ne sied point bien ; ou plûtost cela est petit à force d'estre grand, si j'ose parler de la sorte ; & l'Auteur du *Héros* fait comme ce Timée, qui, au rapport de Longin, tomboit dans de grandes puérilitez, en voulant toûjours produire des pensées nouvelles & surprenantes. Celle de Voiture, sur la bonté que Mademoiselle de Bourbon & Madame la Prin-

Tumor & omne quod studio fit, indecorum est. Dionys. Halicarn. de Orat. Antiq.
Longin. sect. 3.

cesse avoient pour luy, est plus régulière & plus judicieuse avec l'adoucissement qu'il y met. La voicy dans Voiture mesme que je porte toûjours sur moy, comme vous sçavez : Il me semble
„ que ce n'est pas assez d'un cœur pour Madame
„ sa mere & pour elle, & que quand l'une y a pris
„ sa part, il y en reste trop peu pour l'autre.

<small>Satis sit hactenus vicisse Alexandro quà mundo lucere satis est.

Tempus est Alexandrum cum orbe & cum sole desinere.

Eumdem fortuna victoriæ tuæ quem natura finem fecit.

Alexander orbi magnus est; Alexandro orbis angustus est.

Non magis quicquam ultra Alexandrum novimus quàm ultra Oceanum.
Suasor. 1.</small>

Gracian, repartit Philanthe, n'est pas le seul qui a passé un peu les bornes au sujet du Conquérant de l'Asie. Ces Déclamateurs Latins dont Séneque le pere rapporte les sentimens dans la délibération que fait Aléxandre pour sçavoir s'il doit pousser ses conquestes au-delà de l'Océan, ne sont gueres moins outrez que l'est l'Auteur Espagnol. Les uns disent, qu'Aléxandre se doit contenter d'avoir vaincu où l'astre du jour se contente de luire; qu'il est temps qu'Aléxandre cesse de vaincre où le monde cesse d'estre, & le soleil d'éclairer : les autres que la fortune met à ses victoires les mesmes limites que la nature met au monde ; qu'Aléxandre est grand pour le monde, & que le monde est petit pour Aléxandre; qu'il n'y a rien au-delà d'Aléxandre non plus qu'au-delà de l'Océan.

Ces pensées, repartit Eudoxe, ne justifient pas celle que je vous ay ditte d'abord : elles sont elles-mesmes non seulement fausses ; mais excessives, & hors des régles d'une grandeur juste,

TROISIE'ME DIALOGUE.

à la réserve peut-estre d'une seule, que *le monde estoit petit pour Aléxandre.* Car enfin l'ambition est insatiable, & le magnanime a toûjours le cœur élevé audessus de sa fortune. Quand Aléxandre auroit conquis effectivement toute la terre, ce n'auroit pas esté assez pour une ame comme la sienne. C'est aussi ce qui a fait dire qu'un monde ne suffisoit pas à ce jeune Conquerant; qu'il ne respiroit pas à l'aise dans une enceinte si étroitte, & qu'il y estoit comme étouffé; que rien ne pouvoit ni l'arrester, ni l'assouvir.

Unus Pellæo juveni non sufficit orbis. Æstuat infelix angusto limite mundi. Juvenal. satyr. 10.

> *Victorieux du monde, il en demande un autre ;*
> *Il en veut un plus riche & plus grand que le nostre;*
> *Et n'ayant plus à vaincre en ce vaste horison,*
> *Il sent que l'univers n'est plus que sa prison.*

Ou pour le dire en moins de paroles & plus vivement :

> *Maistre du monde entier, s'y trouvoit trop serré.*

Les conquestes des Romains n'ont pas moins donné lieu au sublime outré que celles du Vainqueur des Perses. Un Poéte Grec dit hardiment : *Jupiter fermez les portes de l'Olimpe, & défendez bien la citadelle des Dieux. Les armes de Rome ont subjugué la mer & la terre : il n'y a que le ciel où elles n'ont point encore esté.* Mais ce que dit un

Antholog. lib. 1.

Poéte Latin à Augufte par la bouche d'Apollon, au fujet de la bataille d'Actium, eſt plus raiſonnable : *Rendez-vous maiſtre de la mer, vous l'eſtes déja de la terre.*

<small>Vince mari, jam terra tua eſt. *Propert. lib. 4.*</small>

Ce qu'un de nos Poétes dramatiques fait dire à Xiphares fils de Mithridate, eſt noble fans eſtre faſtueux.

*Tout reconnut mon pere, & ſes heureux vaiſſeaux
N'eûrent plus d'ennemis que les vents & les eaux.*

Car pour vous faire mieux ſentir le défaut d'une penſée qui eſt vicieuſe en beau, il eſt bon de vous en dire quelques-unes en paſſant qui ſoyent réguliéres, & correctes dans le meſme genre.

Il eſt naturel aux Eſpagnols, dît Philanthe, d'avoir de hautes idées des ſuccés de leur nation, & des avantages de leur Monarchie. Le Lope de Vegue, dans un de ſes Poémes intitulé, *Jéruſalem conquiſtada ;* ce n'eſt pas la premiére conqueſte de Jéruſalem faite par Godefroy de Boüillon, c'eſt la ſeconde faitte par Richard Roy d'Angleterre contre Saladin, qui avoit repris Jéruſalem ſur Guy de Luſignan, que la mort de Baudoüin V. en avoit rendu le poſſeſſeur & le maiſtre. Le Lope donc qui compoſa ce Poëme Epique en l'honneur de ſa nation, dont les principaux accompagnerent Alphonſe Roy de Caſtille, & gendre de Richard dans une expédition si glorieuse, dit de la nation Espagnole:

> *Es vna fiera gente la de España,*
> *Que quando à pechos una empresa toma,*
> *Los tiembla el mar, la muerte los estraña.*
> *Diga Numancia, que le cuesta à Roma.*

Je ne m'étonne pas, repartit Eudoxe, qu'un Poëte d'Espagne dise que c'est une fiére nation que la sienne, & que quand les Espagnols se mettent en teste quelque grande entreprise, la mer tremble devant eux, la mort les fuit, & que Numance qui cousta si cher à Rome en peut dire des nouvelles. Les Castillans sont un peu extrémes, sur tout quand ils parlent d'eux.

Un autre bel Esprit de ce païs-là, repliqua Philanthe, parle ainsi à Philippe II. dans des vers Latins. *Aléxandre a vaincu les Perses, mais il s'est arresté là: à peine ce fils de Jupiter a-t-il veû les Indes. On dit que Rome la Capitale du monde a réduit l'Angleterre sous son empire; mais César n'a pas passé plus avant. Vous avez porté vos armes plus loin que l'un & l'autre n'a porté les siennes. O grand Prince, nulle maison n'est plus illustre que la vostre: le soleil luit toûjours sur vos Etats, soit qu'il se leve, ou qu'il se couche. Pour trouver un lieu qui serve de frontiére à vostre Empire, il faut que la terre & la mer s'étendent au-*

Ut sit in orbe locus metas ubi figere possis;
Terra suos fines augeat, unda suos.
Falcon.

delà des bornes que la nature leur a prescrites.

Cela seroit beau, reprît Eudoxe, si cela l'estoit un peu moins. Il y a bien de la différence entre une taille avantageuse, & une stature gigantesque; l'une fait un bel homme, & l'autre ne fait qu'un monstre. Mais pour vous dire mon sentiment sur toute la piéce, les premiéres pensées qui mettent Philippe II. au dessus d'Aléxandre & de César en matiére de conquestes, sont les moins hardies. Ce n'est pas que j'aime à faire marcher Aléxandre & César aprés les autres Conquerans, & que je ne sois toutà-fait du goust d'un fort honneste homme qui fit un si joli Madrigal au sujet de je ne sçay quels vers composez à l'honneur de Louïs le Grand, & qui ne put souffrir qu'on méprisast Aléxandre pour relever la valeur Françoise dans le passage du Rhin; qu'on le méprisast, dis-je, jusqu'à dire que les actions de nostre invincible Monarque effaçoient entiérement la mémoire du Conquerant de l'Asie. Les premiers vers du Madrigal m'ont échapé, en voicy la fin. C'est au Roy que le Poéte parle:

A ces lasches flatteurs ne te laisse surprendre,
Le passage du Rhin, & tout ce que tu fais
Nous font croire aujourd'huy ce qu'on dit d'Aléxandre.

Cepen-

Marginal note: Quod turgidum grandítatem ipsam superare gestit. *Longin. sect. 2.*

Cependant comme les conqueftes des Efpagnols ont efté en effet plus loin que celles d'Aléxandre & de Céfar, je pardonne au Poéte ce qu'il dit d'abord. Je luy paffe mefme la penfée où le foleil entre : car enfin les Panégyriftes des Rois Catholiques difent que le foleil ne fe couche point pour eux, & que ce Prince des aftres leur paye à chaque moment quelque tribut de fa lumiére, comme s'il eftoit leur vaffal. Mais de dire que pour trouver les limites de leur Monarchie, il faut que la mer & la terre s'étendent au-delà des leurs, c'eft ce qui me paroift exceffif & bien efpagnol. J'aime beaucoup mieux, ajoûta-t-il, la penfée d'un Académicien François, dans le Compliment qu'il fit au Roy de la part de l'Académie au retour de la Campagne de Valenciennes : *La France n'a plus befoin, Sire, que vous étendiez fes limites : fa véritable grandeur eft d'avoir un fi grand Maiftre.*

Apparemment, dît Philanthe, deux vers Latins du mefme Efpagnol fur la Pompe funébre de Charles-Quint ne vous plairont pas : le fens néanmoins en eft magnifique, & on ne peut gueres imaginer rien de plus grand. *Mettez pour tombeau le monde, pour chapelle ardente le ciel, pour torches les étoiles, pour larmes les mers.* Pro tumulo ponas orbem, pro tegmine cælum, Sydera pro facibus, pro lacrymis maria.

C'eft juftement, dît Eudoxe, la penfée de Saint

Gelais dans l'Epitaphe d'une Dame de la Cour de François I.

> O Voyageurs, ce marbre fut choisi,
> Pour publier la grande extorsion
> De mort qui prit Helene de Boissy
> Dont icy gist la moindre portion !
> Car s'elle eust eû à la proportion
> De ses valeurs, un juste monument ;
> Toute la terre elle eut entiérement
> Pour son cercueil ; & la grand' mer patente
> Ne fut que pleurs ; & le clair firmament
> Luy eust servi d'une chapelle ardente.

Elle se nommoit Madame de Traves, dît Philanthe, & Marot fit aussi son Epitaphe.

> Ne sçay où gist Helene en qui beauté gisoit.
> Mais icy gist Helene où bonté reluisoit,
> Et qui la grand' beauté de l'autre eust bien ternie
> Par les graces & dons dont elle estoit garnie.

La pensée de Marot, repliqua Eudoxe, est plus naturelle & plus juste que celle de Saint Gelais où l'enfluré regne dans toute son étenduë, pour ne point parler de l'Espagnol qui a volé le François, selon toutes les apparences ; mais qui ne luy a pas dérobé grand'chose.

Si vous condamnez la pensée de Saint Gelais, dît Philanthe, vous avez bien la mine de n'ap-

TROISIEME DIALOGUE.

prouver pas celle de je ne sçay quel Poëte Latin moderne, sur ce que Pompée fut privé des honneurs de la sépulture.

La terre que vous avez vaincuë, estoit un tombeau indigne de vous; vostre corps ne devoit estre couvert que du ciel. Ce Poëte a fort imité Lucain & son Traducteur, repartit Eudoxe. Que ne disent-ils point l'un & l'autre là-dessus? *Le ciel couvre celuy dont les cendres n'ont point d'urne : toute la terre, tout l'Empire Romain tient lieu de tombeau à Pompée.*

La traduction n'affoiblit pas la pensée; & Brébeuf rencherit, ce semble, sur Lucain, en disant que Pompée

Ou n'a point de sepulcre, ou gist dans l'univers :
Tout ce qu'a mis son bras sous le pouvoir de Rome,
Est à peine un cercueil digne d'un si grand homme.

Indignum, tellus fuerat tibi victa, sepulcrum : Non decuit cælo te nisi, Magne, tegi. Cælo tegitur qui non habet urnam. *Lucan. lib. 7.*

Situs est qua terra extrema refuso Pendet in oceano: Romanum nomen & omne Imperium, Magno est tumuli modus. *Idem, lib. 8.*

Ces pensées ont un éclat qui frappe d'abord, & semblent mesme convainquantes à la premiére veüë; car c'est quelque chose de plus noble en apparence d'estre couvert du ciel que d'un marbre, & d'avoir le monde entier pour tombeau, qu'un petit espace de terre : mais ce n'est au fonds qu'une noblesse chimérique. Car enfin le véritable honneur de la sépulture vient de l'amour & de l'estime de nos parens ou de nos amis, qui nous dressent un monument, dont le seul usage est de couvrir des cadavres, & de renfermer des cendres, pour les garantir des injures de l'air, & de la cruauté des animaux ; ce que ne fait pas le ciel, qui est destiné à tout autre ministére, & qui couvre également les corps des hommes & des bestes sans les préserver de rien.

Ajoûtons, continua Eudoxe, à l'Auteur & au Traducteur de la Pharsale, un Historien qui a traité le mesme sujet. *Telle fut la fin de Pompée : aprés trois Consulats & autant de Triomphes, ou plûtost aprés avoir dompté l'univers, la Fortune s'accordant si peu avec elle-mesme à l'égard de ce grand homme, que la terre qui venoit de luy manquer pour ses victoires, luy manqua pour sa sépulture.* Mais avoüons en mesme temps que tout cela a plus de faste que de grandeur, & que si ces pensées estoient venuës à Virgile, ou à Tite-Live, ils les auroient rejettées comme des imaginations monstrueuses. Je ne sçay mesme si Tacite s'en seroit accommodé : mais je sçay bien que ce qu'il fait dire à Bojocalus dans ses Annales, & à Galgacus dans la Vie d'Agricola, est plus raisonnable & plus beau. L'un dit, en refusant des terres que les Romains luy offroient : *Nous ne pouvons manquer de terre où nous vivions & où nous mourions.* L'autre, jaloux de la liberté de l'Angleterre, & ennemi

Hic post tres Consulatus & totidem Triumphos, domitumque terrarum orbem, vitæ fuit exitus: in tantum in illo viro à se discordante fortuna, ut cui modò ad victoriam terra defuerat, deesset ad sepulturam.
Vell. Paterc. lib. 2.

Deesse nobis terra in qua vivamus, in qua moriamur non potest.
Ann. lib. 13.

TROISIE'ME DIALOGUE.

déclaré de la puissance Romaine, parle ainsi à ceux de sa nation : *Ces voleurs du monde cherchent les mers les plus reculées, dés que la terre manque à leurs pillages. Si l'ennemi est riche, ils sont avares ; s'il est pauvre, ils sont ambitieux. L'Orient ni l'Occident ne pourroit pas les assouvir : de tous les conquérans, ils sont les seuls qui s'attachent avec une passion égale aux richesses & à la pauvreté. Piller, massacrer, prendre par force, c'est ce qu'ils appellent faussement l'Autorité Souveraine ; & où ils détruisent tout, à les entendre parler, ils donnent la paix.*

Vous m'avoüerez, poursuivit Eudoxe, que ces pensées-là valent un peu mieux que celles de la Pompe funébre de Charles-Quint. Que direz-vous donc, repliqua Philanthe, d'un Sonnet Italien qui fut fait à la mort de Philippe IV. Roy d'Espagne, & qui commence par crier à l'aide, comme si le monde ne pouvoit plus se soûtenir, & que le ciel fust sur le point de tomber?

Aitá oh cieli ! or che vacilla il mondo
Tremate o mondi! or che cadente è il cielo.

Je diray, repartit Eudoxe, que l'imagination ne peut pas s'élever plus haut, & que Pégase a emporté le Poéte dans les espaces imaginaires. La fin, dît Philanthe, réctifie en quelque façon le commencement.

Raptores orbis, postquam cuncta vastantibus defuere terræ, & mare scrutantur. Si locuples hostis est, avari : si pauper, ambitiosi : quos non oriens, non occidens satiaverit; soli omnium opes atque inopiam pari affectu concupiscunt. Auferre, trucidare, rapere, falsis nominibus Imperium : atque ubi solitudinem faciunt, pacem appellant.
In vita Agric.

Restò l'Alcide à sostener il mondo
Passi l'Atlante à dominar il cielo.

Philippe IV. est l'Atlas qui va regner dans le ciel, & Charles II. qui luy succede, est l'Hercule qui demeure sur la terre pour porter le faix du monde. Dites, repliqua Eudoxe, que la fin répond au commencement ; & souvenez-vous que c'est un défaut, non seulement d'estre grand dans les petites choses ; mais d'estre trop grand dans les grandes. Nous l'avons dit, & on ne sçauroit trop le répeter : la véritable grandeur doit avoir de justes mesures ; tout ce qui excede est hors des régles de la perfection, & il n'est jamais permis de s'enfler, pas mesme quand les sujets que l'on traite sont élevez & pompeux. Tant il est aisé de tomber du grand dans la bagatelle, ainsi que remarque Longin, qui nomme ces sortes de pensées, vaines & fastueuses, les réveries de Jupiter.

Martial n'est pas du sentiment de Longin, dit Philanthe. Il s'enfle d'ordinaire dans les grands sujets, & pour moy je vous avoüe que son enflure n'a rien qui me choque. Vous admirez sans doute sa pensée sur la maison de Domitien, reprît Eudoxe : *Ce Palais est aussi grand que le ciel, mais plus petit que le Maistre qui l'habite.* Eh pourquoy non, repartit Philanthe ?

Res omnes accommodatè efferendæ sunt, parvæ quidem exiliter, magnæ autem magnificè.
Demetrius Phaler. de Elocut.

In nugas quandoque facillimè, quæ grandia sunt, evadunt. Quid enim hæc aliud dixerimus, quàm Jovis insomnia ?
Sect 7.

Par domus est cælo, sed minor est Domino. *Lib. 8.*

TROISIE'ME DIALOGUE.

Peut-on donner une plus haute idée d'un Palais superbe, & d'un auguste Monarque? Il seroit bon, repliqua Eudoxe, d'en donner une idée convenable, & de n'outrer rien. Vous admirez encore, si je ne me trompe, poursuivit-il, ce que dit le mesme Poëte à Domitien & à Jupiter dans une mesme Epigramme: *Différez, je vous prie, César, le plus que vous pourrez d'aller prendre place à la table de Jupiter; ou venez icy vous-mesme Jupiter, si vous estes pressé d'avoir un tel convive que César.* Mais n'est-ce pas traitter un peu cavaliérement le Maistre des Dieux, que de luy parler de la sorte, ajoûta Eudoxe? N'est-ce pas élever trop Domitien que de faire descendre ainsi Jupiter?

<small>Esse velis oro serus conviva Tonantis; Aut tu si properas Jupiter ipse veni. *Lib.* 8.</small>

C'est une flatterie, dît Philanthe. Je l'avoüe, repartit Eudoxe; mais c'est une flatterie qui blesse la Religion & le bon sens tout ensemble. Martial ne devoit pas flatter son Prince aux dépens de celuy que les Payens reconnoissoient pour le Pere de la race humaine, pour le Souverain des Rois de la terre, qui avoit foudroyé les Geants, & qui faisoit tout trembler d'un clin d'œil: en un mot, il ne devoit pas se moquer de Jupiter; comme il fait encore ailleurs, quand il dit que Jupiter n'a pas dans toutes ses finances de quoy payer l'Empereur.

<small>Nam tibi quod solvat non habet arca Jovis. *Lib.* 9.</small>

Horace, qui avoit le sens droit, garde toûjours

les bienséances que la raison & la Religion demandent. Pour flatter Auguste, il se contente de dire, en parlant à Jupiter : *Les destins vous ont chargé du soin de César*, & il fait seulement ce souhait : *Que César tienne la première place aprés vous dans le gouvernement de l'univers.* Ces pensées ménagent la Divinité de Jupiter en relevant la grandeur d'Auguste, & ce sont-là les tempéramens qu'un esprit juste sçait prendre dans le genre sublime. Martial ne connoist guéres ces tempéramens ; & quand il se jette dans la flatterie, il met Domitien audessus, ou du moins à costé de Jupiter ; fort éloigné en cela d'Horace, qui ne donne à Jupiter ni de supérieur, ni d'égal.

Que dis-je, continua Eudoxe, Horace est si religieux, & si sensé quand il loüe, qu'il n'égale pas mesme les hommes aux Dieux pris en général, sans une raison tirée de la part des Dieux. Je m'explique : quand il dit que Dioméde est égal aux Dieux en courage, il ajoûte que c'est par le secours d'une Déesse, & ainsi il fait honneur à Pallas de la valeur divine qu'il attribuë à un homme.

Je tombe d'accord, dit Philanthe, que Martial n'y fait pas tant de façon, & qu'il a peu d'égards pour les Dieux, mais ce n'est pas le seul des Auteurs Payens qui en use de la sorte. Lucain,

Tibi cura magni Cæsaris fatis data : tu secundo Cæsare regnes. Horat. Carm. lib. 1. Od. 12.

Unde nil majus generatur ipso, nec viget quicquam simile, aut secundum. Ibid.

Quis Martem tunica tectum adamantina. Dignè scripserit ? aut pulvere Troico Nigrum Merionem, aut ope Palladis Tydidem superis parem ? Horat. Carm. lib. 1. Od. 16.

cain, sans parler des autres, est celuy peut-estre qui garde le moins de mesures. Dans la Pharsale, non seulement Caton le dispute aux Dieux; mais Pompée brave leur puissance en mourant; mais Marius leur pardonne sa disgrace: c'est d'un costé les compter pour rien, & de l'autre les traiter comme des coupables.

<small>Sum tamen, ô superi, felix, nullique potestas
Hoc auferre Deo.
Lucan. l. 8.
Solatia fati Carthago, Mariusque tulit pariterque jacentes
Ignovere Deis. *Lib. 2.*</small>

Les irregularitez de Lucain, dît Eudoxe, n'autorisent pas celles de Martial: ce sont l'un & l'autre de beaux Esprits qui se perdent quelquefois en prenant l'essor, & qui ne ressemblent point à Sapho, cette spirituelle & sçavante fille qui mérita parmi les Grecs le nom de dixiéme Muse. Elle n'eût pas plûtost écrit d'un tres-vaillant homme qu'il estoit pareil au Dieu Mars, quelle en en eût honte, & se corrigea sur le champ: car jugeant bien que la chose estoit impossible, elle mit que ce guerrier estoit le plus brave de tous les hommes.

Sapho me paroist en cela bien scrupuleuse, dît Philanthe. Je le confesse, repartit Eudoxe; & j'avouë qu'Homere n'a pas la conscience si délicate, luy qui tranche net, que Mérion estoit pareil au Dieu Mars: mais c'est sa coustume de donner aux hommes les vertus des Dieux, & aux Dieux les vices des hommes, & je ne croy pas que ce soit-là sont plus bel endroit.

Malherbe a bien encheri sur Homére, dît

Philanthe, en appellant Henri IV.

Plus Mars que Mars de la Trace.

Un Poëte, repliqua Eudoxe, qui a une autre religion qu'Homére, ne regarde Mars que comme un Héros que les fables ont fait le Dieu de la guerre, & peut sans scrupule non seulement luy égaler, mais luy préferer un Monarque victorieux qui estoit un prodige de valeur. *Le plus Mars* de Malherbe ne dit pas davantage que le *moins Hercule*, qu'il employe à l'honneur du mesme Prince sur l'heureux succés du voyage de Sedan.

Si tes labeurs, d'où la France
A tiré sa delivrance,
Sont écrits avecque foy :
Qui sera si ridicule,
Qui ne confesse qu'Hercule
Fust moins Hercule que toy ?

On peut, comme a fait le Tasse, comparer un Prince infidelle assis dans son trosne au milieu de son armée, & revestu d'une majesté terrible, tel qu'estoit le Soudan d'Egypte ; on peut, dis-je, le comparer avec la figure de Jupiter qui lance la foudre :

Appelle forse ò Fidia in tal sembiante
Giove formò, mà gioue all'hor tonante.

TROISIE'ME DIALOGUE.

La comparaison est noble, & n'est pas outrée: car ce n'est qu'avec la statuë & la représentation de Jupiter foudroyant que l'on compare le Soudan d'Egypte. Il n'y auroit pas non plus grand mal, en parlant poétiquement d'un Prince Chrestien redoutable par sa puissance & par sa valeur, tel qu'est nostre grand Monarque, de le comparer à Jupiter mesme & à tous les Dieux, comme on l'a fait dans les derniers vers d'un Rondeau fort spirituel:

Lors qu'à la main il a le cimeterre,
C'est Jupiter qui lance le tonnerre.
Pauvre Hollande, appaisez son courroux:
Il vaut mieux voir tous les Dieux contre vous
    Que le Roy seul.

Mais ces éxemples, continua Eudoxe, ne justifient pas les Payens qui opposent l'Empereur à Jupiter, & qui égalent les hommes au maistre des Dieux. Si on s'est moqué de celuy qui appella Xerxés le Jupiter des Perses, que doit-on dire de ceux qui dégradent Jupiter, en luy donnant un inférieur, ou un égal? *Longin. sect. 2.*

C'est la flatterie, dît Philanthe, qui a introduit ces pensées. Oûï, reprît Eudoxe: à mesure que la liberté diminua parmi les Romains, & que les Césars devinrent plus maistres, la générosité & le bon sens s'altérérent; la flatterie devint plus lasche & moins raisonnable. Sous le regne d'Auguste, où la liberté n'estoit pas encore opprimée, on se contenta de partager l'Empire du monde entre Jupiter & César: mais sous le regne de Domitien, où l'esprit de servitude avoit étouffé ce qui restoit des sentimens de la République, on mit César audessus de Jupiter.

Divisum imperium cum Jove Cæsar habet.

Que si dans le Paganisme, pour revenir à ce que je vous disois tout à l'heure d'Horace & de Sapho, ceux qui pensoient juste, n'osoient égaler absolument les hommes aux Dieux, jusques-là que Pline le Jeune se reprend luy-mesme d'avoir dit qu'un Pilote qui entre dans le Port malgré la tempeste, approche des Dieux de la mer: sera-t-il permis dans nostre Religion, pour flatter un grand Ministre d'Etat, de luy oster toutes les foiblesses humaines, & d'en faire presque un Dieu ? C'est pourtant ce que fit autrefois un assez célébre Ecrivain, en dédiant un livre au Cardinal de Richelieu, & en luy disant,

Lib. 9. Ep. 26.

„ qu'il avoit osté aux passions le trouble qu'elles
„ avoient tiré du péché; qu'il les avoit élevées à
„ la condition des vertus; qu'il les avoit réduites
„ à la nécessité de prendre la loy de la raison, &
„ de ne se plus élever que par son commande-
„ ment; qu'il n'estoit touché que des mauvais
„ événemens qui pourroient toucher les Anges,
„ s'ils estoient mortels; qu'on devoit remercier le

Ciel de l'avoir fait homme, & non pas Ange, «
puis qu'il devoit employer si noblement les «
foiblesses de nostre nature; qu'en traitant avec «
l'Ange de l'Etat, il apprenoit de luy à con- «
noistre les intentions des hommes & les mou- «
vemens de leurs cœurs; enfin qu'il imitoit dans «
le gouvernement de la France la conduite de «
Dieu dans le monde. «

A la vérité, quand le Cardinal fut mort, l'Auteur supprima toutes ces loüanges dans une seconde édition, & dédia mesme son livre à Jesus-Christ, comme pour desavoüer publiquement des pensées flatteuses qui avoient quelque chose d'excessif, & mesme de peu religieux. La flatterie, dît Philanthe, n'a jamais peut-estre élevé personne plus haut; & je me souviens d'avoir leû une autre Epitre dédicatoire où on disoit à ce grand Ministre : *Qui a jamais veû vostre visage sans estre saisi de ces douces craintes qui faisoient frémir les Prophétes lors que Dieu leur communiquoit quelque visible rayon de sa gloire? Mais comme celuy qu'ils n'osoient approcher dans les buissons ardens & dans le bruit des tonnerres venoit quelquefois à eux sous la fraischeur d'un zéphire; aussi la douceur de vostre auguste visage dissipe en mesme temps, & change en rosée ces petites vapeurs qui en couvrent la majesté.*

C'est en sa faveur, repliqua Eudoxe, que Balzac a épuisé toutes les hyperboles de sa Rhétorique. Je vous renvoye là-dessus à Phyllarque, & je me contente de vous dire en général, que le sublime outré est comme naturel à Narcisse. Mais sçavez-vous bien, repartit Philanthe un peu en colére, que vostre Voiture est quelquefois ampoullé luy-mesme, & que sa premiére Lettre a beaucoup de ce sublime qui ne vous plaist pas? Elle est écrite à Balzac. Philanthe prit le livre, & leût ce qui suit.

„ De tant de belles choses que vous avez dittes
„ à mon avantage, tout ce que j'en puis croire
„ pour me flatter, c'est que la fortune m'ait don-
„ né quelque part en vos songes; encore je ne
„ sçay si les réveries d'une ame si relevée que la
„ vostre ne sont pas trop sérieuses & trop raison-
„ nables pour descendre jusqu'à moy; & je m'esti-
„ meray trop favorablement traité de vous, si vous
„ avez seulement songé que vous m'aimiez. Car
„ de m'imaginer que vous m'ayez gardé quelque
„ place parmi ces grandes pensées qui sont occu-
„ pées à cette heure à faire les partages de la gloi-
„ re, & à donner récompense à toutes les vertus
„ du monde, j'ay trop bonne opinion de vostre
„ esprit pour m'en persuader cette bassesse, & je
„ ne voudrois pas que vos ennemis eussent cela à
„ vous reprocher.

„ Je n'ay rien veû de vous depuis vostre dé-

TROISIEME DIALOGUE. 263

part qui ne m'ait semblé au dessus de ce que vous «
avez jamais fait, & par ces derniers ouvrages «
vous avez gagné l'honneur d'avoir surmonté «
celuy qui a passé tous les autres. «

Tous ceux qui sont jaloux de l'honneur de «
ce Royaume ne s'informent pas plus de ce que «
fait Monsieur le Maréchal de Créquy que de «
ce que vous faites, & nous avons plus de deux «
Généraux d'armée qui ne font pas tant de bruit «
avec trente mille hommes que vous en faites «
dans vostre solitude. «

Si nous avions en usage cette loy qui permet- «
toit de bannir les plus puissans en autorité ou «
en réputation, je croy que l'envie publique se «
déchargeroit sur vostre teste, & que M. le Car- «
dinal de Richelieu ne courroit pas tant de for- »
tune que vous. «

Tout cela n'est-il pas extréme, poursuivit Philanthe? & si vous estimez de telles pensées, devez-vous mépriser celles de Balzac? Il y a long-temps, reprît Eudoxe, que j'ay fait réflexion sur cette Lettre de Voiture, & que j'y ay apperceû un caractére particulier qui ne se trouve point dans les autres. Je demeure d'accord avec vous que l'enflure y regne par tout: mais souffrez que je vous dise franchement ce que je pense là-dessus. Voiture affecta ce stile, si je ne me trompe, ou pour faire sa cour à Balzac, en l'imitant, ou pour se moquer de luy, en le contrefaisant ; & ce qui me fait pancher davantage du costé de la moquerie, c'est que l'esprit de la Lettre est railleur, que Balzac estoit devenu jaloux de Voiture, & qu'ils n'estoient pas dans le fonds trop bien ensemble.

Quoy qu'il en soit, Voiture ne pense point comme Balzac lors qu'il parle selon son génie ; & dans les endroits mesme où il s'éleve le plus, on ne le perd point de veüë. Quoy, vous n'appellez pas du sublime outré, pour me servir de vos termes, ce qu'il dît au Duc d'Anguien sur
» la prise de Dunkerque ? L'éloquence, qui des
» plus petites choses en sçait faire de grandes, ne
» peut avec tous ses enchantemens égaler la hau-
» teur de celles que vous faites ; & ce que dans
» les autres elle appelle hyperbole, n'est qu'une
» façon de parler bien froide pour exprimer ce
» que l'on pense de vous.

<small>Tum hyperbole virtus, cùm res ipsa de qua loquendum est, naturalem modum excessit. Conceditur enim amplius dicere, quia dici quantum est non potest, meliusque ultra quàm citra stat oratio. Quintil. lib. 8, c. 6.</small>

C'est en des occasions comme celle-là, repartit Eudoxe, où, selon Quintilien, l'hyperbole la plus hardie est une perfection du discours, bien-loin d'en estre un défaut ; je veux dire, quand la chose dont il s'agit passe en quelque sorte les limites de la vertu naturelle, telle qu'estoit la victoire d'un jeune Prince qui venoit de prendre Dunkerque contre toutes les apparences humaines, & qui faisoit tous les jours

TROISIE'ME DIALOGUE.

jours des actions de valeur presque incroyables : car alors il est permis de dire plus qu'il ne faut, parce qu'on ne peut dire autant qu'il faut ; & il vaut mieux aller un peu au-delà des bornes de la vérité, que de demeurer en deçà. Aussi Isocrate ayant à décrire l'expedition que fit Xercés contre les Grecs, quand il passa dans la Grece avec une armée sur terre composée d'un million d'hommes, & une autre sur mer de douze cens galeres, dit fort à propos : *Quel Orateur voudroit en parler avec excés, qui n'en dist moins que ce qui en a esté ?*

Si Balzac n'usoit d'hyperboles qu'en ces sortes de rencontres, poursuivit Eudoxe, je n'aurois rien à dire sur toutes ses éxagérations, & son sublime vaudroit peut-estre celuy de Voiture. Mais en vérité l'un est bien different de l'autre, & pour peu qu'on y prenne garde Balzac prend le haut ton jusques dans les petites choses ; au lieu que Voiture ne s'éleve que dans les grandes, & ne s'y éleve jamais trop, parce qu'il le fait toûjours selon les regles de l'art, ou plûtost selon celles du bon sens. Vous avez beau dire, repliqua Philanthe, Voiture tient un peu du caractére de Lysias, qui, au jugement de Denys d'Halicarnasse, tout naturel & tout simple qu'il estoit, s'enfloit quelquefois : semblable à ces riviéres, qui ayant un cours

Simplex esse mavult quàm cum aliquo periculo sublimis, nec tam artificium ostendit quàm naturalem veritatem.
De Orator. Antiq.

reglé, & des eaux fort pures, ne laissent pas de se déborder en de certains temps.

Æquo fublimior & magnificentior in panegyricis. Judic. de Isocrat.

Mais Voiture, reprît Eudoxe, n'a rien de ces esprits hyperboliques dont les pensées deviennent froides par l'excés de l'hyperbole, tel qu'estoit celuy qui en parlant de la roche que le Cyclope lança contre le navire d'Ulysse, disoit que les chévres y paissoient.

Ex superlatione sententiæ, & ex eo quod fieri nequit, frigiditas nata est Demetr. Phaler. de Elocut.

Malherbe du moins, repliqua Philanthe, qui vous semble & si sensé & si juste, ne l'est pas toûjours. Il est empoullé en de certaines rencontres ; ou pour m'exprimer plus figurément, ce fleuve égal & paisible dans sa course, devient tout-à-coup un torrent impétueux qui fait du fracas, & qui tombe dans des précipices. Ne compare-t-il pas les pleurs de la Reine mere, aprés la mort d'Henri le Grand, au débordement de la Seine ?

> *L'image de ses pleurs, dont la source feconde*
> *Jamais depuis ta mort ses vaisseaux n'a taris,*
> *C'est la Seine en fureur qui déborde son onde*
>   *Sur les quais de Paris.*

Mais ce qu'il dit de la pénitence de Saint Pierre est encore plus violent :

> *C'est alors que ses cris en tonnerres s'éclatent :*
> *Ses soupirs se font vents qui les chesnes combattent;*

Et ses pleurs qui tantost descendoient mollement,
Ressemblent un torrent qui des hautes montagnes
Ravageant & noyant les voisines campagnes,
Veut que tout l'univers ne soit qu'un élement.

Ce n'est pas par ces endroits-là, repartit Eudoxe, que j'estime, & que j'admire Malherbe: il y sort visiblement de son carectére, & je ne l'y reconnois pas. Cependant, répondit Philanthe, on peut pousser le sublime plus loin en vers qu'en prose, & un poëme admet des pensées hardies qui ne conviendroient pas à une piéce d'éloquence. Il est vray, repliqua Eudoxe; mais cette hardiesse poétique doit avoir ses bornes, & le merveilleux mesme de l'Epopée devient ridicule dés qu'il n'est pas vraysemblable.

Je ne croy pas, dît Philanthe, que les petits ouvrages de poésie soyent assujétis aux regles rigoureuses des poëmes Epiques. Dés que ces petits ouvrages, repartit Eudoxe, sont graves & sérieux, ils doivent estre aussi éxacts que les grands poëmes pour ce qui regarde les pensées. L'hyperbole & l'éxagération qui ne sont pas dans les régles, en doivent estre bannies; & pour moy je n'estime guéres plus l'Epigramme d'un de nos Poétes sur les nouveaux bastimens du Louvre, que celle de Martial sur la maison de Domitien:

Quand je vois ce Palais que tout le monde admire :
Loin de l'admirer, je soupire
De le voir ainsi limité.
Quoy, prescrire à mon Prince un lieu qui le resserre!
Une si grande Majesté
A trop peu de toute la terre.

Néanmoins, interrompit Philanthe, la pluspart des Inscriptions que les beaux Esprits ont faites pour le Louvre, sont à-peu-prés de ce caractére. L'une dit : *Jupiter ne s'est jamais veû à Rome un tel Palais; & Rome n'a jamais adoré un tel Jupiter.* L'autre : *Que nos Neveux étonnez de la magnificence de cét Edifice, cessent d'admirer : c'estoit le Palais du Soleil.* Il y en a de moins fastueuses & de moins brillantes, dît Eudoxe, qui ne laissent pas d'avoir beaucoup de noblesse. En voicy une qui sent tout-à-fait l'antiquité, & qui semble estre du siécle d'Auguste : *Ouvrez vos portes aux peuples, Louvre superbe; il n'est point de maison plus digne de l'Empire du monde.* J'en sçay encore une autre qui me paroist belle : *Cent villes prises font voir ce que* LOUïs *peut dans la guerre; une seule maison montre ce qu'il peut dans la paix.*

Tout cela me fait souvenir du Cavalier Bernin, dît Philanthe : il fut appellé en France pour le dessein du Louvre, & il fit le Buste du

---

Nec tales Romæ vidit sibi Jupiter ædes : Nec talem coluit Roma superba Jovem.

Attoniti tantæ molis novitate Nepotes, Mirari cessent : Regia Solis erat.

Pande fores populis sub limis Lupara : non est Terrarum imperio dignior ulla domus.

Quid valeat bello Lodoïx centum oppida monstrant. Monstrat quid valeat pace vel una domus.

TROISIÉME DIALOGUE. 269

Roy en marbre. Ce buste luy attira l'applaudissement de toute la Cour, & donna lieu à un Poëte d'Italie de faire des vers sur le pié-d'estal qui n'estoit pas encore fait.

Entrò Bernino in un pensier profondo,
Per far al Reggio busto un bel sostegno:
E disse, non trovandone alcun degno;
Piccola basa à un tal Monarca é il mondo.

A quoy le Bernin répondit luy-mesme:

Mai mi souvenne quel pensier profondo,
Per far di Ré si grande appoggio degno:
Van sarrebe il pensier, che di sostegno
Non è mestier, à chi sostienne il mondo.

Nous voilà retombez dans le sublime vicieux, repartit Eudoxe: car qu'y a-t-il de moins grand & de moins solide que de dire qu'un monde entier est une trop petite base pour un tel Monarque; ou que celuy qui soûtient le monde, n'a pas besoin de soûtien?

Ce n'est pas tout, reprît Philanthe au sujet de la Statuë équestre du Roy que le Cavalier Bernin fit à Rome, & qui est aujourd'huy à Versailles: on a fait un Dialogue entre le Capitole & le Bernin. Le premier se plaint de ce qu'ayant toûjours esté le lieu des Triomphes, on destine ailleurs ce nouveau Triomphateur. Le Bernin répond, qu'où eſt LOUÏS le Grand, là eſt le Capitole.

E vero che il tuo luogo è quello di Trionfanti :
Ma dove è il gran LUIGI, è il Campidoglio.

Vous m'avoüërez qu'il y a là une véritable grandeur auſſi-bien qu'à ce qu'on a dit autrefois, qu'où eſtoit le grand Camille, là eſtoit Rome; & à ce que dit un de nos Poëtes, en faiſant parler un Romain :

Rome n'eſt plus dans Rome; elle eſt toute où je ſuis.

Je vous avoüë franchement que je ne m'accommode pas de ce idées ſi pompeuſes; & ſix vers François qu'un des plus illuſtres Prélats du Royaume a mis ſous le buſte du Roy dans ſon Palais Epiſcopal me plaiſent bien davantage :

Ce Heros, la terreur, l'amour de l'univers
Avoit des ennemis en cent climats divers :
Leurs efforts n'ont ſervi qu'à le combler de gloire;
Son nom les fit trembler, ſon bras les a défaits;
Enfin las d'entaſſer victoire ſur victoire,
Maiſtre de leurs deſtins, il leur donne la paix.

Je ſçay aprés tout bon gré aux beaux eſprits étrangers de dire des choſes un peu exceſſives, en parlant de noſtre incomparable Monarque, c'eſt ſigne qu'ils en ont une haute idée; & je pardonne à un Poéte Italien moderne qui a fait le Panégyrique de Louïs le Grand, d'avoir dit que les Provinces entiéres, & les Citadelles imprenables n'ont cousté au Roy qu'une réflexion de son esprit, & un éclair de ses armes.

Bellicose Provincie, e Rocche horrende
Già de più prodi inciampo,
Un raggio sol costaro
De la mente regal, de l'armi un lampo.

Qu'à peine il pense a tant de diverses & de hautes entreprises, que la victoire vient aussi viste que va sa pensée:

A varie ed alte imprese appena intende,
Che allor veloce al paro
D'ell' Eroico pensier, vien la vittoria.

Que ses pensées font le sort des nations, & que les destins dépendent de luy.

Son destin delle genti i suoi pensieri
Da lui pendono i fati.

Qu'avec le seul bruit de son nom, il sçait foudroyer, & que ses résolutions font plus d'effet à la guerre que les armées des autres Princes.

Egli sà fulminar solo col tuono;
Più vince il suo voler che l'altrui guerra.

Qu'à la honte de la Grece qui a tenté inutilement de percer l'Iſtme de Corinthe, Louïs a joint les deux mers, comme ſi c'eſtoit un effet de ſon pouvoir & de ſa ſageſſe de rendre la ſymmetrie du monde plus parfaite, & que Dieu qui voyoit de quelle utilité ſeroit la jonction des mers, ne l'euſt pas voulu faire luy-meſme, pour en réſerver toute la gloire à un ſi grand Prince.

Ecco in ſeno alla Francia or ſon coſtretti
Con l'onde pellegrine
Abbocarſi il Tireno, e l'oceano.
La Grecia vantatrice il picciol tratto
Tentò cavar del ſuo Corinto in vano;
Omai LUIGI *ha tratto*
Mare à mar più lontano
Quaſi ſua forza, e ſuo ſaper profondo
Sia migliorar la ſimmetria del mondo.
A te LUIGI *hà 'l Creator ſerbato.*

Je pardonne, dis-je, toutes ces penſées à un homme de delà les monts, mais je ne ſçay ſi je les pardonnerois à un François, car noſtre eſprit eſt d'une autre trempe que celuy des Italiens, & nous n'aimons aujourd'huy que la véritable grandeur. Cependant, repliqua Philanthe, nos meilleurs Poëtes ont ſur le Roy meſme des penſées qui me ſemblent aſſez Italiennes, comme celle-cy qui a rapport au paſſage du Rhin.

De

TROISIE'ME DIALOGUE.

De tant de coups affreux la tempeste orageuse
Tient un temps sur les eaux la fortune douteuse :
Mais LOUÏS *d'un regard sçait bientost la fixer;*
Le destin à ses yeux n'oseroit balancer.

Ces deux derniers vers sont pour le moins aussi hardis que ceux du Panégyrique Italien. Ils ne sont point fanfarons, repartit Eudoxe; ils ne sont que forts, & ils ont une vraye noblesse qui les autorise. Le Poëte ne dit pas que les destins en général dépendent du Roy : il ne parle que du destin de la guerre. Comme le système de sa pensée est tout Poétique, il a droit de mettre la fortune en jeu; & comme la présence d'un Prince aussi magnanime que le nostre rend les soldats invincibles, il a pu dire poétiquement :

Mais LOUÏS *d'un* ~~grand~~ *regard sçait bientost la fixer,*
Le destin à ses yeux n'oseroit balancer.

C'est comme s'il disoit : Dés que LOUÏS paroist, on est asseûré de la victoire. Y a-t-il là quelque chose d'outré, & toute l'Europe n'a-t-elle pas esté témoin d'une vérité si surprenante?

Mais, repliqua Philanthe, ne trouvez-vous rien d'outré dans un autre endroit où le Poëte, aprés avoir dit par une espece d'enthousiasme;

O que le Ciel soigneux de nostre poésie,
Grand Roy, ne nous fist-il plus voisins de l'Asie ?
Bientost victorieux de cent peuples altiers,
Tu nous aurois fourni des rimes à milliers,

Ajoute sur le mesme ton :

Quel plaisir de te suivre aux rives de Scamandre,
D'y trouver d'Ilion la poétique cendre ;
De juger si les Grecs qui briserent ses tours
Firent plus en dix ans que LOUÏS *en dix jours ?*

Ce dernier vers me paroist bien fort pour ne rien dire de pis. La pensée est forte, repartit Eudoxe, mais elle est raisonnable ; car cela ne se dit pas affirmativement, comme en deux autres vers presque semblables d'un autre Poéte :

Et ton bras en dix jours a plus fait à nos yeux
Que la Fable en dix ans n'a fait faire à ses Dieux.

Aprés tout, repliqua Philanthe, la pensée n'est peut-estre pas si forte que vous vous imaginez. Car enfin ces Dieux qui sont blessez & défaits dans l'Iliade ne valent gueres plus que des Heros. Vous dites vray, reprît Eudoxe, & je trouve que Longin a raison de dire qu'Homére s'est efforcé autant qu'il a pû de faire des Dieux de ces hommes qui furent au siége de Troye ; & qu'au contraire des Dieux mesmes il

TROISIE'ME DIALOGUE.

en fait des hommes, jusqu'à leur donner des passions foibles & basses dont les grands hommes sont éxempts: témoin le combat où Pluton tremble, & se croit perdu, & dont voicy un endroit que le traducteur de Longin a rendu admirablement:

L'enfer s'émeût au bruit de Neptune en furie,
Pluton sort de son trosne, il paslit, il s'écrie:
Il a peur que ce Dieu dans cét affreux séjour,
D'un coup de son trident ne fasse entrer le jour,
Et par le centre ouvert de la terre ébranlée,
Ne fasse voir du Stix la rive desolée,
Ne découvre aux vivans cét empire odieux
Abhorré des mortels, & craint mesme des Dieux.

Un Ecrivain Portugais, en parlant d'une forteresse du Japon, repliqua Philanthe, dit que le fossé en est si profond, qu'il semble qu'on peut par là aller faire la guerre aux Démons jusques dans l'enfer. *Que parece se abria para ir fazer guerra a os Demonios no inferno.* C'est parler hardîment pour un Historien, repartit Eudoxe, & c'est tout ce qu'on pourroit souffrir à un Poéte tel que celuy qui dit qu'à force de creuser bien avant dans la terre pour en tirer le marbre & le jaspe, on fait espérer aux ombres des enfers de voir la clarté du ciel.

<small>Jam montibus haustis Antra gemunt, & dum varios lapis invenit usus Inferni mares cælum sperare jubentur. *Petr.*</small>

Lucain, qui est plus Historien que Poéte, dit

Philanthe, a une pensée sur les malheurs de la guerre de Pharsale qui me semble bien généreuse, mais qui vous paroistra sans doute trop hardie : la voicy. *Si les destins n'ont point trouvé d'autre expédient pour mettre un jour Neron sur le trosne ; si le ciel couste cher aux Dieux, & que Jupiter n'ait esté paisible possesseur de son Empire qu'aprés la guerre des Géans : Puissances celestes nous ne nous plaignons plus de rien, les crimes les plus énormes plaisent à ce prix.* La pensée de Pline le Jeune sur un sujet tout pareil ne me choque pas tant, répondit Eudoxe. Vous sçavez que les soldats qui tuérent les meurtriers de Domitien assiégérent Nerva dans son Palais. Le Panégyriste de Trajan dit là-dessus : *A la vérité, ce fut-là une grande honte pour le siécle ; & la République receût en cette rencontre une grande playe. Le Maistre & le Pere du monde est assiégé, pris, enfermé ; & on oste au Prince ce qu'il y a de plus doux dans l'Empire, la liberté de tout faire sans nulle contrainte. Si cependant il n'y avoit que cette seule voye pour vous faire regner, il ne s'en faut rien que je ne dise hautement, qu'il falloit acheter à ce prix un si grand bonheur.*

La pensée du moins ne blesse point les bonnes mœurs comme celle de Lucain, & ce qu'elle a d'un peu outré est adouci par *il ne s'en faut rien que je ne dise.* Mais j'aime encore mieux ce que

---

Jam nihil, ô Superi, querimur : scelera ipsa nefasque, Hac mercede placent.
Lib. 1.

Si tamen hæc sola erat ratio quæ te publicæ salutis gubernaculis admoveret ; propè est ut exclamem, tanti fuisse.
Panegyr. Traj.

TROISIEME DIALOGUE. 277

Corneille fait dire au vieil Horace, aprés que le dernier de ses fils eût tué les trois Curiaces, dont la sœur estoit sa belle-fille, & dont l'un devoit estre son gendre:

Rome triomphe d'Albe, & c'est assez pour nous:
Tous nos maux à ce prix doivent nous estre doux.

La noblesse, le sublime est là sans enflûre, ajoûta Eudoxe, & Longin luy-mesme seroit content de Corneille. Que si selon ce grand Maistre du sublime c'est un defaut dans la Tragédie, qui est naturellement pompeuse & magnifique, que de s'enfler mal-à-propos ; à plus forte raison doit-on éviter l'enflure dans les discours ordinaires : & delà vient qu'un certain Gorgias fut raillé pour avoir appellé les vautours, des sepulcres animez. Je ne vois pas, repliqua Philanthe, qu'il y ait là de quoy railler; & Hermogene qui trouve que l'Auteur de cette pensée est digne des sépulcres dont il parle, mérite à mon gré qu'on le raille un peu luy-mesme.

Effectivement, repartit Eudoxe, la pensée n'est pas si ridicule, & selon le Traducteur de Longin elle ne seroit pas condamnable dans les vers. Valere Maxime parlant d'Artemise qui beut les cendres de Mausole son mari, l'a bien appellée un tombeau vivant ; & un galant homme de ce siécle, encore plus illustre par sa va-

Quid de illo inclyto tumulo loquare, cùm ipsa Mausoli vivum ac spirans sepulcrum fieri concupierit? *Valer. Max. lib. 4. c. 6.*

leur & par sa vertu que par ses ouvrages, pour bastir un Mausolée à la Reine mere Anne d'Autriche, dressa une Piramide de cœurs enflammez avec ces mots Espagnols, *Assi sepultada no es muerta;* & ces vers François:

Passant, ne cherche point dans ce mortel séjour
Anne de l'univers & la gloire & l'amour.
Sous le funeste enclos d'une tombe relante:
Elle est dans tous les cœurs encore aprés sa mort,
Et malgré l'injustice & la rigueur du sort
Dans ces vivans tombeaux cette Reine est vivante.

J'ay peine à croire, poursuivit Eudoxe, que Longin eust condamné *ces vivans tombeaux* dans ce sens-là. Croyez-vous, repartit Philanthe, qu'il eust approuvé un endroit des *Triomphes de Loüis le Juste?*

Ces Rois qui par tant de structures
Qui menacent encor le ciel de leurs mazures,
Oserent allier par un barbare orgueïl,
La pompe avec la mort, le luxe avec le deüil.
Aussi le temps a fait sur ces masses hautaines
D'illustres chastîmens des vanitez humaines.
Ces tombeaux sont tombez, & ces superbes Rois
Sous leur chute sont morts une seconde fois.

Ces pensées sont nobles, & exprimées noblement, repartit Eudoxe, aux *tombeaux tombez*

TROISIEME DIALOGUE. 279

prés, qui me semble un petit jeu ridicule. Juvenal a bien mieux dit que les sépulcres ont leurs destinées, & périssent comme les hommes; & Ausone aprés luy, que la mort n'épargne pas mesme les marbres. Pour la derniére pensée, *sont morts une seconde fois*, elle est apparemment tirée de Boéce, quand il soûtient que la réputation des Romains les plus fameux sera éteinte un jour entiérement, & qu'alors ces grands hommes mourront une seconde fois.

Le mesme Poëte François, reprit Philanthe, dit ailleurs, en parlant des superbes bastimens d'Egypte ruinez où estoient les statuës d'Abel & de Caïn:

Là le frere innocent & le frere assassin
Egalement cassez ont une égale fin:
Le temps qu'aucun respect, qu'aucun devoir ne bride
A fait de tous les deux un second homicide.

J'aime mieux, repartit Eudoxe, la *seconde vie* d'un enfant sauvé du naufrage sur le corps de son pere mort, que le *second homicide* des deux freres. La pensée est tirée d'une Epigramme grecque qui a esté appliquée heureusement à la Conception immaculée de la Sainte Vierge, & traduite en nostre langue le plus poliment du monde. Ecoutez la traduction, c'est l'enfant qui parle:

<small>Quandoquidem data sunt ipsis quoque fata sepulcris. *Satyr. 10.*

Mors etiam saxis marmoribusque venit. *Auson.*

Quod si putatis longiùs vitam trahi
Mortalis aura nominis
Cum sera vobis rapiet hoc etiam dies:
Jam vos secunda mors manet.</small>

Les Dieux touchez de mon naufrage,
Ayant veû perir mon vaisseau,
M'en présenterent un nouveau
Pour me reconduire au rivage.
Il ne paroissoit sur les flots
Ni navire ni matelots;
Il ne me restoit plus d'espoir dans ma misere,
Lors qu'aprés mille vains efforts,
J'aperceûs prés de moy flotter des membres morts.
Helas, c'estoit mon pere!
Je le connus, je l'embrassay,
Et sur luy jusqu'au port heureusement poussé,
Des ondes & des vents j'évitay la furie.
Que ce pere doit m'estre cher,
Qui m'a deux fois donné la vie,
Une fois sur la terre, & l'autre sur la mer!

J'ay leû je ne sçay où, dît Philanthe, que Cornélie mettant dans la terre les cendres de Pompée qui tenoient auprés d'elle la place de son mari mesme, il luy sembla qu'elle le perdoit tout de nouveau, & qu'elle estoit veuve pour la seconde fois. Toutes ces pensées peuvent avoir un trés-bon sens, répondit Eudoxe; du moins ne sont-elles pas guindées comme celles de Lucain, qui va d'ordinaire au-delà du but. J'avoûë qu'en s'élevant, il est aisé de s'élever trop, & qu'on a de la peine à s'arrester
où

où il faut, comme fait Ciceron, qui, au rapport de Quintilien, ne prend jamais un vol trop haut; ou comme fait Virgile, qui est sage jusques dans son enthousiasme, & fort éloigné de ceux dont parle Longin, qui au milieu de la fureur divine dont ils pensent estre quelquefois épris, badinent, & font les enfans. Un de nos Poétes qui a la plus belle imagination du monde, & qui seroit un Poéte accompli s'il pouvoit moderer son feu, s'emporte trop en quelques rencontres. Jugez-en par un seul exemple:

Non supra modum elatus Tullius. Lib. 12. c. 10. Cùm videantur sibi ceu divino correpti & incitati furore, non bacchantur, sed nugantur pueriliter. Sect. 1.

Le chevalier Chrestien, pour aller à la gloire,
A plus d'une carriére, & plus d'une victoire:
En tombant il s'éleve, il triomphe en mourant;
Et prisonnier vainqueur, couronné de sa chaisne,
Il garde à sa vertu la dignité de Reine.

C'est le Poéte, repliqua Philanthe, qui dans un autre endroit de son Poëme fait dire au Soudan d'Egypte:

Ces vains & foibles noms d'amis & de parens
Sont du droit des petits, & non du droit des grands.
Un Roy dans sa Couronne à toute sa famille:
Son Etat est son fils, sa grandeur est sa fille,
Et de ses interests bornant sa parenté,
Tout seul il est sa race & sa postérité.

Cela s'appelle pousser une pensée noble à l'extrémité, reprît Eudoxe, & il n'est pas nécessaire que je vous fasse faire réflexion sur ces deux vers :

Son Etat est son fils, sa grandeur est sa fille,
Tout seul il est sa race & sa postérité.

Non plus que sur celuy-cy :

Il garde à sa vertu la dignité de Reine.

Vous y en faites assez de vous-mesme, & vous estes, je croy, convaincu qu'en matiére de pensées il y a un sublime outré & frivole. Mais je ne le suis pas, repartit Philanthe, que l'agréable puisse estre vicieux dans l'agrément mesme, & qu'en beauté ce soit un défaut que l'excés. Je vas, si je ne me trompe, vous en convaincre, reprît Eudoxe, & je le vas faire par les éxemples qui persuadent mieux que tous les raisonnemens.

Les premiéres pensées qui me viennent là-dessus sont de *la Méthamorphose des yeux de Philis changez en Astres* ; vous connoissez ce petit ouvrage. C'est un chef-d'œuvre d'esprit, dît Philanthe, & j'en suis charmé toutes les fois que je le lis. J'en ay esté charmé comme vous, reprît Eudoxe ; mais j'en suis bien revenu, & je n'y admire plus guéres que l'affectation. Le commencement que je trouvois si joli me paroist fade & ridicule:

Beaux ennemis du jour dont les feuillages sombres
Conservent le repos, le silence, & les ombres.

Que ces *beaux ennemis du jour* ont peu de véritable beauté, & qu'il sied mal de briller d'abord! Mais que ce qui suit pour exprimer la hauteur des chesnes d'une forest ancienne me déplaist avec toutes les graces que l'Auteur y met:

Vieux enfans de la terre, agréables Titans,
Qui jusques dans le ciel, sans crainte du tonnerre,
Allez faire au soleil une innocente guerre.

Outre qu'il est faux que les grands arbres ne craignent point le tonnerre, puis que plus ils ont de hauteur, plus ils y sont exposez: n'est-ce pas vouloir trop plaire que de les nommer des *Titans agréables*, qui font au soleil une innocente guerre?

La description de la fontaine ressemble à celle du bois:

C'est-là par un cahos agréable & nouveau
Que la terre & le ciel se rencontrent dans l'eau;
C'est-là que l'œil souffrant de douces impostures,
Confond tous les objets avecque leurs figures;

C'est-là que sur un arbre il croit voir les poissons
Qu'il trouve des roseaux auprés des hameçons,
Et que le sens charmé d'une trompeuse idole,
Doute si l'oiseau nage, ou si le poisson vole.

Un autre de nos Poétes, repliqua Philanthe, dit, en faisant la description d'un naufrage causé par l'embrasement du navire :

Soldats & matelots roulez confusément
Par un double malheur perissent doublement ;
L'un se brusle dans l'onde, au feu l'autre se noye,
Et tous en mesme temps de deux morts sont la proye.

Ce vers,

L'un se brusle dans l'onde, au feu l'autre se noye,

ressemble assez au vostre,

Doute si l'oiseau nage, ou si le poisson vole.

Ces pensées, repartit Eudoxe, ont pour ainsi dire un premier coup d'œil qui flatte, & qui réjoüit : mais quand on les regarde de prés, on trouve que ce sont des beautez fardées, qui n'éblouïssent qu'à la premiére veûë ; ou des loüis d'or faux, qui ont plus d'éclat que les bons, mais qui valent beaucoup moins.

Vous avez oublié les quatre premiers vers de la description de la fontaine, dît Philanthe ;

ils me paroissent parfaitement beaux, & trés-
naturels.

Au milieu de ce bois un liquide cristal,
En tombant d'un rocher forme un large canal,
Qui comme un beau miroir dans sa glace inconstante,
Fait de tous ses voisins la peinture mouvante.

Si vous appellez cela naturel, repliqua Eudoxe, je ne sçay pas quelle idée vous avez de l'affectation. En verité, repartit Philanthe, vous renversez toutes mes idées. Croyez-moy, reprît Eudoxe, il ne faut jamais s'égayer trop, mesme dans les matiéres fleuries ; & il vaudroit presque mieux qu'une pensée fust un peu sombre, que d'estre si brillante.

<small>Ludere quidem integrum est ; verum omni in re habenda est ratio decori.
Demetr. Phalèr. de Elocut.</small>

Cependant, repartit Philanthe, je vous ay veû autrefois fort épris d'un Sonnet plein de brillans. C'est le Sonnet du Miroir, composé par le Comte d'Etelan, neveu du Maréchal de Bassompierre : vous me l'avez appris, & je l'ay retenu.

Miroir peintre & portrait qui donne & qui reçois,
Et qui porte en tous lieux avec toy mon image,
Qui peux tout exprimer, excepté le langage,
Et pour estre animé n'as besoin que de voix :

Tu peux seul me montrer, quand chez toy je me vois,
Toutes mes passions peintes sur mon visage :

Tu suis d'un pas égal mon humeur & mon âge,
Et dans leurs changemens jamais ne te deçois.

Les mains d'un artisan au labeur obstinées,
D'un pénible travail font en plusieurs années
Un portrait qui ne peut ressembler qu'un instant.

Mais toy, peintre brillant, d'un art inimitable,
Tu fais sans nul effort un ouvrage inconstant
Qui ressemble toûjours, & n'est jamais semblable.

J'estois jeune, repartit Eudoxe, quand je fus charmé de ce Sonnet. Ce n'est pas qu'il n'ait de grandes beautez : par éxemple, *Pour estre animé n'a besoin que de voix ; Tu peux seul me montrer toutes mes passions peintes sur mon visage ; Tu fais sans nul effort un ouvrage qui ressemble toûjours, & n'est jamais semblable* : ces traits sont agréables & naturels ; mais *ce peintre & portrait qui donne & qui reçois ; ce peintre brillant*, péche par trop d'agrément, & ne me plaist plus. Au reste, si nous avions icy égard à la langue, nous ferions blessez de *qui donne, qui porte,* sans s à la seconde personne : il faut *qui donnes, qui portes,* & cette faute de Grammaire ne se pardonneroit pas aujourd'huy ; mais ce n'est pas de quoy il s'agit. A parler en général, le Sonnet seroit excellent, s'il y avoit un peu moins d'affectation ; & ce qui va vous surprendre, les pensées d'un Poéte Italien sur le miroir mesme me paroissent plus naturelles, toutes énigmatiques & toutes mystérieuses qu'elles sont.

So una mia cosa la qual non è viva,
E par che viva; se gli vai dinanti,
E se tu scrivi parerà che scriva;
E se tu canti parerà che canti;
E se ti affacci seco in prospettiva,
Ti dira i tuoi diffetti tutti quanti;
E se sdegnoso gli homeri le volti,
Sparisce anch'ella, e torna se ti volti.

Car enfin, mon image dans le miroir n'a point de vie, & semble en avoir; si j'écris, ou si je chante, on diroit qu'elle écrit, & qu'elle chante; elle me montre tous mes defauts extérieurs; elle disparoist dés que je tourne le dos, & revient aussitost que je me retourne: tout cela est dit joliment & dans le bon sens.

Puis que, *Pour estre animé n'a besoin que de voix, non è viva e par che viva,* ne vous choque pas, interrompit Philanthe, la pensée du Tasse sur le graveûres de la porte du Palais d'Armide pourra bien vous plaire. Il dit que les figures sont si bien faites, qu'elles semblent vivantes; qu'il n'y manque que la parole; & qu'elle n'y manque pas mesme si on s'en rapporte à ses yeux.

Manca il parlar, di vivo altro non chiedi;
Ne manca questo ancor, s'agli occhi credi.

C'est à dire, repartit Eudoxe en riant, qu'il y a tant de mouvement & tant d'action sur les visages des figures, qu'un sourd qui auroit la veuë bonne, croiroit à les voir qu'elles parleroient. Vous badinez, repliqua Philanthe. Pour vous répondre sérieusement, dît Eudoxe, cela est pensé avec beaucoup d'esprit. Mais Virgile ne pense point de la sorte, en décrivant ce qui est gravé sur le bouclier d'Enée. Mais, reprît Philanthe, un de nos Poëtes que je puis appeller nostre Virgile, dit, en faisant la description des superbes bastimens d'Egypte, où estoit representé l'embrasement de Sodome :

Le marbre & le porphyre ont du feu la couleur,
Il paroist mesme à l'œil qu'ils en ont la chaleur.

Mais le Cardinal Pallavicin dit d'un grand Prélat, qu'en sa jeunesse il fut admiré de la Cour de Rome, qui fait gloire de n'admirer pas mesme le merveilleux ; qu'à le voir on le prenoit pour un jeune homme, qu'à l'entendre on le prenoit pour un homme âgé, tant ses discours estoient meûrs & solides dans la fleur mesme de son âge : *La Corte di Roma la quale si gloria de non ammirare eziandio l'ammirabile ; e pure ammirò*

mirò voi giovane se credeva à gli occhi, vecchio se dava fede all'udito.

Ces deux pensées, repliqua Eudoxe, sont à mon gré plus simples que celle du Tasse. Un Italien, repartit Philanthe, a mis sous un Saint Bruno peint au naturel dans le fonds d'une solitude : *Egli è vivo, e parlerebbe se non osservasse la regola del silentio.* Cela n'est-il pas pensé agréablement, *Il est vivant, & il parleroit, si ce n'est qu'il garde la régle du silence ?* La pensée est assez plaisante, répondit Eudoxe, & n'est peut-estre que trop agréable : elle revient à celle de Malherbe sur l'image d'une Sainte Catherine :

L'art aussi-bien que la nature
Eust fait plaindre cette peinture :
Mais il a voulu figurer,
Qu'aux tourmens dont la cause est belle,
La gloire d'une ame fidelle,
Est de souffrir sans murmurer.

Aprés tout, ce sont proprement les Italiens qui abondent en pensées fleuries, & qui prodiguent les agrémens dans ce qu'ils écrivent. Je ne vous parle pas du Cavalier Marin, qui fait des descriptions si riantes, & qui appelle la Rose, l'œil du printemps, la prunelle de l'Amour, la pourpre des prairies, la fleur des autres fleurs :

> *L'occhio di primavera,*
> *La pupilla d'Amor,*
> *La porpora de prati,*
> *Il fior de gli altri fiori.*

Le Roſſignol, une voix emplumée, un ſon volant, une plume harmonieuſe :

> *Una voce pennata,*
> *Un ſuon volante,*
> *Una piuma canora.*

Les Etoiles, les lampes d'or du firmament ; les flambeaux des funérailles du jour ; les miroirs du monde & de la nature ; les fleurs immortelles des campagnes celeſtes :

> *Sacre lampe dorate*
> *Ch' i palchi immenſi*
> *Del firmamento ornate.*

> *De l'eſequie del dì chiare facelle.*

> *Specchi de l'univerſo e di natura.*

> *Fiori immortali e nati*
> *Ne le campagne amene*
> *De ſempiterni prati.*

Je ne parle pas, dis-je, du Marin, qui fait profeſſion de s'égayer, & de s'amuſer par tout. Je

TROISIEME DIALOGUE.

parle du Prince de la Poésie Italienne, & je soustiens que le Tasse est en mille endroits plus agréable qu'il ne faut. Il décrit dans l'*Aminte* une Bergere occupée à se parer avec des fleurs, & voicy ce qu'il en dit : Tantost elle prenoit un lys, « tantost une rose, & les approchoit de ses joües, « pour faire comparaison des couleurs; & puis « comme si elle se fust applaudie de la victoire, « elle sourioit, & son souris sembloit dire aux « fleurs, J'ay l'avantage sur vous; & ce n'est pas « pour ma parure, ce n'est que pour vostre honte « que je vous porte. «

> . . . . *Io pur vinco*
> *Ne porto voi per ornamento mio,*
> *Ma porto voi sol per vergogna vostra.*

Cela n'est-il pas enchanté, dît Philanthe ? Tant pis pour vous, repliqua Eudoxe, si ces pensées-là vous charment : une bergere ne fait point tant de réflexions sur sa parure : les fleurs sont ses ajustemens naturels; elle s'en met quand elle veut estre plus propre qu'à l'ordinaire, mais elle ne songe pas à leur faire honte. Selon vostre goust, ajoûta-t-il, c'est quelque chose de fort beau que ce qu'on a dit d'une belle chanson, que c'est un air qui vole avec des aîles de miel ; de la queuë du paon, que c'est une prairie de plumes ; & de l'arc-en-ciel, que c'est le ris du ciel qui pleure, un arc fans fléches, ou qui n'a que des traits de lumiére, & qui ne frappe que les yeux. Ah que cela est joli, s'écria Philanthe! Prenez garde, reprît Eudoxe, que les métaphores tirées de ce que la nature a de plus doux & de plus riant, ne plaisent guéres que quand elles ne sont point forcées! *L'air qui vole avec des ailes de miel, la prairie de plumes, le ris du ciel qui pleure, l'arc sans fléches, qui n'a que des traits de lumiére, & qui ne frappe que les yeux :* tout cela est trop recherché, & mesme trop beau pour estre bon.

A la vérité, poursuivit Eudoxe, il n'y a rien de plus agréable qu'une métaphore bien suivie, ou une allégorie réguliére : mais aussi il n'y a peut-estre rien qui le soit moins, que des métaphores trop continuées, ou des allégories trop étenduës. Vous avez veû un petit Dialogue qui se fit en quatre vers Latins sur Urbain VIII. quand il fut élevé au Pontificat. Comme il portoit des Abeilles dans ses armes, les Abeilles le représentent allégoriquement, & le Dialogue se fait entre un François, un Espagnol, & un Italien. Le François commence par dire : *Elles donneront du miel aux François, elles piqueront les Espagnols.* L'Espagnol répond : *Si les Abeilles piquent, elles en mourront.* L'Italien dit ensuite, pour accorder le François & l'Espagnol : *Elles donneront*

<small>GALLUS.
Gallis mella dabunt, Hispanis spicula figent.

HISPANUS.
Spicula si figent, emorientur Apes.</small>

TROISIEME DIALOGUE. 293

du miel à tout le monde, elles ne piqueront perſonne, Italus.
car le Roy des Abeilles n'a point d'aiguillon. Mella dabunt
cunctis, nulli
Voilà ce qui s'appelle une allégorie heureuſe : ſua ſpicula fi-
tout y eſt juſte & ſenſé, ſans que rien aille au- gent :
delà des bornes. Il y en a d'autres qui commen- Spicula nam
cent bien, & finiſſent mal, faute d'eſtre aſſez Princeps fi-
ménagées. gere neſcit
Apum.

Le Teſti, qui eſt, comme nous avons déja dit, l'Horace des Italiens, nous en fournit un éxemple dans la Préface du ſecond volume des ſes Poëſies Lyriques. Ces chanſons, dit-il, que je «
puis appeller les filles d'un pere déja vieux, & «
des filles qui ne ſont pas jeunes elles-meſmes, «
me repréſentoient tous les jours leur âge & le «
mien, ennuyées de demeurer plus long-temps «
dans la maiſon paternelle, & impatientes d'en «
ſortir. On en voyoit déja quelques-unes, qui «
plus hardies & plus libres que les autres, fréquen- «
toient les compagnies, & alloient par tout ; ce «
qui retomboit ſur moy, & tournoit un peu à «
ma honte : car nous ne ſommes plus au temps «
que les Herminies & les Angéliques couroient «
le monde toutes ſeules ſans deshonorer leur fa- «
mille, ni ſcandaliſer perſonne. «

Ce commencement eſt agréable : mais voyez ce que c'eſt que de pouſſer les choſes trop loin. J'ay donc pris le parti, ajoûte l'Auteur, de re- «
médier à ce deſordre en les mariant, c'eſt à dire, «

» en les faisant imprimer: *Ho dunque havuto per*
» *bene di rimediare al disordine, e di sposarle in legi-*
» *timo matrimonio a i torchi delle stampe.* Mais sça-
» chant que la pauvreté de mon esprit peut les
» empescher d'estre bien pourveuës, & faisant ré-
» flexion d'ailleurs que c'est le propre des personn-
» nes généreuses d'assister de pauvres Demoisel-
» les qui sont en danger de se perdre, je vous
» prie, dit-il au Lecteur, de leur donner par cha-
» rité vostre protection, qui leur tiendra lieu de
» dot.

Ce mariage, cette pauvreté, cette dot est justement ce qui rend l'allégorie vicieuse: elle ne
le seroit pas, si elle estoit moins étenduë & moins
plaisante. Le Poëte pouvoit appeller ses derniè-
res Poésies, les filles d'un pere avancé en âge,
& dire qu'estant elles-mesmes dans un âge meûr,
elles souffroient impatiemment la retraite, &
estoient bien-aises de voir le monde, que quelques-unes d'elles voyoient déja malgré luy.
Mais il falloit en demeurer là, & ne point parler de mariage: Aussi-bien, ajoûta Eudoxe en
riant, les Muses sont vierges. C'est peut estre,
interrompit brusquement Philanthe, parce qu'elles sont gueuses, & qu'elles n'ont pas de quoy
se marier.

Quoy qu'il en soit, reprît Eudoxe, on péche
souvent contre les régles de la justesse, en éten-

Scire oportet quousque in singulis sit progredien-dum. Longin. sect. 29.

In omnibus rebus viden-dum est qua-tenus: etsi enim suus cui-que modus est, tamen ma-gis offendit nimiùm quàm parùm.
Cicer. Orat.

dant trop une pensée agréable; & croiriez-vous que Voiture est tombé quelquefois dans ce défaut, témoin sa Lettre de la Berne, & mesme celle de la Carpe? Je ne croyois pas, interrompit Philanthe, que vous pussiez jamais vous résoudre à condamner Voiture en quelque chose; & j'en suis ravi pour l'amour de Balzac. Je suis de bonne foy, dît Eudoxe, & l'amitié ne m'aveugle pas jusqu'à ne point voir les défauts de mes amis.

Mais de tous les Ecrivains ingénieux, celuy qui sçait le moins réduire ses pensées à la mesure que demande le bon sens, c'est Séneque. Il veut toûjours plaire, & il a si peur qu'une pensée belle d'elle-mesme ne frappe pas, qu'il la propose dans tous les jours où elle peut estre veuë, & qu'il la pare de toutes les couleurs qui peuvent la rendre agréable : de sorte qu'on peut dire de luy ce que son pere disoit d'un Orateur de leur temps : *En répetant la mesme pensée, & la tournant de plusieurs façons, il la gaste ; n'estant pas content d'avoir bien dit une chose une fois, il fait en sorte qu'il ne l'a pas bien dite.* C'est celuy qu'un Critique de ce temps-là avoit coustume d'appeller l'Ovide des Orateurs: car Ovide ne sçait pas trop se retenir, ni laisser ce qui luy a réussi d'abord, quoy-que selon le sentiment du mesme Critique, ce ne soit pas une

Habet hoc Montanus vitium, sententias suas repetendo corrumpit: dum non est contentus unam rem semel benè dicere, efficit ne benè dixerit. Controvers. 5. lib. 9.

Propter hoc solebat Montanum Scaurus inter Oratores Ovidium vocare : nam & Ovidius nescit quod benè cessit relinquere. Ibid.

Aiebat Scaurus, non minùs magnam virtutem esse, scire desinere, quàm scire dicere. Ibid.

moindre vertu de sçavoir finir que de sçavoir dire.

Confiderationi sopra l'arte dello stile e del dialogo.

Si nous écoutons le Cardinal Pallavicin, dît Philanthe, Séneque parfume ses pensées avec un ambre & une civette qui à la longue donnent dans la teste : elles plaisent au commencement, & lassent fort dans la suite. *Profuma i suoi concetti con un ambra & con un zibetto che a lungo andare danno in testa : nel principio dilettano, nel processo stancano.* Mais je ne suis pas tout-à-fait de son avis, ni du vostre ; & je trouve que Séneque est beaucoup plus vif, plus piquant, & plus serré que Ciceron.

Entendons-nous, repartit Eudoxe : le stile de Ciceron a plus de tour & plus d'étenduë que n'en a celuy de Séneque, qui est un stile rompu, sans nombre, & sans liaison. Mais les pensées de Séneque sont bien plus diffuses que celles de Ciceron : celuy-là semble dire plus de choses, & celuy-cy en dit plus effectivement ; l'un étend toutes ses pensées, l'autre entasse

Perroniana. pensée sur pensée. Et le Cardinal du Perron a eû raison de dire, qu'il y a plus à apprendre dans une page de Ciceron que dans cinq ou six de Séneque. Je ne vous rapporte point d'éxemple là-dessus ; ce seroit une affaire infinie, & puis vous en jugerez mieux vous-mesme en lisant avec attention l'un & l'autre. Vous verrez sans

sans doute que Quintilien a eû raison de dire, qu'il seroit à souhaiter que Séneque, en écrivant, se fust servi de son esprit & du jugement d'un autre.

<small>Velles eum suo ingenio dixisse, alieno judicio. Quintil. lib. 10. c. 1.</small>

Mais pour ne point sortir de nostre sujet, je mets au nombre des pensées qui péchent par trop d'agrément toutes les antitheses recherchées, comme celles de *vie* & de *mort*, d'*eau* & de *feu*, dans des endroits que j'ay remarquez. Florus, en parlant de ces braves soldats Romains qu'on trouva morts sur leurs ennemis aprés la bataille de Tarente avec l'épée encore à la main, & je ne sçay quel air menaçant; dit que la colére qui les animoit lors qu'ils combattoient, vivoit dans la mort mesme. *Et in ipsa morte ira vivebat.* C'estoit assez d'avoir dit qu'il restoit sur leur visage un air menaçant: *relictæ in vultibus minæ.* Il falloit s'en tenir là; & Tite-Live n'auroit eû garde de faire vivre la fureur guerriére dans la mort mesme.

<small>Flor. lib. 1. c. 18.</small>

Un de nos Poétes, en décrivant la descente de l'armée Françoise devant Damiette, & le courage avec lequel Saint Loûïs se jetta dans le Nil, dit d'abord:

Tandis que les premiers disputent le rivage,
Et qu'à force de bras ils s'ouvrent le passage,
L o u ï s impatient saute de son vaisseau;

il dit enfuite :

Le beau feu de son cœur luy fait mépriser l'eau.

Si je ne craignois de tomber dans le défaut que je reprens, ajoûta Eudoxe, je dirois que ce *beau feu* opposé à *l'eau* est bien froid : mais j'aime mieux dire que ce jeu de *feu* & d'*eau* est un agrément outré dans un endroit aussi sérieux que celuy-là.

Un autre de nos Poétes qui a décrit d'une maniére si poétique & si agréable le passage du Rhin, est bien éloigné de ces antitheses, & pense plus heureusement quand il dit au sujet de la Noblesse Françoise qui passa à la veüë du Roy :

LOUÏS *les animant du feu de son courage,*
Se plaint de sa grandeur qui l'attache au rivage.

Je voy bien, interrompit Philanthe, que vous n'aimez pas l'Epitaphe qu'a fait le Lope de Vegue dans sa *Jerusalem conquistada*, de Féderic qui vint à Constantinople avec son armée victorieuse, & qui se noya dans le Cidne, en s'y baignant au retour de la chasse :

Naci en tierra, fui fuego, en aqua muero.

Le Poéte Castillan a cru faire merveilles, repartit Eudoxe, d'assembler trois élemens dans une Epitaphe, & de dire, pour la rendre plus agréable, que Féderic qui nâquit sur la terre & mourut dans l'eau, estoit tout de feu.

Je n'aime guéres non plus la pensée de Séneque le Tragique sur le Roy Priam, qui fut privé des honneurs de la sépulture. *Ce pere de tant de Rois n'a point de sépulcre, & a besoin de feu tandis que Troye brusle.* Ce manque de feu dans l'embrasement de la ville est trop recherché. Un autre Poéte dit presque le mesme, repliqua Philanthe, en disant que Troye ne sert pas mesme de bûcher à Priam étendu mort sur le rivage. Ce Poéte-là, repartit Eudoxe, me paroist plus sage & moins jeune que Séneque.

<small>Ille tot Regum parens Caret sepulcro Priamus, & flamma indiget Ardente Troja.
In Troad. Act. 1.
Priamumque in littore truncum Cui non Troja rogus.</small>

Sçavez-vous au reste quand ces sortes de pensées sont les plus vicieuses ; c'est quand la matiére est triste d'elle-mesme, & que tout y doit estre naturel. Ce que dit Tancréde sur le tombeau de Clorinde qu'il avoit aimée passionnément, est brillant, & tout plein de pointes, comme plus d'un Critique l'a remarqué.

O Sasso amato & honorato tanto
Che d'entro hai le mie fiamme, e fuori il pianto.
Non di morte sei tu: ma di vivaci
Ceneri albergo ove è riposto Amore.

Je me moque des Critiques, interrompit Philanthe. Et qu'y a-t-il de plus spirituel que ce marbre qui a des feux au dedans, des pleurs au dehors; qui n'est pas la demeure de la mort, mais qui renferme des cendres vives où l'Amour repose? Les jeux d'esprit, repliqua Eudoxe, ne s'accordent pas bien avec les larmes, & il n'est pas question de pointes quand on est saisi de douleur. La peinture que le Tasse fait de Tancréde avant que de le faire parler, promettoit quelque chose de plus raisonnable & de plus touchant:

Sententiolis-ne flendum erit? Quintil. lib. 11. c. 1.

> *Pallido, freddo, muto, e quasi privo*
> *Di movimento al marmo gli occhi affisse:*
> *Al fin sgorgando un lagrimoso rivo*
> *In un languido ohime proruppe e disse.*

Mais cét homme passe, tout glacé, qui garde un silence morne, & qui n'a presque pas de mouvement; qui après avoir attaché ses yeux sur le tombeau, fond en larmes, & jette un helas languissant; cét homme, dis-je, se met tout d'un coup à dire de jolies choses, & badine ingénieusement: en quoy il me semble aussi plaisant que le seroit dans une pompe funébre, celüy qui méne le deüil, si les larmes aux yeux, & le visage tout abbatu de tristesse, il se mettoit à danser une courante pour réjoüïr la compagnie. Le Poëte auroit mieux fait de ne faire rien dire à Tancréde en cette rencontre, comme il ne luy avoit fait rien dire, quand ce Prince malheureux reconnut Clorinde, en luy oftant fon cafque, pour la baptifer, après l'avoir luy-mefme bleffée à mort. Le Taffe dit feulement là-deffus:

La vide e la conobbe; e reftò fenza
E voce e moto. Ahi viftà! ahi conofcenza!

Mais Tancréde parle en revenant de fa défaillance, repliqua Philanthe; & je me fouviens d'une belle chofe qu'il dit à la veuë de Clorinde morte:

. . . . O vifo che puoi far la morte
Dolce; ma raddolcir non puoi mia forte.

Cela n'eft peut-eftre que trop beau, repartit Eudoxe: *O vifage qui peux rendre la mort douce, mais qui ne peut adoucir mon fort!* A vous parler franchement, je ne trouve pas la penfée affez fimple; & ce que Tancréde dit d'abord me plaift davantage: Quoy, je vis encore, & je vois le jour!

Io vivo? io fpiro ancora? e gli odiofi
Rai miro ancor di quefto infaufto die?

Il en eft, ajoûta-t-il, de Tancréde dans la *Jérufalem delivrée*, comme de Sancerre dans la *Princeffe de Cleves*; leur affliction eft plus naturelle au commencement qu'elle ne l'est dans la suite. Et pour laisser là Tancréde, l'Auteur des *Lettres à Madame la Marquise* *** a bien remarqué, ce me semble, que Sancerre vivement touché de la mort de Madame de Tournon, aprés avoir dit plus d'une fois, *Elle est morte, je ne la verray plus*, ne devoit point dire, *J'ay la mesme affliction de sa mort que si elle m'estoit fidelle, & je sens son infidelité comme si elle n'estoit point morte. Je ne puis ni m'en consoler, ni la haïr. Je sens plus sa perte que son changement. Je ne puis la trouver assez coupable pour consentir à sa mort. Je paye à une passion feinte qu'elle a eûë pour moy, le mesme tribut de douleur que je croyois devoir à une passion véritable.*

Eh pourquoy ne le pas dire, repliqua Philanthe? Parce que cela est trop ingénieux pour un affligé, répondit Eudoxe, & que, selon Denys d'Halicarnasse, toutes les gentillesses, dans un sujet sérieux, sont hors de propos, quelque raisonnables qu'elles soyent : elles empeschent mesme qu'on n'ait pitié de celuy qui se plaint. Je suis seûr, reprît Philanthe, que les sentimens de Sancerre plaisent à des personnes qui ont le goust bon, & qui s'entendent en passions mieux que vous.

Mais pour revenir à Tancréde que je ne puis encore quitter, vous nommerez donc des jeux

---

Omnes in re seria verborum delitiæ etiam non ineptæ, intempestivæ sunt, & commiserationi plurimùm adversantur.
In Judic. de Isocr.

d'esprit les antitheses & les apostrophes qu'il fait dans le fort de sa douleur? Oûï sans doute, repartit Eudoxe: car n'est-ce pas se joûër que de dire, *Je vivray comme un malheureux monstre d'amour, auquel une vie indigne est la seule peine digne de son impiété?*

<small>Lenitati & compositioni numerosæ studere non est hominis commoti, sed ludentis, & potius sese ostentantis. Demet. Phal. de Elocut.</small>

Dunque i vivrò tra memorandi essempi;
Misero mostro d'infelice amore;
Misero mostro, à cui sol pena è degna
De l'immensa impietà la vita indegna.

Croyez-moy, *digne, indigne,* fait un jeu qui ne convient pas à une extréme affliction. Pour les apostrophes à sa main & à ses yeux, elles me sont insupportables tant elles me paroissent badines. Ah main timide & infame, pourquoy n'oses-tu pas maintenant couper la trame de ma vie, toy qui sçais si bien blesser & tuer!

Ahi man timida e lenta, hor che non osi,
Tu che sai tutte del ferir le vie;
Tu ministra di morte empia & infame,
Di questa vita rea troncar lo stame!

Yeux aussi barbares que la main! Elle a fait les playes, & vous les regardez.

O di par con la man luci spietate!
Essa le piaghe fè, voi le mirate.

TROISIÉME DIALOGUE.

Cela ne vaut pas ce qu'il dit d'abord : *Quoy, je vis, je respire encore, io vivo, io spiro ancora !*

Mais les affligez ne sont pas les seuls à qui il ne sied pas bien d'avoir trop d'esprit, ou plûtost d'en vouloir montrer. Les personnes mourantes doivent encore penser simplement, & je m'étonne quand je lis les derniéres paroles de Séneque dans un petit livre qui porte ce titre, de luy entendre dire des choses qui sentent le Déclamateur & l'Académicien : écoutez-le, je vous prie. Eudoxe prit un papier, & leût ce qui suit.

» Il semble que la nature me veuille retenir par
» force, & boûcher les canaux par où ma vie doit
» s'écouler. Ce sang qui ne sort pas de mes vei-
» nes ouvertes est ennemi de sa liberté, mais plus
» encore de la mienne : il ne vient que goutte à
» goutte, bien que mes desirs le pressent ; comme
» s'il vouloit justifier Néron, & faire voir qu'il
» n'est pas injuste de le répandre, puis qu'il est
» rebelle à ses commandemens.

» Le sang qu'on a peine d'arrester dans les bles-
» sûres des autres, ne veut pas sortir des miennes,
» & semble estre d'intelligence avec la mort, pour
» s'attacher à moy comme elle s'en éloigne.

» Ce poignard qui ne rougit que du sang de
» Pauline, comme s'il avoit honte d'avoir blessé
» une femme, aprés avoir fait les premiéres ou-
ᅠᅠᅠᅠᅠᅠᅠᅠᅠᅠᅠᅠᅠᅠᅠᅠᅠᅠᅠᅠᅠᅠᅠᅠᅠᅠᅠᅠᅠᅠvertures

vertures inutilement, fera les derniéres avec effet.

Voilà Théophile tout pur dans son *Pyrame*, s'écria Philanthe.

Ah voicy le poignard qui du sang de son maistre
S'est souillé laschement ! il en rougit, le traistre.

Ecoutez le reste, reprît Eudoxe : Tout insensible qu'il est, il a pitié de Neron, & le voyant travaillé d'une soif enragée, il luy ouvre des sources où sa cruauté se pourra desalterer dans le sang, qui est son breuvage ordinaire.

Pour moy, dît Philanthe, je ne m'étonne point que Séneque fasse des pointes en mourant : on meurt comme on a vécu ; & je m'étonnerois bien davantage si à la mort il changeoit d'esprit. On ne peut pas mieux défendre celuy qui le fait parler si spirituellement, repartit Eudoxe, & je n'ay rien à vous répondre là-dessus. Je vous avoûë néanmoins, repliqua Philanthe, que ce *poignard qui ne rougit que du sang de Pauline, comme s'il avoit honte d'avoir blessé une femme*, me plaist un peu moins aujourd'huy qu'il ne faisoit autrefois, & cette pensée m'en rappelle d'autres de ce genre-là. Maistre Adam le fameux menuisier de Nevers dit que le teint de la Princesse Marie

De honte a fait rougir les roses,
De jalousie a fait paslir les lys.

Et le Carme Provençal, Auteur du Poëme de la Magdelaine, apostrophe ainsi les femmes du monde, en leur proposant pour modelle la Pénitente de la Sainte Baume :

Ne rougirez-vous point de ses pasles couleurs ?

Ce sont des Poétes, repliqua Eudoxe, & des Poétes d'un caractére particulier, à qui on passe ce qu'on auroit peut-estre peine à souffrir dans d'autres. Mais que direz-vous d'un Prédicateur Italien, qui dit d'une Sainte dont la beauté alluma des flammes impures, & qui se dechira le » visage pour guérir le mal qu'elle avoit fait ? Que » si la blancheur de son teint a pu noircir l'ame » de ses freres, son sang les fera rougir de honte. Voilà où mene l'envie de dire de belles choses, quand on n'a pas le goust bon.

Je reconnois à présent, repartit Philanthe, qu'il peut y avoir de l'excés dans l'agréable aussi-bien que dans le sublime : mais je ne voy pas qu'on puisse exceder en matiére de délicatesse, & il me semble qu'une pensée ne sçauroit jamais estre trop fine.

Vitium est ubique quod nimium est. Quintil. lib. 8. c. 3.

Le trop est vicieux par tout, répondit Eudoxe, & la délicatesse a ses bornes aussi-bien que la grandeur & que l'agrément. On rafine quelquefois à force de penser finement, & alors la pensée dégénére en une subtilité qui va au-delà

TROISIE'ME DIALOGUE.

de ce que nous appellons délicatesse : c'est, si cela se peut définir, une affectation exquise ; ce n'est pas finesse, c'est rafinement : les termes manquent pour exprimer des choses si subtiles & si abstraites : à peine les concevons-nous ; & il n'y a proprement que les exemples qui puissent les faire entendre. J'en ay icy de tous les degrez & de toutes les especes : car il y a de plus d'une sorte de délicatesse outrée, & j'ay esté curieux de remarquer ce que les Auteurs ont de rare en ce genre-là.

Nous ne parlons pas icy de ce qui est visiblement mauvais par trop de subtilité, comme pourroit estre ce que dit le Poéte de Provence sur la voute de la Sainte Baume, qui est fort humide, & qui degoutte continuellement.

Alambic lambrissé sans diminution,
Lambris alambiqué sans interruption.

Nous parlons de certaines pensées qui toutes alambiquées qu'elles sont, semblent estre bonnes, & ont quelque chose qui surprend d'abord.

La premiére que je rencontre dans mon recueïl, est tirée de l'Epigramme Latine sur l'ancienne Rome dont nous avons déja parlé plus d'une fois. Le Poéte, aprés avoir dit qu'il ne reste de cette ville si superbe que des ruines qui

Vicit ut hæc mundum, nisi esset se vincere; vicit,
A se non victum, ne quid in orbe foret.

ont encore je ne sçay quoy d'auguste & de menaçant, ajouste que comme elle a vaincu le monde, elle a tasché de se vaincre elle-mesme; quelle s'est vaincuë en effet, afin qu'il n'y eust rien dans le monde dont elle ne fust victorieuse. Il veut dire que les Vainqueurs, les Maistres du monde tournerent leurs armes contre eux-mesmes, & que Rome fut détruite par les Romains. S'il ne disoit que cela, sa pensée seroit juste & raisonnable : le rafinement est dans la réflexion qu'il fait, que Rome s'est vaincuë, afin qu'il n'y eust rien qu'elle n'eust vaincu.

Nervam Dii cælo vindicaverunt, ne quid post illud divinum & immortale factum, mortale faceret. Deberi quippe maximo operi hanc venerationem, ut novissimum esset, authoremque ejus statim consecrandum : ut quandoque inter posteros quæreretur; an illud jam Deus fecisset. Panegyr. Traj.

La pensée de Pline le Jeune sur la mort de Nerva qui venoit d'adopter Trajan, est presque semblable. Le Panégyriste dit que les Dieux retirerent Nerva de ce monde, de peur qu'aprés une action si divine, il ne fist quelque chose d'humain; qu'un ouvrage aussi grand que celuy-là méritoit d'estre le dernier; & que l'homme qui en estoit l'auteur devoit prendre sa place dans le ciel au-pluftost, afin que la posterité eust lieu de demander s'il n'estoit pas déja Dieu quand il l'avoit fait.

Tout cela est imaginé fort subtilement, comme vous voyez : mais il y a un peu trop de subtilité dans ces réflexions; & c'est apparemment un de ces endroits quintessenciez, qui faisoit que Voiture estimoit moins le Panégyrique de

Pline qu'une sorte de potage que l'on mangeoit à Balzac, & que le maistre du logis avoit inventée.

 La comparaison est un peu grossiére pour un esprit délicat, dit Philanthe, & je ne comprens pas là-dessus le goust de Voiture. Il badine à son ordinaire, repartit Eudoxe, mais en badinant il nous fait entendre que ce Panégyrique si fameux ne le charmoit pas. Et voilà ce qui m'étonne, reprit Philanthe. Peut-on avoir de l'esprit, & n'admirer pas un ouvrage où l'esprit brille depuis le commencement jusqu'à la fin? C'est peut-estre, repliqua Eudoxe, parce que l'esprit y brille trop que Voiture ne l'admiroit pas, ou du moins qu'il ne l'estimoit pas tant que les potages de Balzac qui estoient sans doute des potages de santé: car Voiture, si je ne me trompe, estoit naturel en tout, & avoit le mesme goust pour la bonne chere que pour l'éloquence. Je voudrois pourtant qu'il n'eust pas méprisé en général le Panégyrique de Pline: c'est une piéce pleine de traits délicats, & de pensées excellentes, que Ciceron pourroit avoüer. Mais il faut aussi demeurer d'accord pour la justification de Voiture, qu'il y a en plusieurs endroits quelque chose de rafiné & de trop piquant, qui ne sent point le siécle d'Auguste. La pensée que je vous ay ditte est de cette espece, & je puis y en joindre une autre: c'est sur l'amour que Trajan avoit pour les peuples.

Le comble de nos vœux a esté que les Dieux nous aimassent comme vous nous aimez. Quels hommes y a-t-il plus heureux que nous, qui avons à souhaiter non pas que le Prince nous aime, mais que les Dieux nous aiment comme fait le Prince? Cette ville si religieuse, & qui s'est toûjours renduë digne par sa pieté de la bienveillance des Dieux, croit que rien ne peut la rendre fortunée, que s'ils imitent l'Empereur.

<small>Pro nobis ipsis hæc fuit summa votorum, ut nos sic amarent Dii, quomodo tu. Quid felicius nobis, quibus non jam illud optandum est, ut nos diligat Princeps, sed Dii quemadmodum Princeps. Civitas religionibus dedita semperque Deorum indulgentiam piè merita, nihil felicitati suæ putat adscrui posse, nisi ut Dii Cæsarem imitentur. *Panegyr. Traj.*</small>

La pensée me semble belle & délicate, dît Philanthe. Elle a, repartit Eudoxe, un peu plus de délicatesse qu'il ne faut ; & si vous ne vous en appercevez pas, je ne sçay comment vous le faire entendre : on sent cela mieux qu'on ne l'explique.

Ce que je puis vous dire, ajoûta-t-il, c'est que les Auteurs profanes qui subtilisent le plus, le font d'ordinaire lors qu'ils mettent les Dieux en jeu. Lucain n'y manque jamais, & son esprit naturellement outré, si j'ose parler de la sorte, se guinde, s'évapore, & se perd en quelque façon dés qu'il mesle les Dieux dans une pensée : Voyez comme il rafine au sujet de Marius, qui estant vaincu par Sylla, & abandonné des siens, fut contraint de se retirer en Afrique : *Carthage*

TROISIEME DIALOGUE.

ruinée, & Marius banni, se consolerent l'un l'autre, & pardonnerent aux Dieux leur commune disgrace.

L'Historien que j'aime tant, interrompit Philanthe, a presque la mesme pensée, hors que les Dieux n'en sont pas. Aprés avoir dit que ce grand homme souffroit toutes les incommoditez d'une vie pauvre, dans une cabane des ruines de Carthage, il ajoûte que Marius regardant Carthage, & Carthage regardant Marius, se pouvoient consoler l'un l'autre.

Si ce n'est là du rafinement, reprît Eudoxe, c'est quelque chose qui en approche. Mais je pardonne bien plus au Poëte cette consolation réciproque qu'à l'Historien, qui doit estre plus naturel & plus simple. On pouvoit imaginer que Marius se consola à la veûë de Carthage; sans ajoûter le retour, que Carthage se consola à la veûë de Marius.

Plutarque n'a eû garde d'estre si subtil: il s'est contenté de dire qu'un Préteur Romain, qui estoit gouverneur de la Libye, ayant fait faire défense à Marius par un homme exprés, de mettre le pied dans sa Province, Marius répondit ainsi au député du Préteur: *Tu diras à Sextilius que tu as veû Marius assis entre les ruines de Carthage;* comme pour l'avertir par le changement de sa fortune, & par la décadence

Solatia fati Carthago, Mariusque tulit, pariterque cadentes Ignovere Deis. Lib. 2.

Cursum in Africam direxit, inopemque vitam in tugurio ruinarum Carthaginensium toleravit. Cùm Marius aspiciens Carthaginem, illa intuens Marium, alteri alteri possent esse solatio. Vellei. Patercul. lib. 2.

d'une ville si puissante, qu'il avoit luy-mesme tout à craindre.

Vous ne songez pas, dît Philanthe, qu'en blâmant ces réflexions qui vous paroissent trop subtiles, vous faites le procés à Tacite que vous estimez. Je ne le fais pas à Tite-Live, ni à Salluste, repartit Eudoxe, que j'estime davantage. C'est à la vérité un grand Politique, & un bel Esprit que Tacite : mais ce n'est pas, à mon avis, un excellent Historien. Il n'a ni la simplicité, ni la clarté que l'histoire demande : il raisonne trop sur les faits ; il devine les intentions des Princes plûtost qu'il ne les découvre ; il ne raconte point les choses comme elles ont esté, mais comme il s'imagine qu'elles auroient pu estre ; enfin ses réflexions sont souvent trop fines & peu vraysemblables. Par exemple, y a-t-il de l'apparence qu'Auguste n'ait préferé Tibére à Agrippa & à Germanicus que pour s'aquerir de la gloire, par la comparaison qu'on feroit d'un Prince arrogant & cruel, comme estoit Tibére, avec son prédecesseur ? Car quoyque Tacite mette cela dans la bouche des Romains, on ne voit que trop que la réflexion est de luy aussi-bien que celle qu'il fait sur ce que le mesme Auguste avoit mis dans son testament, au nombre de ses héritiers, les principaux de Rome, dont la plusparr luy estoient odieux ;

Ne Tiberium quidem caritate, aut Reipublicæ cura successorem ascitum ; sed quoniam arrogantiam sævitiamque ejus introspexerit, comparatione deterrima sibi gloriam quæsivisse. Annal. lib. 1.

Primores civitatis scripserat plerosque invisos sibi, sed jactantia gloriaque ad posteros. Ibid.

odieux; qu'il les y avoit, dis-je, mis par vanité, & pour se faire estimer des siécles suivans.

Mais Tacite n'est pas le seul Historien qui rafine: d'autres le contrefont tous les jours, & pensent le valoir en imitant ses défauts. Un de ces singes de Tacite ne fait point de difficulté de dire d'un Duc de Virtemberg, qu'il aimoit « à faire le mal par le seul plaisir que son imagi- « nation blessée luy figuroit qu'il y avoit à le com- « mettre; qu'il haïssoit sa qualité de Souverain en « tout, hors en ce qu'elle luy donnoit le pouvoir « de mal faire impunément: & d'un Evesque d'U- « trec, de la derniére Maison de Bourgogne, qu'il méprisoit autant ceux qui loûoient la chas- « teté que ceux qui la gardoient ; & que pour « avoir une entrée facile dans son palais, il fal- « loit au moins passer pour concubinaire public. «

Vous seriez bien attrappé, dît Philanthe, si l'Historien avoit trouvé cela mot pour mot dans ses mémoires? Oûï certainement, reprît Eudoxe. Mais j'ose dire que je ne risque rien ; & je suis seûr que son imagination seule luy a fourni ces belles idées aussi-bien que celles qui regardent la Reine Catherine de Médicis, le Duc d'Anjou, & le Prince de Condé, dans un endroit de l'Histoire de Charles IX. où l'Auteur dit, à l'occasion d'une conversation un peu vive qu'eûrent les deux Princes fort mal con-

» tens l'un de l'autre ; que le Prince de Condé
» avoit haï le Duc d'Anjou dans le mesme ins-
» tant avec autant d'excés, que si son aversion
» n'eust point esté déja épuisée par son redou-
» blement de haine pour la Reine.

Voilà qui est en effet bien rafiné, repliqua Philanthe, & je doute que ce que dit Mégare dans Séneque le soit autant. L'indignation de cette Princesse contre le meurtrier de sa famille & l'usurpateur de son Royaume, la porte à luy dire qu'aprés qu'elle a tout perdu, elle se console en quelque façon de ses pertes par le plaisir qu'elle a de le haïr; que la haine qu'elle sent luy est plus chere que sa famille, que sa couronne, & que sa patrie : qu'une seule chose la fasche, & c'est que le peuple le hait aussi, parce qu'elle voudroit ramasser dans son cœur toute la haine qu'on peut avoir pour un tyran si cruel & si odieux.

Patrem abstulisti, regna, germanos, larem, Patriam : quid ultra est ? Una res superest mihi, Fratre ac parente carior, regno & lare, Odium tui ; quod esse cum populo mihi Commune doleo : pars quota ex isto mea est. Herc. Fur.

Tous les faiseurs de réflexions politiques ou morales, reprît Eudoxe, ne ressemblent pas au grand homme qui nous en a donné de si délicates & de si sensées : ils sont la pluspart un peu visionnaires, & c'est à eux, ce me semble, qu'on peut appliquer le proverbe Italien : *Chi troppo l'assotiglia, la scavezza.* Il y a des Malvezzi, & de Ceriziers, qui sophistiquent leurs pensées, & qui vous diront que ceux qui ont recours à l'épée que la justice tient d'une main, prennent rarement la balance qu'elle tient de l'autre: que la beauté est le plus puissant & le plus foible ennemi de l'homme; qu'il ne luy faut qu'un regard pour vaincre; qu'il ne faut que ne la pas regarder pour triompher d'elle.

Aprés tout, interrompit Philanthe, ces pensées sont justes & pleines d'esprit. Je ne le nie pas, repartit Eudoxe: je dis seulement qu'elles en vaudroient mieux si elles avoient plus de corps; & qu'elles ressemblent à ces lames que l'on affile si fort qu'on les réduit presque à rien; ou à ces petits ouvrages d'yvoire, qui n'ont point de consistence par trop de délicatesse.

Un Auteur de ce caractére dira d'une Personne qu'il a entrepris de loüer, que les grima- « ces les plus étranges ont une grace inexprima- « ble quand elle contrefait ceux qui les font. J'ay « veû, dît Philanthe, des graces terribles dans Homére, & une belle horreur dans le Tasse: mais je n'ay veû nulle part des grimaces agréables; & je croyois qu'il ne séroit jamais bien d'en faire, ni de contrefaire ceux qui en font. C'est aussi une vision nouvelle, repartit Eudoxe, & l'Italien dit de ces sortes de pensées toûtes neuves, *questo è bizarmente pensato.* Je comprens au reste que le Cyclope d'Homére a quelque chose de noble & de fier qui plaist, & que le Camp

Homerus in ludendo majorem truculentiam præ se fert, ac primus etiam dicitur horrentes veneres reperisse. Demet. Phaler. de Elocut.

du Tasse est un spectacle également beau & formidable.

Bello in si bella vista anco è l'horrore.

Mais je ne vois pas que les plus étranges grimaces du monde puissent plaire, qu'en faisant rire, comme font celles de Scaramouche, ou d'Arlequin; & ce n'est pas, je pense, ce qu'a prétendu l'Auteur du Portrait ou de l'Eloge dont je parle. Il a voulu sans doute flatter la Personne qu'il peint; & sa pensée est qu'il y a je ne sçay quoy de charmant dans ses grimaces mesmes. J'aime mieux en vérité ce que dit Scaron d'une Dame Espagnole, que jamais on ne s'habilla mieux qu'elle, & que la moindre épingle attachée de sa main avoit un agrément particulier: du moins cela est naturel.

On s'expose quelquefois à passer le but, dît Philanthe, quand on veut aller plus loin que les autres. Vous avez raison, dît Eudoxe, & les Modernes tombent d'ordinaire dans ce défaut dés qu'ils veulent rencherir sur les Anciens. Costar a remarqué que Bion fait seulement pleurer les Amours sur le tombeau d'Adonis, & que Pindare s'est contenté de faire pleurer les Muses sur celuy d'Achille: mais que Sannazar a enfermé les Amours dans le sépulcre de sa Maximilla, & que le Guarini enterre les Muses avec

Hoc sub marmore Maximilla clausa est,
Qua cum frigiduli jacent Amores.

une perſonne morte, juſqu'à dire qu'elles la pleu-
reroient, ſi elles n'eſtoient mortes elles-meſmes.

Tiange Parnaſo e piagnerian le Muſe:
Mà qui teco ſon elle e morte e chiuſe.

A voſtre avis n'eſt-ce pas là rafiner?

Un autre Poéte Italien, dît Philanthe, enterre non ſeulement les Graces & les Muſes, mais Apollon leur pere:

E vedove le Gratie, orbe le Muſe
Parean pur col lor padre in tomba chiuſe.

Le *Parean*, repliqua Eudoxe, *Elles ſemblent en-fermées dans le tombeau*, adoucit un peu la pen-ſée; & je ſçay bon gré au Poéte, ajoûta-t-il, de ne les avoir pas fait mourir abſolument. Ce ſe-roit grand' pitié s'il n'y avoit plus de Graces, ni de Muſes, ni d'Apollon au monde! On pourroit ſe conſoler de leur mort, repartit Philanthe, ou plûtoſt on s'en eſt déja conſolé auſſi-bien que de celle des jeux & des ris qu'un ſçavant hom-me a enfermez avec toutes les Muſes Latines, Françoiſes, Italiennes & Eſpagnoles dans le tom-beau de Voiture; à l'éxemple de Martial, qui met dans celuy d'un Comédien de ſon temps tous les bons mots, toutes les plaiſanteries, & tous les divertiſſemens du théatre. Parlons plus ſérieuſement, continua Philanthe: il n'y a pas

Etruſcæ Ve-neres, Came-næ, Iberæ;
Hermes Galli-cus & Latina Siren;
Riſus, deli-ciæ, Dicacita-tes,
Luſus, inge-nium, joci, le-pôres,
Et quidquid fuit elegantia-rum;
Quo Vectu-tius hoc ja-cent ſepulcro.

lieu de nous affliger de toutes ces morts. Les graces & les muses, les jeux & les ris, les plaisanteries & les bons mots ont survêcu aux personnes avec qui on les a enterrez ; comme l'amour & l'honnesteté sont demeurez dans le monde aprés la fameuse Laure, bien que Pétrarque les ait fait partir de ce monde avec elle :

Nel tuo partir, partì del mondo amore
E cortesia.

<small>Deliciæ procerum, tota notissimus aula
Venerat ad stygias Scaro facetus aquas.
Solvuntur risu mœstissima turba silentum.
Hic Jocus & Lusus ; hic lacrumant Veneres.</small>

Mais à propos de ris & de plaisanteries, poursuivit-il, le Poéte moderne que je viens de vous citer sur la mort de Voiture, a fait sur celle de Scaron une jolie Epigramme, dont le sens est que Scaron estant venu en l'autre monde, tous les morts se prirent à rire ; qu'en celuy-cy les jeux & les ris ne font que pleurer depuis son trépas. Le Poéte, comme vous voyez, parle en Théologien du Parnasse, selon les régles que vous avez établies ; & sa pensée est tres-natururelle, quelque délicate qu'elle soit.

En lisant l'autre jour les Confessions de Saint Augustin, reprît Eudoxe, car je ne lis pas toûjours des livres profanes, je rencontray un endroit qui me semble bien rafiné : c'est au sujet de ce cher ami que la mort luy enleva. Aprés avoir dit qu'il s'étonnoit que les autres mortels vécussent, puis que celuy qu'il avoit aimé com-

TROISIE'ME DIALOGUE. 319

me un homme qui ne devoit point mourir, eſtoit mort; & qu'ils s'étonnoit encore davantage de ce qu'il vivoit, eſtant un autre luy-meſme, il ajoûte: *Quelqu'un a dit fort bien de ſon ami, la moitié de mon ame, car j'ay ſenti que mon ame & la ſienne n'eſtoient qu'une ame en deux corps; & c'eſt pour cela que la vie m'eſtoit en horreur, parce que je ne voulois pas vivre à demy. C'eſt pour cela auſſi peut-eſtre que je craignois de mourir, de peur que celuy que j'avois beaucoup aimé ne mouruſt tout entier.* Voilà comme Saint Auguſtin rafine, en rencheriſſant ſur Horace, qui appelle Virgile *la moitié de ſon ame*, & qui dit à Mécenas: *Ah ſi la mort vous ravit, vous qui eſtes une partie de mon ame, comment vivre avec l'autre, n'eſtant plus ni aimé, ni entier comme j'eſtois?*

Ideo mihi horrori erat vita, quia nolebam dimidius vivere; & ideo forte mori metuebam, ne totus ille moreretur, quem multùm amaveram.
Confeſſ. lib. 4. c. 6.

Et ſerves animæ dimidium meæ.
Lib. 1. Od. 3.

Ah, te meæ ſi partem animæ rapit Maturior vis quid moror alteraf ? Nec charus æque, nec ſuperſtes Integer.
Lib. 2. Od. 17.

On ne gaſte rien quelquefois, repliqua Philanthe, en encheriſſant ſur la penſée d'autruy, & on le peut faire ſans rafiner. Horace que vous venez de citer, dit qu'un cavalier a derriére luy le chagrin qui ne le quitte jamais. Un de nos Poëtes l'emporte, ce me ſemble, ſur Horace, en diſant :

Poſt equitem ſedet atra cura. L. 3. Od. 1.

Un fou rempli d'erreurs que le trouble accompagne,
Et malade à la ville ainſi qu'à la campagne,
En vain monte à cheval pour tromper ſon ennuy;
Le chagrin monte en croupe, & galope avec luy.

320 TROISIE'ME DIALOGUE.

Scandit æratas vitiosa naves
Cura; nec turmas Equitum relinquit
Ocior cervis & agente nimbos
Ocyor Euro.
Lib. 2. Od. 16.

Je vous avoüë, repartit Eudoxe, que le françois est plus vif & plus beau que le latin : mais il y a un autre endroit d'Horace où le chagrin s'embarque avec les matelots, & court aprés les cavaliers d'une vîtesse qui surpasse celle des cerfs & des vents, & cét endroit-là est plein de vivacité.

Aprés tout, continua-t-il, peu d'Auteurs sont capables d'encherir heureusement sur les Anciens. Maynard l'a fait, ce me semble, repliqua Philanthe, en faisant parler un pere sur la mort

Perfruitur lacrymis, & amat pro conjuge luctum. Lib. 9.

de sa fille dans l'esprit de Lucain, qui dit que Cornélie aime sa douleur comme elle aimoit Pompée, ou plûtost que sa douleur luy tient lieu de son mari. Voicy le Poéte François :

Qui me console, excite ma colére,
Et le repos est un bien que je crains :
Mon deuil me plaist, & me doit toûjours plaire ;
Il me tient lieu de celle que je plains.

Ce n'est pas là encherir sur une pensée, repartit Eudoxe ; ce n'est que la traduire, ou la paraphraser sans y ajoûter rien de nouveau. Aussi n'est-il pas aisé de rehausser la beauté d'une pensée en y ajoûtant de nouvelles graces, comme a fait un bon esprit, à la pensée d'Aristote ; que les belles personnes portent des lettres de recommandation sur le front, en disant que ce sont des lettres écrites de la main mesme de la nature, & li-
sibles

sibles à toutes les nations de la terre. Du reste, il est dangereux de vouloir avoir plus d'esprit que ceux qui en ont le plus; & cela mene droit au rafinement, si on n'y prend garde : mais les esprits qui subtilisent, n'ont qu'à suivre leur propre génie pour prendre l'essor, & se perdre dans leurs pensées.

Un des Historiens de la guerre de Flandres décrivant le siége de Mastric, rafine beaucoup. Aprés avoir dit que le canon emportoit aux uns les cuisses, aux autres la teste, à quelques-uns les épaules & les bras; que leurs membres emportez avec violence alloient blesser leurs compagnons qui mouroient pour ainsi dire par les mains de leurs gens & de leurs amis, il ajoûte que d'autres ayant esté coupez par les chaisnes dont le canon estoit chargé, combattoient de la moitié du corps, & se survivant vengeoient la partie d'eux-mesmes qu'ils venoient de perdre. *Dimidiato corpore pugnabant, sibi superstites, ac peremptæ partis ultores. Strad. Dec. 2. l. 2.*

Je tombe d'accord, repliqua Philanthe, que ces pensées ne sont guéres naturelles pour une description historique : il n'appartient qu'aux Pourfendus de l'*Amadis* & de *Dom Guixotte* de combattre d'une moitié de leurs corps, & de survivre à eux-mesmes pour venger l'autre.

Vous voilà dans la bonne voye, répondit Eudoxe, & Dieu veuille que le Tasse ne vous en fasse point sortir : car enfin permettez-moy de vous le dire, il en fort quelquefois luy-mefme, & on ne peut pas plus rafiner qu'il fait dans des occafions où le rafinement eft fort mauvais. Tancréde, en faifant ces belles apoftrophes dont je vous ay déja parlé, dit à fa main : *Paffe-moy ton épée au-travers du corps, & mets mon cœur en piéces : mais peut-eftre*, prenez garde au rafinement, *qu'eftant accouftumée à des actions barbares & impies, tu crois que c'en feroit une de piété de faire mourir ma douleur.* L'italien vous fera mieux concevoir la penfée :

Paffa pur quefto petto, e feri fcempi
Co'l ferro tuo crudel fà del mio core :
Ma forfe ufata à fatti atroci et empi
Stimi pietà dar morte al mio dolore.

Il rafine encore, quand ayant demandé où eft le corps de Clorinde, & s'eftant dit à luy-mefme que les beftes farouches l'ont peut-eftre
" mangé, il s'écrie : Je veux que la mefme bou-
" che me devore auffi, & que le ventre où font
" les reftes d'une perfonne fi parfaite devienne
" mon fépulcre : fépulcre honorable & heureux
" pour moy, quelque part qu'il foit, pourveû que
" j'y fois avec elle.

Honorata per me tomba, e felice
Ovunque fia, s'effer con lor mi lice.

TROISIÉME DIALOGUE.

La pensée est subtile & passionnée tout ensemble, dît Philanthe. Elle a beaucoup plus de subtilité que de passion, reprît Eudoxe, & vous devez tomber d'accord que le Tasse en a plusieurs toutes pareilles. Je ne vous en dis plus qu'une que je ne puis me dispenser de vous dire tant le rafinement y est visible : c'est à l'occasion du combat de Tancréde & de Clorinde. Il dit que les deux combattans se font l'un à l'autre avec leurs épées des playes profondes & mortelles ; & que si l'ame ne sort point par de si larges ouvertures, c'est que la fureur la retient.

E se la vita
Non esce, sdegno tien la al petto unita.

Il a, repartit Philanthe, une pensée toute contraire, en parlant d'un Sarasin qui combattit vaillamment jusques au dernier soupir, & qui fut si couvert de blessures, que son corps parut n'estre qu'une playe.

E fatto è il corpo suo solo una piaga.

Car il dit ensuite : Ce n'est pas la vie, c'est la valeur qui soûtient ce cadavre indomptable, & furieux dans le combat.

La vita nò, mà la virtù sostenta
Quel cadavero indomito, e feroce,

Tout cela, répondit Eudoxe, me paroiſt trop fin & trop recherché.

Que direz-vous donc, repliqua Philanthe, de ce qu'on a écrit ſur ce brave Grec qui mourut debout, tout percé de fléches, à la bataille de Marathon, & qui ſe tint droit aprés ſa mort, ſoûtenu des fléches qui le perçoient de toutes parts? Vous voulez parler, dît Eudoxe, de la Harangue qu'un docte Hollandois fait faire par forme de Déclamation au pere de Callimaque, & qui eſt à la fin des deux Eloges funébres de Cynegire & de Callimaque, qu'un ſçavant Jéſuite a traduits en Latin du Grec de Polemon le Sophiſte? Cette Harangue eſt pleine de traits aſſez vifs; mais il m'y paroiſt une affectation exquiſe depuis le commencement juſqu'à la fin: je l'ay releüë depuis quelques jours, & j'ay marqué les endroits qui brillent le plus; je vas vous les lire.

Daniel Heinſius.

Petrus Poſſinus.

„ Il y a lieu de douter, *c'eſt le pere de Callima-*
„ *que qui parle*, ſi mon fils a vaincu en mourant,
„ ou eſt mort en vainquant. La mort n'a point
„ interrompu ſa victoire, mais elle l'a continuée.
„ Il a ſoûtenu toute l'Aſie, & n'eſt point tombé.
„ Il eſt mort, & eſt demeuré debout. Nature,
„ pourquoy luy avez-vous donné un eſprit ce-
„ leſte, ou un corps mortel? Il n'a pu ni tomber,
„ ni eſtre vaincu, & il a eſté contraint de mourir.
„ Il n'a pas quitté ſon corps, mais ſon corps la

quitté. Il est le premier qui a cedé à la nature «
en triomphant d'elle. Il est le premier que la «
mort n'a point abbatu, qui a donné aprés son «
trépas des marques de sa valeur, qui a étendu, «
par la mort mesme, la gloire & la durée de sa «
vie. Je ne sçay si je dois demander pour luy, «
ou refuser un mausolée. Plust à Dieu, Callima- «
que, que tu pusses parler aprés ta mort, com- «
me tu as pu vaincre! Tu répondrois sans doute «
en ces termes: Athéniens, au lieu de sépulcre, «
je vous demande que vous conserviez dans vos «
esprits une mémoire de moy immortelle. J'au- «
rois honte d'estre enterré parmi le reste des «
morts dont plusieurs sont tombez avant que «
de mourir, & nul n'est demeuré debout aprés «
avoir esté tué. Qui que tu sois, ne me touche «
point, de peur d'estre plus cruel que l'ennemi «
qui a pu me tuer, & qui n'a pu ni me renver- «
ser, ni me faire changer de place. Que person- «
ne ne m'érige de statuë: ce cadavre me suffit. «
Que personne ne me dresse de trophée, ce corps «
en est un. Mais pourquoy, mes mains, ne com- «
battez-vous plus? Craignez-vous qu'on croye «
que vous n'avez pu combattre? Ah, ne crai- «
gnez rien de ce costé-là! La posterité n'aura «
pas plus de peine à croire qu'un mort ait com- «
battu, qu'à croire qu'il ne soit pas tombé. «

C'est-là du rafinement, poursuivit Eudoxe,

& du plus spirituel, ou je ne m'y connois pas. Mon Dieu, dît Philanthe, que ce rafinement plairoit à un bel Esprit de ma connoissance, qui trouve insipide tout ce qui n'est que naturel! Ce seroit-là un ragoust pour luy, & un vray régal.

Mais je veux vous en faire voir d'une autre espece, reprît Eudoxe. Il n'est pas croyable combien les Auteurs de l'*Anthologie*, si naïfs & si simples en plusieurs sujets, ont rafiné sur les Médecins & sur les Avares, ni jusqu'où va là-dessus leur subtilité. Selon eux, un homme qui se portoit bien, meurt subitement, pour avoir veû en songe le Médecin Hermocrate. C'est trop, dît Philanthe, que d'en mourir; c'estoit assez que la veûë du Médecin luy donnast la fiévre. Un Avare, continua Eudoxe, se pend, pour avoir songé la nuit qu'il faisoit de la dépense. Cela va encore trop loin, repliqua Philanthe; & j'aime mieux celuy qui ne se pendit pas, parce qu'on voulut luy vendre trop cher la corde qu'il marchanda.

Pour moy, repartit Eudoxe, j'aime encore mieux le Pauvre & l'Avare d'Horace: l'un est réduit au desespoir, & n'a pas mesme de quoy acheter un bout de corde pour se pendre; l'autre ne peut se résoudre à prendre une tisane faite avec du ris laquelle coustoit trois sols. Il s'informe

Cùm deerit egenti Æs, laquei pretium.
Lib. 2. sat. 2.

éxactement combien on l'a achetée, & l'ayant sceû au vray, il s'écrie: *Malheureux que je suis, qu'importe que je périsse par la maladie, ou par les rapines de ceux qui me volent!*

<small>Eheu Quid refert morbo an furtis pereamne rapinis! *Ibid. sat.* 3.</small>

Les Poétes & les faiseurs de Romans, dît Philanthe, ont, ce me semble, bien rafiné sur les yeux de leurs Héroines. On ne peut pas dire plus de sottises qu'ils en ont dites là-dessus, repartit Eudoxe: je dis mesme quand ils ont parlé sérieusement. Un Poéte Castillan, pour loüër des yeux noirs, dit qu'ils portent le deuil de ceux qu'ils ont fait mourir.

> *Unos ojos negros vi*
> *Y dixe los viendo negros:*
> *Ojos cargados de luto*
> *Sin duda que tienen muertos.*

Et pour loüër des yeux bleus, qu'ils sont vestus de bleu comme les enfans qui vont aux enterremens.

> *Como niños de intiero*
> *De azul se visten.*

Quelle vision, & quelle folie! Ce n'en est pas une moindre, dît Philanthe, que celle d'un Espagnol, qui ayant un ennemi dont il vouloit se défaire, demanda à une Dame ses yeux pour le tuer:

Ynez dame tus ojos
Por una noche :
Porque quiero con ellos
Matar un hombre.

J'ay leû dans l'*Histoire des Grands Visirs*, poursuivit-il, qu'une Sultane avoit les yeux si vifs & si brillans, qu'on ne pouvoit pas juger de leur couleur. Et moy, repliqua Eudoxe, j'ay leû dans le *Conquisto di Granata*, que les yeux d'Elvire avoient tant de feu & tant d'éclat, que les étoiles n'estoient belles qu'autant qu'elles leur ressembloient : peut-on imaginer rien de plus subtil ?

Occhi, appo cui tanto son belle,
Quanto simili à lor sono le stelle.

Les yeux sont comparez d'ordinaire aux astres, & ont d'autant plus de beauté, qu'ils leur ressemblent davantage : mais icy, les astres ne sont beaux qu'à proportion qu'ils ressemblent aux yeux de la Princesse Grenadine.

Vous pouvez avoir veû la mesme pensée dans le Testi, repartit Philanthe, & ce sont presque les mesmes termes :

Adorerò nel sole e ne le stelle
Gli occhi, che del mio cor sono il focile :

Quello

Quello è vago dirò, queste son belle;
Sol perche hauran sembianza à voi simile.

Cela veut dire, repartit Eudoxe, que le Testi a esté volé; mais le voleur en pensant prendre un diamant, n'a pris qu'une happelourde.

Le mesme Poëte, reprît Philanthe, parlant d'un jeune Chevalier de Majorque beau & bien fait qui fut pris par les Galéres d'Alger, & à qui le Corsaire donna soin d'un jardin qu'il avoit au bord de la mer, dit que l'éclat des yeux du Jardinier faisoit plus fleurir les plantes que le travail de ses mains :

E più de gl' occhi al campo
Ch' all'opre della man fiorir fà il campo.

Et selon l'Auteur des Idylles nouvelles :

Les beaux yeux de Naïs d'un seul de leurs rayons
Rendent aux fleurs l'éclat, la verdure aux gazons.

Les yeux d'une autre bergére ne se bornent pas à embraser tous les cœurs :

Ils brûlent l'herbe encor, mettent les fleurs en poudre,
Brillent comme un éclair, & brûlent comme un foudre.

Ces imaginations, repartit Eudoxe, toutes frivoles, toutes outrées qu'elles paroissent, n'ont pas le rafinement de celle du Gratiani fur les yeux d'Elvire, & peuvent entrer dans une idylle, ou dans une églogue, qui ne demande pas tant de vérité ni tant de justesse qu'un poëme héroique. Mais elles feroient ridicules dans une histoire, ou dans une relation qui doit estre simple & naturelle: & je n'ay pu m'empescher de rire, en lisant la description de l'Entrée de la Reine d'Espagne dans Madrid : *Iba fu Mageftad,* dit l'Auteur Caftillan, *tan bella que folo fe excedia a fi mifma; dando con la ferenidad de fu roftro vida a los prados, y vigor a las plantas.* Ce fut au mois de Janvier que la Reine fit son entrée, & qu'avec la férénité de son visage elle rendit la vie aux prez, & la force aux plantes.

Pour revenir aux Poëtes, continua Eudoxe, le Tasse me paroist fort rafiné dans un endroit de son Poëme, où Renaud dit à Armide, que puis qu'elle ne daigne pas le regarder, il voudroit qu'elle pust au moins regarder son propre visage; qu'asseûrément ses regards qui ne sont point satisfaits ailleurs, seroient comblez de plaisir estant retournézsur eux.

Deh poi che fdegni me; com'egli è vago,
Mirar tu almen poteffi il proprio volto :
Che'l guardo tuo, ch'altrove non è pago,
Gioirebbe felice in fe rivolto.

TROISIEME DIALOGUE.

Qu'au reste il est inutile qu'elle se mire ; qu'une petite glace ne peut ni exprimer, ni renfermer des beautez célestes ; que le ciel seul est un miroir digne d'elle, & que c'est dans les astres qu'elle peut se contempler parfaitement.

Non può specchio ritrar sì dolce imago:
Nè in picciol vetro è un paradiso accolto.
Specchio t'è degno il cielo, e ne le stelle
Puoi riguardar le tue sembianze belle.

Avez-vous rien veû de moins raisonnable & de moins solide? Mais ce que dit Armide à Renaud, lors qu'ils sont tout-à-fait brouillez, est un rafinement achevé.

Tempo fu ch'io ti chiesi e pace e vita:
Dolce hor saria con morte uscir di pianti:
Ma non la chiedo à te; che non è cosa,
Ch'essendo dono tuo non sia odiosa.

Remarquez la subtilité : Un temps fut que je vous demandois la paix & la vie. Je ne souhaite plus que de mourir, pour finir mes maux ; & la mort me seroit douce maintenant : mais je ne vous la demande pas, parce que tout ce qui me viendroit de vostre part me seroit amer & odieux.

A la vérité, dit Philanthe, la réflexion d'Armide est un peu trop délicate, & j'en suis fasché pour l'honneur du Taſſe. Ce qui me conſole, c'eſt que *Miguel de Cervantes* rencherit ſur le Taſſe, lors qu'il fait parler un homme deſeſperé & las de vivre:

Ven muerte tan eſcondida,
Que no te ſienta venir;
Porque el plazer del morir
No me torne a dar la vida.

On a traduit ce Quatrain, dît Philanthe, & on en a bien exprimé la penſée:

O mort, viens promptement contenter mon envie;
Mais viens ſans te faire ſentir:
De peur que le plaiſir que j'aurois à mourir,
Ne me rendiſt encor la vie!

Comme de la délicateſſe au rafinement, repartit Eudoxe, il n'y a qu'un pas à faire, le paſſage eſt aiſé du rafinement au galimatias: l'un tend de luy-meſme, & va droit à l'autre.

Mais n'avez vous point obſervé que les Dévots rafinent quelquefois plus que les Poétes? J'ay leû depuis peu un livre Eſpagnol où ſont recuïllis divers ſentimens de pieté, & j'y ay trouvé celuy-cy: *Dios mio ſi me dieran ſer tambien dios; no ſe que me hiziera, ò reuſarlo porque no tuvieras igual, ò aceptarlo por amarte como mereces.*

L'entendez-vous bien? Mon Dieu, ſi on me

TROISIÉME DIALOGUE.

vouloit faire Dieu, je ne fçay ce que je ferois ; & « fi je le refuferois, afin que vous n'euffiez point « d'égal, ou fi je l'accepterois pour vous aimer « comme vous méritez d'eftre aimé ! Cela ne va « pas au galimatias, dît Philanthe en foûriant ; cela « y court, & y vole. C'eft, je vous jure, du plus fin galimatias, repartit Eudoxe, & je ne puis croire que de telles afpirations viennent du Saint Efprit.

Mais des penfées fi alambiquées, font affez rares, & les Auteurs qui fubtilifent le plus ne s'évaporent pas toûjours jufques-là. Penfez-vous au refte que les Italiens & les Efpagnols foyent les feuls qui mettent leur efprit à l'alambic, pour me fervir de l'expreffion d'un Italien mefme qui a compofé un difcours *della diftillatione del cervello* ? Les François le font auffi, & nous avons des Ecrivains du premier ordre qui excellent en rafinement. Balzac y eft un grand maiftre, & je ne fçay fi en profe on peut fubtilifer plus qu'il fait.

Vincenzo Gramigna.

C'eft luy qui a dit d'un petit bois affez fombre : *Il n'y entre du jour qu'autant qu'il en faut pour n'eftre pas nuit.* N'eft-ce pas rafiner que de penfer de la forte ? Et ce que dit un autre Ecrivain n'eft-il pas meilleur ? Ils pafferent par une gran- « de foreft, dont les arbres touffus & ferrez s'é- « levoient d'une fi prodigieufe hauteur, que le fo- «

» leil en plein midi n'y rendoit qu'autant de clar-
» té qu'il en faut pour se conduire.

Il falloit, repartit Philanthe, que Balzac ai-
maſt la penſée, ou plûtoſt le tour qui ne vous
plaiſt pas : car il s'en ſert plus d'une fois; & je
me ſouviens d'avoir leû dans ſes Lettres : *Je n'ay
plus de vie qu'autant qu'il en faut pour n'eſtre pas
encore mort. La pluſpart des femmes de France n'ont
de beauté que ce qu'il en faut pour n'eſtre pas laides.*

Ce tour de penſée, repliqua Eudoxe, ne me
déplairoit pas tout-à-fait, s'il eſtoit un peu mé-
nagé, comme il l'eſt dans une Lettre de Voiture, & dans la Harangue d'un Académicien de
nos jours. L'un dit au Cardinal de la Valette :
» Le ſoleil ſe couchoit dans une nuée d'or & d'a-
» zur, & ne donnoit de ſes rayons qu'autant qu'il
» en faut pour faire une lumiére douce & agréa-
» ble. L'autre dit au Roy : Le premier éclat de la
» foudre dont vous eſtiez armé, eſt tombé ſur une
» ville ſuperbe dont rien n'avoit pu abbatre l'or-
» gueïl; & toute fiére qu'elle eſtoit d'avoir bravé
» les efforts unis de deux célébres Capitaines, elle
» ne vous a réſiſté qu'autant qu'il le falloit pour
» vous donner l'avantage de l'emporter de vive
» force. On pourroit dire dans une grande affliction : *Je n'ay de raiſon qu'autant qu'il en faut
pour bien ſentir mon malheur* : mais ce ſeroit rafiner que de dire, *Je n'ay de raiſon qu'autant qu'il*

en faut pour connoiſtre que je n'en ay point.

Balzac dit d'un petit homme, qu'il jureroit « que cét homme n'a jamais crû que par le bout « de ſes cheveux. Il dit de luy-meſme, que quand « la pierre qu'il craint ſeroit un diamant, ou la « Pierre philoſophale, il ne recevroit pas de conſo- « lation dans ſon mal. Ses lettres ſont pleines de « pareilles imaginations, & je vous y renvoye, ſi vous n'aimez mieux conſulter Phyllarque. Mais je ne puis m'empeſcher de vous dire que ſon *Barbon* eſt un rafinement perpétuel : ce ne ſont guéres que penſées alambiquées, qui n'ont nulle vrayſemblance, ni nul fondement raiſonnable.

Le deſſein de Balzac, repliqua Philanthe, eſt de rendre ridicule le Barbon, en donnant l'idée d'un Docteur extravagant. Il ne falloit pas pour cela, repartit Eudoxe, former un fantoſme qui ne fut jamais, & qui ne peut jamais eſtre, tel qu'il l'imagine. L'Orateur de Ciceron, répondit Philanthe, le Prince de Xénophon, le Courtiſan du Caſtiglione, ne ſont que des idées. Mais, reprît Eudoxe, ce ſont des idées priſes dans la nature, & tirées du fonds des choſes. L'Orateur, le Prince, le Courtiſan, tout parfaits qu'ils ſont, ont eſté peints au naturel, & les grands Maiſtres à qui nous devons ces portraits n'outrent point les caractéres ; lors meſme qu'ils portent les choſes à la perfection.

Balzac pouvoit peindre un parfait Pedant, un homme gafté par le grec & par le latin, un fou, fi vous voulez, à force de fcience & de raifonnemens : mais fa peinture devoit eftre plus conforme à l'idée qu'on a de ces fçavans vifionnaires. Les premiers traits du tableau paffent l'imagination, & font d'un rafinement complet : je les ay marquez, & je veux vous les lire.

„ La première chofe que fit le Barbon, eftant
„ de retour du college, & ayant appris à faire des
„ argumens, fut de donner des démentis en for-
„ me à fon pere & à fa mere, & de les contredi-
„ re, quand mefme ils eftoient de fon opinion,
„ de peur qu'on ne cruft qu'il fuft de la leur.

„ Il s'imagina que fur tout il falloit s'éloi-
„ gner du fens commun, parce qu'il ne faut re-
„ chercher que les chofes rares. Le mot de *commun* le dégoufta fi fort de celuy de *fens*, que
„ deflors il fe réfolut de n'en point avoir.

Quelque paffion que j'aye toûjours eûë pour Balzac, dît Philanthe, je ne puis nier que cela ne foit un peu quinteffencié. Un efprit plus naturel, repartit Eudoxe, auroit dit que le Barbon penfoit poffeder tout feul le fens commun, & ce feroit luy ofter d'une maniére plus fine qu'en difant qu'il fe réfolut de n'en point avoir. Mais d'autres endroits font à peu prés de la mefme force.

Les

TROISIE'ME DIALOGUE.

Les malades ne songent rien de plus monstrueux qu'il n'asseûrast avec serment. Il fut sur le point de changer de nom & de païs, & de se faire descendre d'Aristote en ligne directe. Il est si amateur de toutes sortes d'antiquité, qu'il ne porta jamais d'habillement neuf. Il a sur sa robbe de la graisse du dernier siécle, & des crottes du regne de François I. Il croiroit avoir changé de sexe, s'il s'estoit accommodé à la mode.

Toutes les pensées de cette satyre ne sont pas si alambiquées, interrompit Philanthe. Il y en a trois ou quatre, repliqua Eudoxe, assez naturelles, & qui ne représentent pas mal le génie de ces Docteurs dont Moliére a dit:

Un sot sçavant est sot, plus qu'un sot ignorant.

Par exemple, que le Barbon prit dans la science le plus incroyable pour le plus beau: qu'il ne s'est servi de l'usage de la parole que pour n'estre entendu de personne: qu'à le bien définir, il est une bibliotéque renversée & beaucoup plus en desordre que celle d'un homme qui démesnage: qu'il datte ses lettres non du premier & du vingtiéme du mois, mais des Calendes & des Ides: qu'il donneroit tout pour avoir les pantoufles de Turnebe, les lunettes d'Erasme, le bonnet carré de Ramus, l'écritoire de Lypse,

» s'il y avoit moyen de trouver de si rares pièces
» dans le cabinet de quelque Curieux qui les vou-
» lust vendre.

Mais en vérité le reste est au-delà du vray-semblable, & je doute que la piéce ait de quoy chatouïller les honnestes gens, comme l'Auteur se le promet dans l'Epitre dédicatoire.

Moliére que vous venez de citer si à propos, reprît Philanthe, ne garde guéres luy-mesme de vraysemblance en plusieurs de ses ouvrages. Pour ne rien dire des *Précieuses Ridicules*, ni du *Mysantrope*, son *Avare* n'est-il pas outré dans l'endroit où Harpagon dit, aprés qu'on luy a
» volé son argent, C'en est fait, je n'en puis plus,
» je me meurs, je suis mort, je suis enterré ? N'y
» a-t-il personne qui veuille me ressusciter, en
» me rendant mon cher argent, ou en m'appre-
» nant qui l'a pris ? Je veux aller querir la Justi-
» ce, & faire donner la question à toute ma mai-
» son, à servantes, à valets, à fils, à fille, & à moy
» aussi.

Il est naturel, repartit Eudoxe, quand il dit:
» Je ne jette mes regards sur personne, qui ne me
» donne des soupçons, & tout me semble mon
» voleur. Je veux faire pendre tout le monde; &
» si je ne retrouve mon argent, je me pendrai
» moy-mesme aprés. Mais ne rafine-t-il pas, re-
» pliqua Philanthe, quand il ajoûte, Ciel, à qui

TROISIEME DIALOGUE. 339

desormais se fier? Il ne faut plus jurer de rien, «
& je crois aprés cela que je suis homme à me «
voler moy-mesme. «

Les *Femmes Sçavantes*, poursuivit-il, ne sortent-
elles pas du caractére naturel en plus d'un endroit? Il est vraysemblable que Philaminte &
Armande sont ravies de voir Vadius, parce qu'il
sçait du grec: mais il ne l'est pas, qu'on chasse
Martine, parce qu'elle a fait une faute de grammaire.

Je suis de vostre sentiment, dît Eudoxe: c'estoit assez pour la vraysemblance que la maistresse du logis grondast sa servante d'avoir dit
un mot condamné par Vaugelas; mais ce n'estoit pas assez pour le Parterre. Les piéces comiques, dont le but est de faire rire le peuple, doivent estre comme ces tableaux que l'on voit de
loin, & où les figures sont plus grandes que le
naturel. Ainsi un de nos Poétes dramatiques
qui connoist si bien la nature, & qui en a exprimé les sentimens les plus délicats dans son
Andromaque & dans son *Iphigénie*, va, ce semble,
un peu au-delà dans ses *Plaideurs* : car il faut pour
le peuple des traits bien marquez, & qui frappent fortement d'abord. Il n'en va pas tout-à-
fait de mesme des autres ouvrages d'esprit, qui
sont plus pour les honnestes gens que pour le
peuple: le rafinement n'y vaut rien; & s'ils ne

V u ij

font naturels, ils ne fçauroient contenter les perfonnes raifonnables.

Je croy ce que vous dites, repliqua Philanthe, & ce qu'a écrit un homme de Lettres, qu'il faut un ridicule outré dans les comédies, fi l'on veut qu'elles fervent de reméde au ridicule des fpectateurs; qu'auffi on a accouftumé d'ajoûter quelque chofe au foible des originaux, afin de le repréfenter fous une figure plus dégouftante.

Mais ce fujet nous meneroit peut-eftre trop loin, dît Eudoxe, & nous ferons mieux d'en demeurer là pour aujourd'huy. Ils changerent alors de difcours, & marcherent doucement le long de l'eau, pour regagner le logis, en parlant de diverfes chofes; fi ce n'eft que Philanthe remît une fois ou deux fon Ami fur la matiére des penfées, pour luy avoüer qu'il commençoit à changer de gouft, & qu'il ne defefperoit pas de préferer un jour Virgile à Lucain, & Ciceron à Séneque.

LA MANIERE DE BIEN PENSER DANS LES OUVRAGES D'ESPRIT.

QUATRIEME DIALOGUE.

LEs deux Amis furent si contens de leur promenade, qu'ils résolurent de se promener encore le lendemain: mais comme tous les jours de l'automne ne se ressemblent pas, le jour suivant fut si sombre & si vilain, qu'ils ne purent sortir du logis. Tout le matin chacun étudia en son particulier. Aprés le disner Eudoxe invita Philanthe à monter dans son cabinet, & prenant d'abord la parole, Pour achever,

Vu iij

dît-il, ce que nous avons commencé, ce n'eſt pas aſſez que les penſées qui entrent dans les ouvrages d'eſprit ayent un fonds de vérité proportionné au ſujet qu'on traite, ni qu'elles ſoyent nobles ſans enflure, agréables ſans afeterie, délicates ſans rafinement : il faut encore qu'elles ſoient nettes, claires, & intelligibles. Sans cela je me moque du ſublime & du merveilleux ; je compte pour rien l'agrément, la délicateſſe, ou plûtoſt je n'en connois point. Rien ne me plaiſt, rien ne me pique que je n'entende parfaitement ; & je m'étonne que Ciceron, en loüant ſi fort les penſées de Craſſus, n'ait fait nulle mention de la netteté. Il la ſuppoſée ſans doute comme une vertu eſſentielle : car enfin la penſée n'eſtant qu'une image que l'eſprit forme en luy-meſme, elle doit repréſenter clairement les choſes, & rien n'y eſt plus contraire que l'obſcurité. Auſſi Quintilien marque la clarté pour la premiére vertu de l'éloquence, &, ſelon luy, les diſcours des plus habiles Orateurs ſont les plus aiſez à entendre.

<small>Prima eſt eloquentiæ virtus, perſpicuitas. *Lib. 2. c. 3.*

Plerumque accidit, ut faciliora ſint ad intelligendum, & lucidiora multò, quæ à doctiſſimo quoque dicuntur. *Ibid.*</small>

Les Anciens que vous eſtimez tant, dît Philante, ſont quelquefois aſſez obſcurs, & peu de gens les entendent ſans le ſecours des interprétes. Si l'obſcurité vient de la penſée meſme, repartit Eudoxe, je condamne les Anciens comme les Modernes : mais ſi elle ne vient que de

QUATRIEME DIALOGUE.

certaines circonstances historiques, on n'a rien à leur reprocher. Ils écrivoient pour leur siécle, & non pas pour le nostre. Ils font souvent allusion à des choses dont la mémoire ne s'est point conservée, & qui nous sont inconnuës: ce n'est pas leur faute, si nous ne les entendons pas. Les commentateurs devinent quelquefois de quoy il s'agit: mais d'ordinaire ils font dire à un Auteur tout ce qu'il leur plaist, & ils luy donnent la torture, de mesme à-peu-prés qu'on la donne à un criminel pour le faire parler malgré luy. Je ne sçay si la comparaison est tout-à-fait juste; mais je sçay bien qu'une partie de ce que nous écrivons aujourd'huy aura le sort des ouvrages de l'Antiquité, & je ne puis m'oster de l'esprit qu'on n'entendra pas un jour l'Auteur des *Satires* dans la description de son festin.

Sur tout certain hableur à la gueule affamée,
Qui vint à ce festin conduit par la fumée,
Et qui s'est dit Profés dans l'Ordre des Costeaux,
A fait, en bien mangeant, l'éloge des morceaux.

Je me suis mesme mis en teste que les commentateurs se tourmenteront fort pour expliquer ce *Profés dans l'Ordre des Costeaux*, & qu'on pourra bien le corriger en lisant *Profés dans l'Ordre de Cisteaux*; par la raison que *l'Ordre des Costeaux* ne se trouvera point dans l'Histoire Ecclesiastique, & que les gens de ce temps-là ne sçauront pas que cét Ordre n'estoit qu'une société de fins débauchez, qui vouloient que le vin qu'ils beuvoient fust d'un certain costeau, & qu'on les appelloit pour cela *les Costeaux*.

Ce que vous imaginez de la correction du passage est plaisant, dît Philanthé, & me paroist assez probable. Du moins, reprît Eudoxe, a-t-on fait plusieurs corrections dans les Anciens qui ne sont pas si bien fondées que celle-là, à ne regarder que les termes : car si on éxaminé la chose à fonds & en elle-mesme, il n'y a certainement nul rapport entre des gens de bonne chere, qui n'ont du goust que pour les choses du monde, & des hommes séparez du siécle qui ne pensent qu'à l'éternité.

J'en dis presque autant, continua-t-il, du nom que porte Aléxandre dans la Satire contre l'homme ;

Ce fougueux l'Angely, qui de sang alteré,
Maistre du monde entier, s'y trouvoit trop serré.

Cela est clair maintenant, parce que nous sçavons que l'Angely estoit un fou de la Cour, que le Prince de Condé avoit amené de Flandres ; & si cela devient obscur avec le temps, il ne faut pas s'en prendre à l'Auteur. Ce n'est donc pas de ces sortes d'obscuritez dont je parle ;

parle; ce n'est pas aussi précisément de celles qui viennent d'un mauvais arrangement de paroles, d'une construction louche, d'une équivoque, ou d'un mot barbare.

Je parle d'une obscurité qui est dans la pensée mesme, & je dis d'abord qu'il y en a d'une espece qu'on peut comparer avec ces nuits sombres, ou avec ces brouïllards épais qui empeschent tout-à-fait de voir : on a beau regarder de prés, & avoir la veûë bonne, on ne distingue du tout rien.

Cette sorte d'obscurité, repliqua Philanthe, est bien rare dans les ouvrages d'esprit. Je l'avoûë, repartit Eudoxe : il s'en trouve néanmoins qui sont fort obscurs en quelques endroits ; & le *Discours Funébre* qui fut prononcé aux obseques de Loüïs le Juste dans la Sainte Chapelle de Paris, est un peu de ce caractére. Je l'ay conservé comme une piéce curieuse, & rare en son genre : il a pour texte, *Ascendit super occasum ;* parce que le Roy mourut le jour de l'Ascension, & il commence admirablement :

Quoy donc, grand Soleil de nos Rois! las, au milieu de vostre course, estes-vous déja au couchant, & d'un si haut point de gloire, estes-vous précipité dans une éternelle défaillance? Non, non, bel Astre, vous montez en vous abbaissant, & vous mesurez mesme vos éleva-

„ tions par vos chutes. Pompes funébres, pour-
„ quoy me déguifez-vous fes triomphes? Si ma
„ Sainte Chapelle eft ardente, elle n'éclatera qu'en
„ feux de joye; ce fera dans les évidentes démonf-
„ trations où je reproduiray noftre Monarque
„ tout augufte, parce qu'il a efté tout humble,
„ & hautement relevé dans Dieu par une fervi-
„ tude couronnée, pour n'avoir point eû de cou-
„ ronnes qui ne luy fuffent affujéties.

Cela n'eft pas inintelligible, dît Philanthe. Non, répondit Eudoxe : ce n'eft pas là tout-à-fait du Galimatias, ce n'eft que du Phebus. Vous mettez donc, dît Philanthe, de la différence entre le Galimatias & le Phebus? Oûï, repartit Eudoxe : le Galimatias renferme une obfcurité profonde, & n'a de foy-mefme nul fens raifonnable. Le Phebus n'eft pas fi obfcur, & a un brillant qui fignifie, ou femble fignifier quelque chofe : le foleil y entre d'ordinaire, & c'eft peut-eftre ce qui a donné lieu en noftre langue au nom de Phebus. Ce n'eft pas que quelquefois le Phebus ne devienne obfcur, jufqu'à n'eftre pas entendu : mais alors le Galimatias s'y joint; ce ne font que brillans & que ténebres de tous coftez.

La penfée d'un Panégyrifte des Rois d'Efpagne, interrompit Philanthe, ne feroit-elle point de cette efpece? Il dit que le foleil femble faire

QUATRIÉME DIALOGUE.

sa course autour de leur Trosne en faisant le tour du monde, & que leur Couronne est son Zodiaque en terre. Justement, repartit Eudoxe; voilà du Phebus & du Galimatias ensemble. Je suis bien trompé, repliqua Philanthe, si *le Prince Illustre* que nous avons leû en nostre jeunesse, n'est plein de l'un & de l'autre. C'en est un parfait modele, & un riche fonds, répondit Eudoxe. Il ne faut qu'ouvrir le livre pour trouver de merveilleuses pensées qui ne se comprennent presque pas; & je me souviens toûjours de ce glorieux portrait que l'Auteur présente à son Héros; de ce portrait, dis-je, " qui n'ayant jamais eû de toile d'attente, estant " aussitost fait que dessiné, a eû sa sueur détrem- " pée avec le sang ennemi pour ses couleurs, son " épée pour son pinceau, son cœur pour son pein- " tre, ses desirs pour ses desseins, & soy-mesme " pour son original. "

Mais pour reprendre le discours de la Sainte Chapelle, l'Auteur, aprés avoir dit que l'hom- " me dans le Roy veut ce qu'il peut; que le Roy " dans l'homme peut ce qu'il veut; que l'un fait " son foible du fort de l'autre : il loûë le Prince " d'avoir esté insensible à tout ce qui flatte le sens, & s'écrie ensuite:

Royale abstinence des plaisirs, soleil nais- " sant dans les abismes, plénitude dans le vuide, "

» manne dans les deserts, toison séche où tout est
» trempé, toison trempée où tout est sec; corps
» desseché où les plaisirs le peuvent noyer, corps
» trempé & tout imbu de consolations où l'aus-
» terité le desseche!

Je ne sçay, dît Philanthe, qu'admirer le plus
du Phebus, ou du Galimatias. Ce n'est pas tout,
poursuivit Eudoxe :

» Allez, grande ame, digne hoste d'un si riche
» Palais. Si d'une matiére aussi vile que celle des
» animaux vous en avez fait une aussi pure que
» celle des astres; comme elle est inalterable par
» vostre vigueur, qu'elle soit immortelle par vos
» récompenses. Et vous, cendres sacrées, restes
» d'un si chaste flambeau; de toutes les solenni-
» tez des obseques, je n'en ay point pour vous
» qu'une translation anticipée, qui sans bouger
» d'un lieu, du tombeau vous met au berceau,
» & du couchant vous porte à l'orient. Je ne vous
» commets point à la terre comme nos Européans,
» point aux eaux comme les Barbares, point aux
» airs dans un cristal comme les Egyptiens, point
» aux feux comme les Romains : je vous mets en
» réserve dans le sein de la Providence qui destine
» d'enfermer le globe de mon astre & le chariot
» de ses triomphes, dont la plus belle solennité sera
» la devise de Loüis le Juste, *Ascendit super occasum*.

Comprenez-vous bien tout cela ? Il est diffi-

QUATRIEME DIALOGUE.

cile de décider, repartit Philanthe, lequel l'emporte icy du Galimatias ou du Phébus. Je n'ay jamais rien veû de plus brillant, ni de moins clair ; mais je voudrois bien voir du Galimatias tout pur. Je vas vous en montrer du plus fin, repartit Eudoxe : il ouvrit un livre, & leût la Lettre suivante.

Lettres de l'Abbé de Saint Cyran, imprimées par le sieur de Préville en 1655.

« Estimant par tout de grande importance, je ne dis pas les omissions, mais les moindres intermissions, soit en actions, soit en paroles, de l'amitié ; & n'estant pas de l'opinion de ceux qui croyent que les contemplatifs ont l'emportement sur les autres en l'éxercice de toutes sortes de vertus, ayant toûjours plus aimé l'action que la parole, & la parole que la méditation, & l'entretien solitaire en amitié : je puis néanmoins dire seûrement que je n'ay point failli en cette occasion, & que la cause de mon retardement vous sera aussi agréable qu'eust esté une Lettre écrite avec plus de diligence : d'autant que desirant une fois pour toutes vous dire avec une expression égale au fonds de ma pensée, de quelle façon je prétends m'estre donné à vous ; j'ay fait au contraire des excellens peintres qui ont de la peine à rabatre leur imagination, n'ayant jamais pu relever la mienne au point où mon ressentiment la vouloit loger. Ce qui a fait que dans cét estrif de mon cœur & de

» mon esprit, qui n'approche jamais par ses con-
» ceptions de ses mouvemens : j'ay mieux aimé
» me taire quelque temps, attendant le détour &
» la rencontre de ces esprits épurez qui aident à
» former de hautes imaginations, que voulant
» dire quelque chose, le dire avec diminution, &
» au préjudice de la source de mes passions ; où
» il est seulement loisible, quand elles naissent du
» vray amour, d'avoir sans crainte de reproche
» quelque sorte d'ambition.

Je n'ay jamais rien veû de semblable, interrompit Philanthe, & je vous avoüë que cela me passe. Ce n'est que le commencement, reprît Eudoxe ; voyez la suite.

» J'ay pris la plume, & comme si j'eusse voulu
» répandre l'encre sur le papier, j'ay écrit tout
» d'une traite ce qui s'ensuit. C'est à vous à voir,
» si j'ay esté si heureux que celuy qui rencontra
» à repréfenter en colére & par le jet du pinceau
» une belle écume. Pour vous asseûrer de moy,
» Monsieur, & en juger à l'avenir certainement
» & d'une mesme façon, je vous veux dire que
» vous trouverez toûjours mes actions plus for-
» tes que mes paroles ; que dis-je, que mes pa-
» roles ! que mes conceptions, que mes affections
» & mes mouvemens intérieurs ! car tout cela tient
» du corps, & n'est pas suffisant pour rendre té-
» moignage d'une chose tres-spirituelle, veû que

l'imagination qui eſt corporelle ſe trouve dans «
les mouvemens de l'affection : de ſorte que je «
ne prétends pas que vous me jugiez que par «
une choſe plus parfaite, & qui ne tient rien de «
ces choſes-là, qui ſont meſlées de corps, de «
ſang, de fumées, & d'imperfections ; parce qu'il «
me reſte dans le centre du cœur avant qu'il s'ou- «
vre & ſe dilate, & pour s'émouvoir vers vous «
il produiſe des eſprits, des conceptions, des ima- «
ginations, & des paſſions, quelque choſe de plus «
excellent que je ſens comme un poids affectueux «
en moy-meſme, & que je n'oſe produire ni é- «
clorre, de peur d'expoſer un ſaint germe. J'ai- «
me mieux le nommer ainſi à mes ſens, à mes «
fantoſmes, à mes paſſions qui terniſſent auſſi- «
toſt, & couvrent comme de nuées les meilleures «
productions de l'ame : ſi-bien que pour me don- «
ner à vous en la plus grande pureté qui ſe puiſſe, «
voire qui ne ſe puiſſe imaginer, je ne veux pas «
me donner à vous, ni par imaginations, ni par «
conceptions, ni par paſſions, ni par affections, «
ni par lettres, ni par paroles, tout cela eſtant in- «
férieur à ce que je ſens en mon cœur, & ſi rele- «
vé pardeſſus toutes choſes, qu'accordant aux «
Anges dans ma Philoſophie la veûë de ce qui «
eſt éclos, ce qui nage pour le dire ainſi ſur le «
cœur, il n'y a que Dieu ſeul qui en connoiſſe le «
fonds & le centre. «

Voilà en vérité une belle fougue, dît Philanthe, & je suis fasché de n'y comprendre rien. Vous n'estes pas au bout, repartit Eudoxe : écoutez, & taschez de concevoir.

» Moy-mesme qui vous offre le mien, *c'est de*
» *son cœur dont il parle,* n'y vois presque rien que
» je puisse désigner par un nom, & n'y connois
» que cette vague & indéfinie, mais certaine &
» immobile propension que j'ay à vous aimer &
» honorer; laquelle je n'ay garde de déterminer
» par quelque chose, afin que je me persuade que
» je suis dans l'infinité d'une radicale affection;
» j'ay presque dit substantielle, ayant égard à
» quelque chose de divin & à l'ordre de Dieu, où
» l'amour est substance, puis que je prétends
» qu'elle est infuse en la substance du cœur, dont
» le centre est la quintessence de l'ame, qui estant
» infinie en temps & en vertu d'agir comme ce-
» luy dont elle est l'image, je puis dire hardîment
» que je suis capable d'opérer envers vous par
» affection comme Dieu opere envers les hommes;
» me demeurant toûjours plus de puissance d'a-
» gir & d'aimer efficacement, que je n'auray paru
» en avoir par mes actions : à cause de quoy je
» les retranche aussi-bien que les imaginations, &
» le reste, comme incapable de vous rendre té-
» moignage de la disposition que j'ay en vostre
» endroit, & de la part que vous avez en mon
ame,

QUATRIE'ME DIALOGUE.

ame, qui estant indivisible, se donne toute par «
la moindre de ses parties, ou ne se donne pas «
du tout. «

Que dites-vous de cela, demanda Eudoxe à
Philanthe? Je dis, repliqua Philanthe, que c'est
là le galimatias le plus complet & le plus suivi
qui se puisse imaginer. La merveille est, continua Eudoxe, que celuy qui écrivoit de la sorte
passoit pour un oracle & pour un prophéte parmi quelques gens. Je crois, répondit Philanthe,
qu'un esprit de ce caractére n'avoit rien d'oracle ni de prophéte que l'obscurité.

Sçavez-vous bien, reprît Eudoxe, que ses
partisans soûtenoient que c'estoit un homme
envoyé de Dieu pour réformer l'Eglise sur le
modelle des premiers siécles? Ah, je ne puis
croire, dît Philanthe, que quand il y auroit
quelque chose à réformer dans l'Eglise, le Saint
Esprit vouluft se servir d'une teste pleine de
galimatias pour une entreprise si importante!

Aprés tout, repartit Eudoxe, on ne doit pas
s'étonner qu'un homme qui faisoit le procés à
Aristote & à Saint Thomas fust un peu broüillé avec le bon sens. Il en déclare luy-mesme
la vraye cause dans une autre Lettre où il dit
franchement, *J'ay le cœur meilleur que le cerveau.*
Mais ce qui me paroist merveilleux, c'est qu'un
de ses amis luy ayant mandé apparemment,

qu'on n'entendoit pas trop ce qu'il écrivoit, il luy répondit ainsi pour se justifier:

„ De peur que quelque étranger ne s'offense de
„ ma façon de parler, une fois pour toutes per-
„ mettez-moy de luy dire une regle qui interpré-
„ tera tout ce que je pourray jamais imaginer ou
„ dire d'extravagant en mes Lettres : c'est qu'en
„ fait de figures, de métaphores, & de chifres,
„ des termes tous différens, & des expressions
„ contraires signifient une mesme chose ; & par-
„ ce que tout le langage des amans est figuré &
„ mystique, il s'ensuit que lors que je vous dis
„ que je vous commande, je vous prie ; quand
„ je vous fais quelque défense, je vous offre en
„ cela mesme mon obéïssance.

C'est se tirer bien d'affaire, dît Philanthe en souriant, & on ne peut pas raisonner plus juste, ni plus nettement.

Il raisonne à peu prés de mesme dans une autre Lettre que voicy.

„ Nostre Philosophie nous apprend que la mes-
„ me circonscription que les corps ont par leur
„ quantité, les Anges l'ont par leurs actions : ce
„ qui m'oste le moyen d'étendre ma passion en-
„ vers vous, & m'oblige de reconnoistre mon
„ estre créé en la seule limitation qui me le fe-
„ roit haïr ; si je n'aimois en vous l'estre incréé
„ qui ne demande de moy que le mesme amour

que je vous porte, dont vous demeurerez sans «
doute content, puis que ne pouvant trouver «
en moy de l'infinité, vous la trouverez en luy «
qui vous aime en moy & par mon entremise «
d'un amour infini. «

Mais je crains de vous fatiguer par tout ce galimatias, & je vous épargne le reste. Il faut demeurer d'accord, repliqua Philanthe, que ces Lettres-là effacent bien Nerveze & la Serre, & que celuy qui les a écrites mériteroit d'avoir place dans l'*Histoire des derniers troubles arrivez au Royaume d'Eloquence*. On devoit sans doute, repartit Eudoxe en riant, luy donner un des premiers emplois dans l'armée du Prince Galimatias, & c'est une injustice manifeste que de l'avoir oublié. Parlons sérieusement, les pensées de l'Auteur des Lettres que je viens de lire ont un fonds d'obscurité que rien ne peut éclaircir, & nous pourrions dire de luy ce que Balzac disoit d'un autre, qu'il ne tombe pas dans le galimatias, qu'il s'y jette, qu'il s'y précipite de gayeté de cœur.

Nouvelle Allégorique, ou Histoire des derniers troubles arrivez au Royaume d'Eloquence.

Je dirois presque de ce faiseur de Lettres, répondit Philanthe, ce que Mainard disoit d'un Ecrivain de son temps :

> *Charles, nos plus rares esprits*
> *Ne sçauroient lire tes écrits*

Sans consulter Muret ou Lipse.
Ton Phébus s'explique si bien,
Que tes volumes ne sont rien
Qu'une éternelle Apocalipse.

L'application n'est pas juste, dît Eudoxe, car au moins avec le secours & de Muret & de Lipse on entendoit ces écrits, au lieu qu'on ne peut par aucune voye entendre ces Lettres.

Mais croyez-vous, dît Philanthe, que ces gens qu'on n'entend pas s'entendent eux-mesmes? En vérité, repartit Eudoxe, je ne sçay que vous en dire; ils pensent s'entendre, mais je ne crois pas qu'ils s'entendent; & si on les pressoit de s'expliquer clairement, je doute qu'ils en vinssent à bout.

On imagine quelquefois des choses, repliqua Philanthe, qu'on ne sçauroit expliquer faute de termes qui soyent propres, & qui répondent bien à nostre pensée. Dites, repartit Eudoxe, qu'on sent des choses qui sont au dessus de nos expressions: car les sentimens du cœur sont quelquefois si meslez ou si délicats, qu'on ne peut les expliquer qu'imparfaitement; & ce que j'ay leû dans la *Diane* de Montemayor me paroist fort vray, que quand on sçait si bien dire ce qu'on sent, on ne doit pas le sentir si bien qu'on le dit: *Quien tambien sabe desir lo* que siente, no deve sentillo tambien como lo dize. Mais les termes manquent peu pour faire entendre les conceptions de l'esprit, à moins qu'elles ne soient obscures & embrouillées d'elles-mesmes ; & une marque certaine qu'elles le sont, c'est quand on ne trouve point de paroles qui en donnent l'intelligence.

J'ay oûï dire, interrompit Philanthe, que le fameux Evesque du Bellay Jean Pierre Camus estant en Espagne, & ne pouvant entendre un Sonnet du Lope de Vegue qui vivoit alors, pria ce Poéte de le luy expliquer ; mais que le Lope ayant leû & releû plusieurs fois son Sonnet, avoûa sincérement qu'il ne l'entendoit pas luy-mesme.

Les beaux Esprits de ce païs-là, répondit Eudoxe, sont sujets à estre un peu obscurs, & on ne leur en fait pas un crime. Les Espagnols confessent de bonne foy qu'ils n'entendent pas leur Poéte Gongoza, & c'est peut-estre pour cela qu'ils luy donnent le surnom de merveilleux. *Maravilloso Luys de Gongora*. Ce qui est certain, c'est que son obscurité a passé en proverbe, & que comme les Castillans disent communément, *es de Lope*, pour marquer qu'une chose est excellente, ils disent de mesme, *Escuro como las soledades de Gongora*, pour faire entendre qu'une chose est obscure. Ces soledades font deux petits Poëmes fur la folitude, qui ont un degré d'obfcurité que n'ont pas le autres ouvrages du mefme Poéte.

Que dites-vous, repliqua Philanthe, de Lorenzo ou Baltazar Gracian ? Car on nous a appris que Baltazar eft fon véritable nom, & nous devons une fi belle découverte à un Sçavant de nos jours, qui a de grandes habitudes dans les païs étrangers, qui y a eû mefme des emplois affez confidérables, & qui commença en Portugal à fe faire connoiftre.

J'ay leû les ouvrages de Gracian, repartit Eudoxe, mais je vous confeffe que je n'ay pas entendu tout ce que j'ay leû. C'eft un beau génie, qui prend quelquefois plaifir à fe cacher aux Lecteurs, & je fuis du fentiment de celuy que vous venez de citer, qui dit dans la Pré-
» face de *l'Homme de Cour*, qu'il ne faut pas s'éton-
» ner fi Gracian paffe pour un Auteur abftrait,
» inintelligible, & par conféquent intraduifible ;
» que c'eft ainfi qu'en parlent la plufpart de ceux
» qui l'ont leû, & qu'un Sçavant à qui quelqu'un
» difoit qu'on traduifoit, *el Oraculo manual y Arte*
» *de prudentia*, répondit que celuy-là eftoit bien
» témeraire qui ofoit fe mefler de traduire des œu-
» vres que les Efpagnols mefmes n'entendoient
» pas.

Vous vous moquez, interrompit brufquement Philanthe : le Traducteur est bien éloigné de penser ce que vous dites, luy qui a fait un procés à l'Auteur des *Entretiens d'Ariste & d'Eugene*, sur ce qu'Ariste dit que Gratian est obscur, & qui le traite là-dessus de ridicule censeur.

Cela prouve, reprît Eudoxe, que le Traducteur se contredit un peu luy-mesme, avoüant d'un costé que les Espagnols mesmes n'entendent pas Gracian ; & de l'autre trouvant mauvais qu'Ariste luy donne de l'obscurité. Mais c'est le mot d'*incompréhensible* dont se sert Ariste qui a choqué le Traducteur, quoy-que celuy d'*inintelligible* ou d'*Intraduisible*, dont use le Traducteur mesme le vaille bien.

Si Gracian est incompréhensible, & ne s'entend pas luy-mesme, dit-il dans une de ses notes, comment le Censeur luy trouve-t-il du bon sens ? On pourroit répondre, ajoûta Eudoxe, qu'un Auteur peut suivre le bon chemin en quelques endroits, & s'égarer en d'autres, jusqu'à ne s'entendre pas, ou du moins jusqu'à ne se pas faire entendre : de-sorte qu'Ariste n'a point dit une impertinence, en disant que l'Ecrivain, dont nous parlons, a de la subtilité, de la force, & mesme du bon sens ; mais qu'on ne sçait quelquefois ce qu'il veut dire, & qu'il ne le sçait pas peut-estre luy-mesme ; ou l'impertinence tombe un peu fur le Traducteur, & fon Dom Juan de Laſtanoſa, qui demeurent d'accord que Gracian n'eſt pas clair, & que fon ſtile eſt coupé, concis, & énigmatique. A la " vérité ils foûtiennent hautement que c'eſt pour " concilier plus de vénération à la fublimité de " la matiére, qu'il n'écrit pas pour tout le mon- " de; qu'il a affecté d'eſtre obſcur pour ne ſe pas " popularifer, comme Ariſtote qui écrivit obſcu- " rément pour contenter Aléxandre fon difci- " ple, qui ne pouvoit fouffrir que perſonne en " ſceuſt autant que luy; qu'ainſi quoy-que les " œuvres de Gracian foyent imprimées, elles n'en " ſont pas plus communes, parce qu'en les ache- " tant on n'achete pas le moyen de les enten- " dre.

Rien ne me paroiſt plus plaiſant, dît Phi- lanthe, que d'affecter d'eſtre obſcur; & cela me fait fouvenir de ce Pédant dont parle Quin- tilien, qui enſeignoit l'obſcurité à ſes écoliers, & qui leur difoit, *Cela eſt excellent, je ne l'entens pas moy-meſme.*

Lib. 8. c. 2.

Ce que je trouve icy de trés-plaiſant, repar- tit Eudoxe, c'eſt que le Traducteur qui fe pi- que de pénétration, n'entend pas luy-meſme fon Auteur. Il s'imagine pénétrer tous les myſ- teres de Gracian, & il s'en déclare aſſez dans ſa " Préface, en difant que le langage de l'Ecrivain

qu'il

qu'il traduit est une espece de chifre, mais que « le bon entendeur le peut déchifrer sans avoir « besoin d'aller aux devins. Il n'a pas au reste « trop bien déchifré certains endroits dont je me souviens. L'Auteur dit, en parlant de l'esprit: *Es este el atributo Rey; y assi qualquier crimen contra el, fue de lesa magestad.* Le Traducteur déchifre ainsi ce passage: *L'esprit est le Roy des attributs; & par consequent chaque offense qu'on luy fait est un crime de leze-majesté.* L'Auteur dit sur le sujet de la dissimulation: *Sacramentar una voluntad serà soberania.* Le Traducteur tourne de la sorte: *Qui de sa volonté sçait faire un Sacrement, est souverain de soy-mesme.*

J'entends moins la Traduction françoise que l'Original espagnol, dît Philanthe, & je ne sçay ce que veut dire en nostre langue le *Roy des attributs, de sa volonté faire un sacrement.* Je devinois par *el atributo Rey*, que l'esprit estoit la perfection dominante dans l'homme, la perfection souveraine, & celle qui tenoit le premier rang. Je m'imaginois que *Sacramentar una voluntad*, vouloit dire, *cacher les mouvemens de son cœur, & en faire un mystére aux autres.* Mais *le Roy des attributs, de sa volonté faire un Sacrement*, est un vray chifre pour moy, & je gagerois que les Lecteurs ne l'entendent pas. C'est à dire, reprît Eudoxe, qu'un Oedipe du caractére de celuy-là est tout propre à obscurcir les énigmes, au lieu de les expliquer. Si j'avois le temps d'éxaminer la Traduction, ajoûta-t-il, & que cela en valust la peine, vous verriez bien que le Traducteur, qui s'applaudit de son ouvrage, & qui se flatte d'avoir traduit avec succés un livre inintelligible dans l'opinion commune, de son aveu mesme, n'est pas si bon entendeur qu'il pense, pour me servir de ses termes.

Il ressemble donc à Lipse, dît Philanthe, qui s'estant meslé d'éclaircir Tacite, ne fait rien moins que cela, ou fait voir qu'il ne l'entend pas trop luy-mesme en plusieurs endroits. La comparaison est juste, reprît Eudoxe, en ce point-là & en d'autres ; car le Traducteur de Gracian & le Commentateur de Tacite sont tous deux non seulement l'apologie, mais l'éloge de l'obscurité de leurs Auteurs ; en disant qu'ils n'ont pas écrit pour tout le monde, qu'ils ne l'ont fait que pour les Princes, pour les hommes d'Etat, pour les gens d'esprit ; & que ce n'est pas tant leur faute que celle de leurs lecteurs, si on ne les entend pas. Par malheur, repartit Philanthe, les Princes, les hommes d'Etat, & les gens d'esprit n'entendent pas plus que les autres les passages difficiles.

Gaspar Sciopp. de Stilo Historico.

Aprés tout, continua-t-il, le Traducteur est un habile homme, & un bel esprit. Je ne le nie pas, repartit Eudoxe; je vous avoüe mesme que j'ay leû avec beaucoup de plaisir son Epitre dédicatoire. Il y parle espagnol en françois admirablement bien, & les titres qu'il donne à Louïs le Grand de *Roy Roy*, de *Maistre Roy*, de *grand Tout*, de *non plus outre de la Royauté*, m'ont fort réjoüi. Il m'a semblé que je lisois *l'Avant victorieux* du Vicechancelier de Navarre, qui commence par *Ma plume en l'air*.

J'ay veû dans Homére, dît Philanthe, *Roy plus Roy que les autres;* dans Marot, *Roy le plus Roy qui fut onc couronné*; & dans un Poéte moderne, *Roy vrayment Roy*. Mais je n'avois jamais veû, *Roy Roy*; & *Roy Roy* me paroist presque aussi plaisant que *perroquet perroquet*.

Enfin pour laisser là le Traducteur, ajoûta-t-il, Gracian ne vous charme pas. A vous parler franchement, repliqua Eudoxe, il y a dans ses ouvrages quelque chose de si sombre, de si abstrait, & de si opposé au caractére des Anciens, que je ne puis en faire mes délices. L'ouvrage qui a esté traduit, & qu'on a intitulé en espagnol, *El Oraculo manual y Arte de prudencia*; en françois, *l'Homme de Cour*, que Dom Lastanosa appelle *une raison d'Etat de soy-mesme, & une boussole avec laquelle il est aisé de surgir au port de l'excellence;* le Traducteur, *une espece de rudiment de Cour & de Code politique.* Nerveze ne

Zz ij

parleroit pas autrement, interrompit Philanthe. Cét ouvrage, dis-je, reprît Eudoxe, eſt un recueïl de maximes qui n'ont nulle liaiſon naturelle, qui ne vont point à un but, la pluſpart quinteſſenciées & chimériques, preſque toutes ſi obſcures qu'on n'y entend rien, ſur tout dans la Traduction.

Le Livre qui a pour titre, *Agudeza y Arte de ingenio*, eſt un beau projet mal éxécuté à mon gré : j'en fus frappé la première fois que je le vis, & il me prît d'abord envie de le traduire ; mais aprés que j'en eû leû quelque choſe, je fus bien gueri de ma tentation. Car quoy-que j'y trouvaſſe de la ſubtilité & de la raiſon en pluſieurs endroits, je n'y trouvay point mon compte ; & je jugeay, en le parcourant, qu'un ouvrage de cette eſpece ſeroit un monſtre en noſtre langue. L'Auteur prétend y enſeigner l'art d'avoir de l'eſprit: mais toute ſa méthode eſt fondée ſur des régles ſi métaphyſiques, & ſi peu claires, qu'on a peine à les concevoir ; d'ailleurs ſi peu ſeûres, qu'on pourroit bien quelquefois s'égarer en les ſuivant.

Les autres Livres de Gracian ont le meſme caractére, à ſon *Politico Fernando* prés, qui eſt plus intelligible & plus raiſonnable. Car, ſans parler de ſon *Criticon* où je ne vois goute ; ſon *Diſcreto* eſt un peu viſionnaire, & ſon *Heroe* est tout-à-fait fanfaron ; l'incompréhensibilité est la premiére qualité, & le premier avantage que l'Auteur luy donne : *Primor primero, que el Heroe platique incomprehensibilidades de caudal.* En un mot jamais peut-estre Ecrivain n'a eû des pensées si subtiles, si guindées, ni si obscures.

Le maistre en obscurité dont je vous ay fait souvenir, dît Philanthe, auroit esté ravi de rencontrer des discours latins du stile de Gracian. Il n'auroit pas non plus esté fasché, repartit Eudoxe, de voir en sa langue ce que nous voyons en la nostre dans des Ecrivains d'aujourd'huy, qui croyent se faire admirer en disant des choses qui ne sont pas nettes, & qui ne penseroient pas avoir de l'esprit, si ce qu'ils disent n'avoit besoin d'interprétation. Eudoxe prît alors un cayer où estoient ramassez divers exemples d'obscurité, & il leût les suivans.

Pervasit jam multos ista persuasio, ut id jam demùm eleganter atque exquisitè dictum putent, quod interpretandum sit. Quintil. lib. 2. c. 3.

« L'enfer est le centre des damnez comme les ténébres sont le centre de ceux qui fuyent la lumiére. C'est là où la lumiére de Dieu les incommode le moins, où les reproches de leur conscience sont moins vifs, où leur orgueil est moins confondu ; ainsi ce leur est une espece de soulagement que de s'y précipiter. »

Je vous avoüe, dît Philanthe, que je ne comprens pas bien cela ; j'y entrevoy seulement quelque chofe qui ne m'y paroift guéres vray. J'avois cru du moins jufqu'à cette heure, que la lumiére divine dont les damnez font éclairez intérieurement au milieu des ténébres qui les environnent, leur fait fentir plus vivement que jamais le malheur qu'ils ont d'avoir perdu Dieu; & je ne penfois pas que l'enfer fuft fait pour le foulagement des impies.

Penfez-vous, repartit Eudoxe, que l'ame fe porte d'elle-mefme au defefpoir, à la rage, & à l'enfer comme une pierre tombe naturellement en bas? C'eft ce que dit le mefme Auteur; voicy fes paroles:

„ L'ame tend par fon propre poids au décou-
„ ragement & au defefpoir. Le centre de la na-
„ ture corrompuë eft la rage & l'enfer: pour l'y
„ enfoncer tout-à-fait, il ne faut que la féparer
„ des objets, & la réduire à ne penfer qu'à elle-
„ mefme.

Ces propofitions me paroiffent incompréhenfibles, repliqua Philanthe. Car enfin fi le defefpoir, la rage, & l'enfer font le centre de la nature corrompuë, on ne pourroit trouver de repos qu'en fe defefperant, qu'en enrageant, & qu'en fouffrant les fupplices des damnez, comme une pierre n'en trouve que dans fon centre. Je ne comprens pas mieux, ajoûta-t-il, que *pour enfoncer l'ame tout-à-fait dans ce cen-*

QUATRIE'ME DIALOGUE. 367

tre, il ne faut que la séparer des objets, & la réduire à elle-mesme, & cela frise un peu le galimatias; aussi-bien que la pensée d'un Italien contre ceux qui mesurent la grandeur de l'esprit par la grosseur de la teste : *non sanno, dit-il, che la mente è il centro del capo ; e il centro non cresce per la grandezza del circolo.* Car que veut dire, *l'esprit est le centre de la teste, & le centre ne croist point par la grandeur du cercle ?*

Eudoxe continua de lire dans son cayer, & leût ce qui suit.

« J'en connois qui m'ont avoûé que la réserve d'un simple préjugé les avoit retardez longtemps dans le chemin de la vérité; parce que le pli que prend nostre ame, forme une espece de ressort qui revient insensiblement, quand la destruction n'en est pas entiére.

« Si quelquefois le cœur se révolte contre les droits de l'amitié; le respect qui s'est formé en nous par une assez longue habitude, ménage adroitement nostre esprit pour s'emparer de nostre cœur.

« Il n'est point icy bas de loy dont le contrecoup ne soit injuste en tout, ou en partie.

« Si les amitiez des Grands ne se détruisent pas d'ordinaire par les mesmes degrez qu'elles ont esté formées ; elles cessent quelquefois par un rapport assez juste de la cause qui les a fait nais-

» tre avec le penchant de ceux qui deviennent
» inconſtans.

Bon Dieu, quel jargon, interrompit Philanthe! je n'y entends rien, & qui ſont les gens qui penſent ainſi? Ce ſont des Philoſophes & des Hiſtoriens, répondit Eudoxe. Ah, je pardonne aux Philoſophes un peu d'obſcurité, dît Philanthe! Ariſtote leur pere eſt aſſez obſcur; & puis les ſecrets de la nature demandent peuteſtre je ne ſçay quoy de myſtérieux: mais je ne puis ſouffrir que les Hiſtoriens parlent obſcurément; & Tacite que j'aime fort ne me plaiſt point, dés que je ne l'entends pas: car il me ſemble que la clarté n'eſt guéres moins eſſentielle à l'Hiſtoire que la vérité.

Vous voilà dans le bon chemin, repartit Eudoxe, & je ſerois tres-content de vous, ſi vous n'aviez un peu trop d'indulgence pour les Philoſophes. Croyez-moy, ils doivent écrire nettement auſſi-bien que les Hiſtoriens, & ils y ſont d'autant plus obligez que c'eſt à eux à nous découvrir les ſecrets de la nature. J'admire Ariſtote où il eſt intelligible: mais je ceſſe de l'admirer où il ne l'eſt pas. Et je me ſouviens de Socrate, qui aprés avoir leû un livre d'Héraclite plein d'obſcuritez, le condamna finement, en diſant que tout ce qu'il en avoit entendu eſtoit tres-beau; & qu'il ne doutoit pas que ce qu'il
n'enten-

QUATRIE'ME DIALOGUE.

n'entendoit point ne le fust aussi. C'est cét Héraclite, repliqua Philanthe, qui disoit à ses disciples : *Obscurcissez vos pensées, & ne vous expliquez que par énigmes, de peur d'estre entendus du peuple.*

A parler en général, poursuivit Eudoxe, tout Ecrivain, soit Historien ou Philosophe, soit Orateur ou Poéte, ne mérite pas d'estre leû, dés qu'il fait un mystére de sa pensée. C'est comme ces femmes qui vont masquées par les ruës, ou qui se cachent dans leurs coëfes, & qui ne veulent pas qu'on les connoisse : il faut les laisser passer, & ne les regarder pas seulement.

Cependant, repliqua Philanthe, vous me dîtes hier que la délicatesse consistoit en partie dans je ne sçay quoy de mystérieux qui laissoit toûjours quelque chose à deviner. Oûï, reprît Eudoxe, il doit y avoir un peu de mystére dans une pensée délicate ; mais on ne doit jamais faire un mystére de ses pensées. Ce peu de mystére dont nous avons parlé, laisse assez de jour pour faire découvrir aux autres ce qu'on leur cache. Ce n'est pas un masque ou un voile épais qui couvre entiérement le visage ; c'est un crespe transparent, comme nous avons dit, au travers duquel on a le plaisir de voir, & de reconnoistre la personne. Mais quand je fais un mystére de ma pensée, je l'envelope tellement que les autres ont peine à la démesler ; & c'est ce qu'un Ecrivain raisonnable ne doit jamais faire.

On a reproché à Costar, dît Philanthe, d'a-
» voir donné dans l'obscurité, en disant que Voi-
» ture disputoit la gloire de bien écrire aux Illus-
» tres des nations étrangéres, & contraignoit
» l'écho du Parnasse en un temps qu'il n'estoit plus
» que pierre, d'avoir autant de passion pour son
» rare mérite ; qu'il en avoit, lors qu'il estoit nym-
» phe, pour la beauté du jeune Narcisse.

On a eû raison, repartit Eudoxe : cela n'est pas net, pour ne rien dire de pis ; & je comprends encore moins *l'écho du Parnasse, qui estant pierre a de la passion pour le mérite de Voiture ;* que *l'é-cho qui ne répondant point à la voix du tonnerre, nous apprend que ce que les Dieux font, ne sçau-roit estre exprimé par les hommes :* c'est la pensée d'un Ecrivain du Regne passé, pour loüer le Cardinal de Richelieu. Mais ce que dit Costar luy-mesme à un de ses amis est bien plus joli :
» Il y a dans vostre Lettre une chose qui seroit,
» je crois, fort belle ; si nous l'entendions vous
» & moy.

Balzac, continua-t-il, parlant de la vertu qui se tient lieu de récompense à elle-mesme, dit
» que la gloire n'est pas tant une lumiére étran-
» gére qui vient de dehors aux actions héroï-

QUATRIEME DIALOGUE.

ques, qu'une réflexion de la propre lumiére de ſes actions, & un éclat qui leur eſt renvoyé par les objets qui l'ont receû d'elles. Voilà beaucoup de lumiére & d'éclat, mais peû de clarté; & je trouve bien plus clair ce que dit Salluſte, que *la gloire des Anceſtres eſt comme une lumiére qui fait paroiſtre les bonnes & les mauvaiſes qualitez de leurs deſcendans.*

<small>Majorum gloria poſteris quaſi lumen eſt, neque bona eorum, neque mala in occulto patitur. Bell. Jugurth.</small>

Les Poëtes qui ne parlent que le langage des Dieux, dît Philanthe, ſont ſujets à n'eſtre pas toûjours entendus des hommes: témoin ces vers qui furent faits pour le grand Miniſtre que vous venez de nommer.

Je ſçay que les travaux de mille beaux Eſprits,
Pour t'immortaliſer ont fait une peinture,
Qui montre à l'univers que ta gloire eſt un prix
Pour qui le Ciel diſpute avecque la Nature.

Les vers que j'ay leûs dans un Poëme Héroïque, repartit Eudoxe, valent bien les voſtres: c'eſt au ſujet d'une armure tres-riche & tres-belle.

L'étoffe & l'artifice y diſputoient du prix;
Les diamans meſlez avecque les rubis
S'y montroient à leur flâme & vive & mutuelle,
Ou toûjours en amour, ou toûjours en querelle.

Je ne ſçay, repliqua Philanthe, lequel eſt le plus

clair, ou du *prix pour qui le Ciel dispute avec la Nature*, ou *des diamans meslez avec des rubis qui sont toûjours en amour, ou en querelle.*

Quatre vers d'un Sonnet pour le Roy sur la Paix & sur le Mariage ne sont pas si obscurs que les précedens ; mais ne sont pas peut-estre assez clairs.

Le destin consentoit que Madrid fust en poudre :
Pour complaire à l'Infante il contredit les Cieux ;
Des mains de Jupiter il arrache la foudre ;
Et desarme les Rois, les Peuples, & les Dieux.

C'est du Sonnet qui commence ainsi :

Braves, reposez-vous à l'ombre des lauriers,
Le Grand LOUÏS *consent que vous preniez haleine.*

Dites sans peut-estre, repartit Eudoxe, que ces quatre vers n'ont point assez de clarté, & dites mesme qu'ils ont bien l'air de galimatias : mais en voicy trois que j'ay retenu d'une piéce de Théatre qui sont un vray galimatias :

Ce départ cependant m'arrache un aveu tendre,
Et dont mon cœur confus d'un silence discret,
En soupirant tout bas m'avoit fait un secret.

N'avez-vous pas veû, repliqua Philanthe, ce que dit un célébre Orateur Portugais dans le Discours historique pour le jour de la naissance de la

Séreniſſime Reine de Portugal? Que ſi un Prince ſe fie à ſon ſujet, on peut dire qu'un cœur ſe fie à un autre cœur : mais que quand l'Epoux ſe fie à ſon Epouſe, il ne faut pas dire qu'un cœur ſe fie à un autre cœur, mais qu'un cœur ſe fie à luy-meſme. *Où la moitié d'un cœur*, ajoûte l'Auteur du Diſcours hiſtorique, *mettra-t-elle ſa confiance plus ſeûrement que ſur l'autre moitié de ſoy-meſme?*

La penſée Portugaiſe eſt aſſez bizarre, repartit Eudoxe ; mais la Françoiſe, ou plûtoſt celle du Poëte François, l'eſt encore plus. Un ancien Critique s'eſt moqué de celuy qui avoit dit *qu'un Centaure eſtoit à cheval ſur luy-meſme*, comme nous l'avons déja remarqué. Il auroit pu ſe moquer de l'Orateur Portugais, qui dit *qu'un cœur ſe fie à luy-meſme*, que *la moitié d'un cœur met ſa confiance ſur l'autre moitié de ſoy-meſme :* & il ſe ſeroit moqué ſeûrement de noſtre Poëte Dramatique, qui fait dire à un des perſonnages qu'il met ſur la Scene, que *ſon cœur, en ſoupirant tout bas, luy avoit fait à luy-meſme un ſecret de ſa paſſion.*

Demetrius Phalereus.

Tous nos Poëtes, dît Philanthe, n'ont pas le ſens & la netteté de Malherbe. Je vous aſſeûre, repartit Eudoxe, que Malherbe, avec tout ſon ſens & toute ſa netteté, s'endort quelquefois auſſi-bien qu'Homére, juſqu'à tomber dans une eſpece de galimatias, ſi je l'oſe dire. Il prit les poésies de Malherbe, & leût dans l'Ode à M. le Duc de Bellegarde les vers qui suivent :

> *C'est aux magnanimes éxemples,*
> *Qui sous la baniére de Mars*
> *Sont faits au milieu des hazards,*
> *Qu'il appartient d'avoir des temples.*
> *Et c'est avecque ces couleurs*
> *Que l'histoire de nos malheurs*
> *Marquera si-bien ta mémoire,*
> *Que tous les siécles à venir*
> *N'auront point de nuit assez noire*
> *Pour en cacher le souvenir.*

Qu'est-ce, à vostre avis, que des *éxemples*, *à qui il appartient d'avoir des temples*, & qui sont *faits au milieu des hazards*? Et de quelles *couleurs* prétend parler le Poéte? A la vérité, dît Philanthe, cela n'est pas net, & je n'y avois pas pris-garde.

Eudoxe leût en suite le commencement des *Larmes de Saint Pierre.*

> *Ce n'est pas en mes vers qu'une Amante abusée*
> *Des appas enchanteurs d'un parjure Thésée,*
> *Aprés l'honneur ravi de sa pudicité,*
> *Laissée ingratement en un bord solitaire,*
> *Fait de tous les assauts que la rage peut faire,*
> *Une fidelle preuve à l'infidélité.*

La plufpart de ceux qui lifent ces deux derniers vers, croyent les entendre; parce qu'ils font harmonieux, qu'ils paroiffent avoir de l'efprit, & que les vers qui les précedent ont du fens. Pour moy je n'entends point *tous les affauts que la rage peut faire*, & dont Ariadne *fait une fidelle preuve à l'infidélité de Théfée*. Je dois au refte ces réflexions fur Malherbe à un honnefte homme de nos amis, qui a tout le difcernement qu'on peut avoir, & qui dans la fleur de fon âge joint une grande capacité avec une grande fageffe.

Malherbe eftoit fort jeune luy-mefme, dît Philanthe, quand il compofa ce Poëme; & il le defavoûoit en quelque façon, fi nous en croyons un fçavant homme : qui dit cependant qu'on ne peut nier qu'il n'y ait beaucoup de belles chofes dans cette piéce; & que comme Longin a dit de l'Odyffée que c'eftoit un ouvrage de vieilleffe, mais de la vieilleffe d'Homére; on peut dire de mefme des *Larmes de Saint Pierre*, que c'eft un ouvrage de jeuneffe, mais de la jeuneffe de Malherbe.

Aprés tout, repartit Eudoxe, ces raifons n'éclairciffent pas les fix vers obfcurs : elles excufent feulement le Poéte, & font eftimer les beaux endroits du Poëme : mais la piéce n'en vaudroit pas pis, fi tout y eftoit bien clair;

du moins me plairoit-elle davantage; car je vous avoüë que l'ombre du galimatias me fait peur.

Le Sonnet de l'*Avorton*, poursuivit Eudoxe, vous a paru excellent? Il me le paroist encore, repliqua Philanthe: car peut-on rien voir de mieux imaginé & de mieux conduit?

Toy qui meurs avant que de naistre,
Assemblage confus de l'estre & du néant;
Triste avorton, informe enfant,
Rebut du néant & de l'estre;

Toy, que l'amour fit par un crime,
Et que l'honneur défait par un crime à son tour,
Funeste ouvrage de l'amour,
De l'honneur funeste victime.

Laisse-moy calmer mon ennuy;
Et du fond du néant où tu rentre aujourd'huy,
Ne trouble point l'horreur dont ma faute est suivie.

Deux tyrans opposez ont décidé ton sort:
L'amour, malgré l'honneur, te fit donner la vie,
L'honneur, malgré l'amour, te fait donner la mort.

Ce que le Sonnet a de beau me plaist fort, repartit Eudoxe: la premiére pensée est heureuse, & le merveilleux s'y rencontre naturellement avec le vray;

Toy

Toy qui meurs avant que de naiſtre.

Les derniéres penſées ſont tres-juſtes, & n'ont peut-eſtre que trop de juſteſſe, ou pour le moins trop de jeu.

L'amour, malgré l'honneur, te fit donner la vie;
L'honneur, malgré l'amour, te fait donner la mort.

Mais l'*aſſemblage confus de l'eſtre & du néant*, n'a pas toute la clarté que l'on pourroit deſirer, non plus que le *rebut du néant & de l'eſtre*. Cela eſt trop fort, dît Philanthe, pour eſtre ſi net. Eh, de grace, répondit Eudoxe, un peu moins de force, & plus de netteté! Encore ne ſçay-je ſi ce qui vous ſemble fort l'eſt en effet : car, ſelon les Maiſtres de l'art, les eſprits enflez ont, comme les corps boufis, plus de foibleſſe que de force, & ſont dans le fonds malades, quelque apparence d'embonpoint qu'ils ayent. Nam tumidos & corruptos & tinnulos, & quocumque alio cacozeliæ genere peccantes, certum habeo non virium, ſed infirmitatis vitio laborare; ut corpora non robore, ſed valetudine inflantur. Quintil. lib. 2. c. 3.

Il faut en vérité un jugement bien exquis pour penſer de ſorte, qu'une penſée ſoit claire ſans eſtre foible; & pour ſe faire entendre des plus groſſiers en ſe faiſant eſtimer des plus habiles.

Comme nous n'éxaminons pas icy le langage, ajoûta-t-il, je ne dis rien de la faute de grammaire, qui eſt au dixième vers du Sonnet de l'*Avorton; où tu rentre aujourd'huy*, au lieu de *rentres* avec une *s*, qui n'accommodoit pas le Poéte. C'est justement la faute que nous avons remarquée dans le Sonnet du *Miroir*.

Il est plaisant, dît Philanthe, que le hazard ait voulu que ces deux Sonnets si beaux en leur genre, ayent tous les deux la mesme faute de grammaire. Ce n'est qu'une bagatelle, dît Eudoxe ; & pour moy je souffrirois bien plûtost un solécisme que le moindre galimatias : l'un n'est que contre la syntaxe, ou contre l'usage ; mais l'autre est contre le bon sens, qui veut qu'on pense toûjours nettement, & qu'on s'exprime de mesme.

A propos de solécisme, repliqua Philanthe, que dites-vous d'un de nos Ecrivains, qui dans un ouvrage trés-sérieux, appelle les bastimens irréguliers, *des solécismes en pierre* ? C'est celuy qui a appellé les Romans, *des basteleurs en papier* ; la sentence, *le poivre blanc de la diction* ; & les longues queuës des femmes, *des hyperboles de drap*. Outre que ces pensées sont basses & un peu burlesques, repartit Eudoxe, elles tiennent fort de l'énigme, & on ne sçauroit guéres les entendre à moins que de sçavoir deviner. Ne vaudroit-il pas mieux se taire que de parler énigmatiquement ? Et le précepte de Maynard n'est-il pas trés-raisonnable ?

QUATRIE'ME DIALOGUE.

Mon ami, chasse bien loin
Cette noire Rhétorique:
Tes ouvrages ont besoin
D'un devin qui les explique.
Si ton esprit veut cacher
Les belles choses qu'il pense;
D'y-moy, qui peut t'empescher
De te servir du silence?

Je me rencontray l'autre jour dans une compagnie, dît Philanthe, où l'on éxamina cette Réflexion morale: *La gravité est un mystére du corps inventé pour cacher les défauts de l'esprit.* Tout le monde trouva la Réflexion délicate & pleine de sens; mais quelques-uns y trouverent je ne sçay quoy d'envelopé & d'obscur. Ce *mystére du corps* leur parut trop mystérieux. Je serois assez de leur sentiment, repartit Eudoxe; & j'aimerois mieux ce qu'on a dit de l'action de l'Orateur, qu'elle estoit *une éloquence du corps.* J'ay un peu de peine à entendre ce que c'est qu'*un mystére du corps*, & je conçois aisément ce que c'est que l'*éloquence du corps* : car, selon l'Auteur mesme des *Réflexions morales*, il y a une éloquence dans les yeux & dans l'air de la personne qui ne persuade pas moins que celle de la parole.

Je suis convaincu, dît Philanthe, que la clarté est nécessaire dans les pensées; mais je voudrois bien sçavoir précisément pourquoy elles sont quelquefois obscures. Cela vient souvent, répondit Eudoxe, de ce que l'esprit qui les conçoit est obscur luy-mesme, & ne voit pas tout-à-fait les choses dans leur jour. Comme les notions qu'il a ne sont pas nettes, ses pensées n'ont garde de l'estre non plus que ses paroles qui en sont les images naturelles. Mais pour descendre dans le détail, l'obscurité peut venir de ce qu'une pensée est tirée de loin ; par exemple d'une métaphore, ou d'une comparaison, qui n'a d'elle-mesme nul rapport à l'objet de la pensée. Ainsi *les solécismes en pierre* ont quelque chose d'obscur ; parce qu'il y a une trés-grande distance entre un solécisme & un bastiment.

Ut modicus atque opportunus translationis usus illustrat orationem ; ita frequens obscurat, continuus verò in allegoriam & ænigma exit. Quintil. lib. 8. c. 6.

Plusieurs métaphores entassées les unes sur les autres font aussi ce mauvais effet ; & nous pouvons dire de la pensée ce que Quintilien a dit du discours. Comme la métaphore rend le discours clair, quand on l'employe à propos, & qu'on s'en sert peu : elle l'obscurcit dés quelle est fréquente ; & fait des énigmes, si on en use continuellement. La raison est que tant d'images étrangéres meslées ensemble produisent de la confusion dans l'esprit des lecteurs ou des auditeurs. Il arrive mesme que deux métaphores qui ne sont pas dans le mesme genre, estant jointes, diminuënt quelque chose de la clarté d'une penſée. Je vous comprends, dît Philanthe, & je vois maintenant pourquoy la penſée d'une Perſonne ſçavante bien audeſſus de ſon ſexe, qui a entrepris de nous expliquer ce que c'eſt que le gouſt en matiére d'eſprit, & qui l'a fait d'une maniére ſi délicate ; pourquoy, dis-je, ſa penſée, qui eſt au fonds vraye & ſolide, ne m'a pas paru d'abord extrémement claire ; c'eſt ſans doute qu'elle définit le gouſt, qui eſt une métaphore, par l'harmonie qui en eſt une autre d'un genre différent. Car, ſi je m'en ſouviens, voicy la définition : *Le gouſt eſt une harmonie, un accord de l'eſprit & de la raiſon.*

Vous ne profitez pas mal de ce qu'on vous dit, repartit Eudoxe ; & l'éxemple qui vous eſt venu ſi à propos prouve bien ce que je veux dire. Il faut pourtant confeſſer que ſi les deux métaphores obſcurciſſent tant ſoit peu la définition ; l'explication qui s'en fait auſſitoſt, l'éclaircit aſſez, & la fait entendre du moins à ceux qui veulent prendre la peine de l'approfondir.

D'autres définitions du gouſt que j'ay leûës dans une tres-belle Lettre, repliqua Philanthe, peuvent encore nous aider à en avoir des notions nettes & diſtinctes. Le gouſt, dit l'Auteur de la Lettre, eſt un ſentiment naturel qui tient à l'ame, & qui eſt indépendant de toutes les ſciences qu'on peut aquerir ; le gouſt n'eſt

» autre chofe qu'un certain rapport qui fe trouve
» entre l'efprit & les objets qu'on luy préfente;
» enfin le bon gouft eft le premier mouvement,
» ou pour ainfi dire une efpece d'inftinct de la
» droite raifon qui l'entraifne avec rapidité, &
» qui la conduit plus feûrement que tous les rai-
» fonnemens qu'elle pourroit faire.

Ces définitions font fines & juftes, repartit Eudoxe; elles me font concevoir que l'Auteur des *Réflexions morales* a eû raifon de dire que le bon gouft vient plus du jugement que de l'efprit, mais elles ne me font pas entendre une autre de fes réflexions : *Quand noftre mérite baiffe, noftre gouft baiffe auffi.* Il y a là une délicateffe qui me paffe, & c'eft peut-eftre ma faute. Il me femble, dît Philanthe, que j'ay entendu cette réflexion toutes les fois que je l'ay leûë; car j'ay leû plus d'une fois les *Réflexions morales*: mais je ne l'entends pas plus que vous préfentement, & je crois que nous avons tous deux l'efprit bouché.

Quoy qu'il en foit, reprît Eudoxe, je fuis affeûré que fi l'Auteur avoit donné un peu plus d'étenduë à fa penfée en la dévelopant davantage, elle en feroit plus intelligible; car la briéveté contribuë encore à l'obfcurité, felon le mot d'Horace : *Je veux eftre court, je deviens obfcur.* En effet, il arrive d'ordinaire qu'à force de ferrer les choses, on les étrangle, & on les étouffe pour ainsi dire: si-bien qu'une pensée est confuse dés qu'elle n'a pas toute l'étenduë qu'elle doit avoir, de mesme à peu prés que l'est une carte de geographie, quand les lieux y sont trop pressez, & que les riviéres, les montagnes, les villes & les bourgs n'ont pas tout l'espace qui leur convient. Thucydide n'est pas toûjours clair, à force d'estre concis & trop subtil dans ses pensées, si nous en croyons Ciceron. Tacite est obscur; parce qu'il ramasse souvent sa pensée en si peu de mots, qu'à peine peut-on deviner ce qu'il veut dire.

Horum concisæ sententiæ, interdum etiam non satis apertæ cùm brevitate, tum nimio acumine. Cicer. de Clar. Orat.

Il seroit à souhaiter, poursuivit Eudoxe, que nous fussions comme les Anges, qui se communiquent leurs pensées sans le secours des paroles: mais n'estant pas de purs esprits, nous sommes contraints d'avoir recours au langage pour exprimer ce que nous pensons; & telle pensée ne se peut entendre sans un certain nombre de mots: si vous en retranchez quelque chose, sous prétexte de rendre la pensée plus forte, vous tombez infailliblement dans l'obscurité. C'est ce défaut que Séneque & Quintilien reprochent à Salluste, repliqua Philanthe. L'un dit que ce fameux Historien fit valoir en son temps les pensées coupées & un peu obscures; l'autre, qu'il faut éviter cette briéveté de

Sallustio vigente, amputatæ sententiæ, & obscura veritas fuere pro cultu. Senec. Ep. 114.

Vitanda illa Sallustiana brevitas, & abruptum sermonis genus. Quintil. lib. 4. c. 14.

Sallufte, & ce genre d'écrire concis & rompu qu'il affecte quelquefois.

Il y a pourtant, reprît Eudoxe, une briéveté loüable, qui confifte à employer toutes les paroles qu'il faut, & à n'employer que celles qu'il faut, ou mefme à fe fervir quelquefois d'un mot qui en vaille plufieurs autres. C'eft la briéveté que Quintilien luy-mefme trouve fi belle dans Sallufte en rapportant ce que cet Hiftorien dit de Mithridate, qu'il eftoit armé de fa grande taille ; mais, comme remarque Quintilien au mefme endroit, dés qu'on imite mal ces maniéres de penfer & de parler, on devient obfcur.

Eft pulcherrima brevitas, cùm plura paucis complectimur, quale illud Salluftii eft. Mithridates corpore ingenti perinde armatus : hoc malè imitantes fequitur obfcuritas. Lib. 8. c. 3.

Le Taffe n'a pas mal imité Sallufte, repliqua Philanthe, en difant d'un de fes Héros qu'il eftoit armé de fa propre perfonne auffi-bien que de fon bouclier & de fa cuiraffe.

E di fine armi, e di fe fteffo armato.

C'eft moins là une imitation, repartit Eudoxe, qu'un larcin honnefte. N'eft-il pas jufte, répondit Philanthe, que le Taffe fe dédommage un peu fur les Anciens des vols que les Modernes luy font ? Je pourrois vous en citer mille, & je me borne à un feul que j'ay dans l'efprit. Le Poëte Italien, en parlant du Po qui eft rapide à fon emboucheûre, & qui fe jette dans la mer avec violence,

violence, dit qu'il semble porter la guerre, & non pas un tribut, à la mer.

. . . . *E pare*
Che guerra porti, e non tributo al mare.

Un de nos Poëtes dit presque le mesme d'un autre fleuve :

. . . . *Le Tigre écumeux & bruyant*
Se poursuivant toûjours, & toûjours se fuyant,
De sa fougueuse course étonne son rivage,
Et porte pour tribut à la mer un orage.

Cela est pris visiblement, & toute la difference qu'il y a entre l'italien & le françois, c'est que l'un est bien plus juste que l'autre. Car *tribut* & *guerre* ont quelque rapport, ou plûtost quelque opposition : & le sens du Tasse est beau, qu'un fleuve impétueux soit un ennemi qui porte la guerre à la mer, & non pas un vassal qui y porte un tribut ; au lieu qu'*orage* & *tribut* ne conviennent point. Le tribut dont il s'agit icy est métaphorique, dit Eudoxe ; & en stile de métaphore, quel tribut convient mieux à la mer qu'un orage ? C'est justement luy porter ce qu'elle aime, estant si orageuse de sa nature, & ne subsistant que dans les tempestes.

Pour revenir à la briéveté, poursuivit-il, je

ne trouve rien de meilleur que de dire beaucoup de choses en peu de paroles, pourveû qu'on se fasse entendre : mais la difficulté est de se faire entendre, & tout le secret consiste à garder de telles mesures que la clarté ne diminuë rien de la force, ni la force de la clarté.

Ce qui me choque le plus, repartit Philanthe, c'est de voir qu'on ne dise rien en parlant beaucoup, & qu'on soit mesme obscur lors qu'on n'est pas court. Le sens, dît Eudoxe, se perd d'ordinaire dans la multitude des paroles; & j'ay remarqué qu'un homme qui parle trop se fait souvent moins entendre, qu'un autre qui ne parle pas assez.

Il me semble, reprît Philanthe, qu'une pensée n'est pas nette quand elle a comme deux faces, & qu'on ne sçait en quel sens on la doit prendre, ou qu'on doute si elle est vraye ou fausse. Tacite est sujet à ces sortes de pensées, & celle qu'il a sur les Chrétiens au sujet de l'embrasement de Rome, me paroist de ce caractére. *Ils ne furent pas moins convaincus de l'incendie que de la haine du genre humain.* Je ne sçay s'il s'agit de la haine que les Chrétiens ont pour le genre humain, ou de celle que le genre humain à pour les Chrétiens; & cependant un Lecteur qui n'est pas stupide devroit le sçavoir d'abord. L'obscurité, dît Eudoxe, vient-là de l'expression;

<small>Haud perindè in crimine incendii quàm odio generis humani convicti sunt. *Annal. lib.*15.</small>

QUATRIE'ME DIALOGUE.

& la pensée seroit claire si l'Historien s'estoit donné la peine d'oster l'équivoque de *la haine du genre humain*.

L'Epigramme de Martial sur la mort de Ciceron & de Pompée, repliqua Philanthe, finit par une pensée douteuse, qui laisse l'esprit indéterminé, touchant le vray ou le faux de la pensée mesme. *Antoine a commis un crime égal à celuy de l'Egypte. Leurs armes ont abbatu deux testes sacrées. L'une estoit le chef de Rome victorieuse, l'autre de Rome éloquente. Toutefois le crime d'Antoine est plus grand que celuy de Photin : celuy-cy a esté scélerat pour le service de son maistre ; celuy-là l'a esté pour ses propres intérests.* Antoni tamen est pejor quàm causa Photini: Hic facinus domino præstitit, ille sibi.

Le Poëte décide une chose qui n'est pas constante, & sa décision fait de l'embaras. Car celuy qui est scélerat pour son maistre, commet peut-estre un plus grand crime que celuy qui l'est pour ses propres intérests. Et l'Auteur de la Dissertation qui est à la teste d'un Recueil d'Epigrammes latines choisies, a bien remarqué que ceux qui péchent pour leur intérest particulier sont emportez par l'amour propre, & par d'autres passions violentes qui diminuënt de la griéveté du crime en diminuant de la liberté ; au lieu que ceux qui sont les ministres de la passion d'autruy ont plus de sens froid dans le crime qu'ils commettent, & par consequent plus de malice ; tellement que la proposition qui fait la pointe de l'Epigramme n'est pas nette.

Mais avez-vous pris garde, ajoûta-t-il, que l'obscurité des pensées vient encore de ce qu'elles sont estropiées, si j'ose m'exprimer de la sorte ; je veux dire, de ce que le sens n'en est pas complet, & qu'elles ont quelque chose de monstrueux, comme ces statuës imparfaites ou toutes mutilées, qui ne donnent qu'une idée confuse de ce qu'elles représentent, & qui n'en donnent mesme aucune.

Tertullien, dans son livre *de la Chair de Jésus-Christ*, dit, pour prouver la vérité de nos mystéres : *Le Fils de Dieu est mort, cela est croyable, parce que cela est ridicule. Ayant esté enseveli, il est ressuscité ; cela est certain, parce que cela est impossible.* Je dis que ces pensées ne sont point entiéres, qu'elles sont informés, & que c'est pour cela que d'abord elles semblent fausses, extravagantes, & inconcevables. L'Auteur veut dire que la mort du Fils de Dieu estant l'effet d'une charité infinie, & n'estant point dans les regles de la prudence humaine, qui trouve ridicule qu'on fasse mourir l'innocent pour sauver le criminel, rien ne rend ce mystére plus digne de foy que ce qui y paroist de moins raisonnable aux yeux des hommes.

Il veut dire aussi que la Résurrection de Jésus-

Mortuus est Dei filius : credibile est, quia ineptum est ; & sepultus resurrexit : certum est, quia impossibile est. Tertull. de Carne Christi.

Christ surpasse toutes les forces de la nature, & ne peut estre que l'ouvrage d'une vertu toute divine ; qu'il est certain que ce Dieu homme a repris de luy-mesme une vie nouvelle, parce qu'il est impossible de ressusciter naturellement : mais les pensées ne disent pas ce que veut dire l'Auteur, ou elles le disent si obscurément qu'on n'y entend rien, à moins que de faire bien des réflexions. Enfin ces sortes de pensées creuses & profondes sont en quelque façon semblables aux abysmes, dont la profondeur étonne, & trouble la veüë ; & je comparerois volontiers les Ecrivains qui ne pensent point juste, ni ne s'expriment point nettement, à ce Poëte dont parle Gombaud :

<small>Præceps quædam, & cùm ideirco obscura, quia peracuta, tum rapida & celeritate cæcata oratio. *Cicer. in Bruto.*</small>

> *Ta Muse en chiméres feconde,*
> *Et fort confuse en ses propos,*
> *Pensant représenter le monde,*
> *A representé le cahos.*

Mais en parlant de galimatias & d'obscurité, prenons garde d'y donner nous-mesmes : nous ne serions pas les premiers à qui cela seroit arrivé. L'Auteur des *Entretiens de Timocrate & de Philandre*, qui accuse de galimatias en quelques endroits l'Auteur *de la sainteté & des devoirs de la vie monastique*, y tombe manifestement en une occasion remarquable, & qui demandoit beaucoup de clarté, de netteté, & de sens. Voicy le Livre, & je veux vous lire l'endroit.

" C'est une chose bien glorieuse pour la véri-
" té, de trouver dans les propres combats qu'on
" luy livre une preuve du pouvoir dont elle doit
" joüir dans le monde. Toutes les extravagances
" auxquelles le cœur humain s'est abandonné en
" matiére de Religion, ayant eû pour fondement
" une premiére vérité dont chacun s'est fait une
" idée selon son caprice.

Ce n'est pas là encore tout-à-fait du galimatias, ajoûta Eudoxe; mais, si je ne me trompe, vous en allez voir.

" Car on ne doit pas s'imaginer que l'homme
" ait pris à tâche de la détruire; on l'attaquoit sans
" y penser; on se flattoit qu'on pouvoit l'accom-
" moder avec ses passions; on l'a fait, & c'est ce
" qui l'a perduë. Le libertin, en se relaschant insen-
" siblement; le superstitieux, en devenant la du-
" pe de son propre cœur qui ne luy permettoit pas
" de voir que le ressort secret qui le portoit à éten-
" dre les bornes de la vérité, ne naissoit que de l'en-
" vie qu'il avoit d'étendre les siennes, en se fai-
" sant luy-mesme l'arbitre des loix dont il devoit
" dépendre.

Je pardonnerois plus volontiers, dit Philante, à l'Auteur de ces Entretiens un peu de galimatias, que l'esprit de libertinage & de médisance qui regne par tout dans son livre; & je ne crois pas qu'on puisse en conscience imputer un tel ouvrage qu'à un homme sans religion & sans honneur. Mais ce n'est pas de quoy il est question présentement; & pour ne nous point écarter, un des plus fameux Ecrivains de delà les monts me paroist obscur dans l'endroit mesme où il blâme Lucréce de l'estre. *Lucrezio,* dit-il, *con l'oscurità dello stil poëtico non solo veste il corpo della sentenza, ma spesso il viso: e la veste del viso non è tanto fregio che adorni, quanto maschera che nasconda.* A vostre avis, que veut-il dire, en disant que Lucréce couvre avec l'obscurité de son stile poétique non seulement le corps, mais aussi le visage de la pensée; & que ce qui couvre le visage n'est pas tant un ajustement qui pare, qu'un masque qui cache?

Pour moy, dît Eudoxe, je ne comprends guéres mieux cela que ce qu'enseigne un Platonicien, que les fantosmes du matin imprimez dans la plus belle fleur des esprits se présentent distinctement au miroir de l'ame, où il se fait d'admirables réfléxions de ces premiéres idées qui sont les formes du vray. J'entrevoy pourtant qu'il veut dire que l'étude du matin est la meilleure, & qu'on a le matin l'esprit plus net.

Comme je suis de bonne foy, repartit Philanthe, je vous avoûë franchement, mon cher

Eudoxe, que je vois maintenant les choses avec d'autres yeux, & que mon goust n'est presque plus différent du vostre. Je sens, ajoûta-t-il, que la lecture des Italiens & des Espagnols ne me plaira pas tant qu'elle faisoit. Vous serez, interrompit Eudoxe, comme ces gens qui sont détrompez du monde, & qui dans le commerce de la vie n'ont pas tant de plaisir que les autres : mais asseûrez-vous que c'en est un grand d'estre détrompé ; & ne vous avisez pas d'imiter ce fou, qui s'imaginoit estre toûjours au Théatre, & entendre d'excellens Comédiens ; mais qui estant guéri de son erreur par un breuvage que ses amis luy firent prendre, se plaignoit de ses amis comme s'ils l'eussent assassiné.

Pol me occidistis, amici; Non servastis, ait, cui sic extorta voluptas, Et demptus per vim mentis gratissimus error.
Horat. Epist. lib. 2. Ep. 2.

La comparaison est un peu gaillarde, repliqua Philante en souriant ; mais je la mérite bien, pour m'estre laissé trop charmer par des sottises harmonieuses ; vous voyez du moins que je cite Horace aussi à propos que vous.

Versus inopes rerum, nugæque canoræ.
Hor. de Art. Poet.

Tout de bon, poursuivit-il ? Me voilà desabusé ? Je reconnois à cette heure que les pensées ingénieuses sont comme les diamans, qui tirent leur prix de ce qu'ils ont encore plus de solidité que d'éclat ; & c'est, à mon gré, se tromper bien lourdement, que de croire raisonnable & plausible, une éloquence vicieuse & corrompuë, toute jeune & toute badine, qui ne garde nulle bienséance

Falluntur plurimùm, qui vitiosum & corruptum dicendi genus, quod aut verborum licentia resultat, aut puerilibus sententiis lascivit, aut immodico tumore turgescit,

bienséance dans les paroles, ni dans les pensées ; qui s'emporte & s'enfle à l'excés dans des occasions où il ne s'agit de rien moins ; qui confond le sublime avec l'outré, le beau avec le fleuri, & qui sous prétexte d'avoir un air libre, s'égaye jusqu'à la folie.

Je me réjoüis, dît Eudoxe, que vous quittiez enfin vos fausses idées, & que vous ne soyez plus capable de préférer les pointes de Séneque au bon sens de Cicéron, & le clinquant du Tasse à l'or de Virgile.

Mais, mon cher Philanthe, pour ne pas retomber dans vos anciennes erreurs, il est bon que vous rappelliez de temps en temps tout ce que nous avons dit sur la maniére de bien penser. Je n'oublierai pas, repliqua Philanthe, que le vray est l'ame d'une pensée ; que la noblesse, l'agrément, la délicatesse en font l'ornement, & en rehaussent le prix ; que rien n'est beau s'il n'est naturel ; & qu'il y a de la différence entre la couleur qui vient du sang, & celle qui vient du fard ; entre l'embonpoint & la bouffissure ; entre l'agrément & l'afféterie.

N'oubliez pas sur tout, repartit Eudoxe, que le rafinement est la pire de toutes les affectations, & que comme dans le manége du monde il ne faut pas, selon Montaignes, manier les affaires trop subtilement ; on doit bien se

aut inaníbus locis bacchatur, aut casuris, si leviter excutiantur, flosculis nitet, aut precipitia pro sublimibus habet, aut specie libertatis insanit, magis existimant populare atque plausibile. Quint. lib. 12. cap. 10.

Ornatus virilis fortis & sanctus sit : nec effeminatam lævitatem, nec fuco eminentem colorem amet, sanguine & viribus niteat. Quint. lib. 8. c. 3.

garder de pensées trop fines dans les ouvrages d'esprit. Car enfin s'il y a de la grossiéreté à marquer trop ses pas en marchant, c'est peut-estre un plus grand défaut de ne marcher que sur la pointe des pieds ; ou, pour me servir d'une autre comparaison, il vaudroit presque mieux avoir la taille moins déliée que d'estre extrémement grefle. Mais souvenez-vous aussi que rien n'est plus opposé à la véritable délicatesse que d'exprimer trop les choses, & que le grand art consiste à ne pas tout dire sur certains sujets ; à glisser dessus plûtoft que d'y appuyer ; en un mot à en laisser penser aux autres plus que l'on n'en dit.

Quædam non prolata, majora videntur & potius in suspicione relicta.
Demetr. Phal. de Elocut.

Je voudrois, ajoûta-t-il, qu'on se souvinst toûjours de ce qu'un célébre Académicien, qui a traduit Virgile en vers, explique si bien dans sa Préface, en parlant contre ces Poétes qui s'imaginent qu'ils seroient arrivez au plus haut point de la poésie, s'ils n'avoyent rien laissé à penser à ceux qui liront leurs ouvrages. Selon le sentiment du Traducteur de l'Enéide, de tels caractéres sont mesme trés-desagréables dans la conversation, & ceux qui ont un peu étudié le monde & l'art de luy plaire, sçavent que c'est un chemin tout contraire à celuy qu'il faut tenir. L'homme est naturellement si amoureux de ce qu'il produit, & cette action de nostre ame qui contrefait la création, l'éblouït, & la trompe

QUATRIEME DIALOGUE.

si insensiblement & si doucement; que les esprits judicieux observent, qu'un des plus seûrs moyens de plaire n'est pas tant de dire & de penser, comme de faire penser, & de faire dire. Ne faisant qu'ouvrir l'esprit du Lecteur, vous luy donnez lieu de le faire agir; & il attribuë ce qu'il pense & ce qu'il produit à un effet de son génie & de son habileté: bien que ce ne soit qu'une suite de l'adresse de l'Auteur, qui ne fait que luy exposer ses images, & luy préparer de quoy produire & de quoy raisonner. Que si au contraire on veut dire tout, non seulement on luy oste un plaisir qui le charme, & qui l'attire: mais on fait naistre dans son cœur une indignation secrette, luy donnant sujet de croire qu'on se défie de sa capacité; & il n'y a guéres d'esprit si humble qu'il puisse estre qui ne s'afflige quand on luy fait sentir qu'on connoist sa petitesse.

Avec tout cela retenez bien que l'obscurité est trés vicieuse, & que ce que les personnes intelligentes ont peine à entendre n'est point ingénieux; que, selon Quintilien, moins on a d'esprit, plus on fait d'effort pour en montrer, de mesme que les petits hommes se dressent sur leurs pieds, & que les foibles font plus de menaces; enfin qu'on est obscur à mesure qu'on a le sens petit & le goust mauvais. Il faut mesme,

Nonnulla relinquenda auditori quæ suo marte colligat. Demetr. Phaler. de Elocut.

Qui omnia exponit auditori ut nulla mente prædito, similis ei est qui auditorem improbat atque contemnit. Ibid.

Quo quisque ingenio minus valet, hoc se magis attollere & dilatare conatur; ut statura breves, in digitos eriguntur, & plura infirmi minantur. Erit ergo obscurior etiam quo quisque deterior. Quint. l. 2. c. 3.

DDd ij

selon ce grand maistre de l'éloquence, qu'une pensée soit si claire, que les Lecteurs ou les Auditeurs l'entendent sans qu'ils s'appliquent à la concevoir : c'est-à-dire, qu'elle entre dans leur esprit comme la lumiére entre dans leurs yeux lors qu'ils n'y font pas de réfléxion ; de sorte que le soin de celuy qui pense, doit estre non que sa pensée puisse s'entendre, mais qu'elle ne puisse ne s'entendre pas.

Dilucida & negligenter quoque audientibus aperta ; ut in animum ratio tanquam sol in oculos, etiamsi in eam non intendatur, incurrat. Quare non ut intelligere possit, sed ne omnino possit non intelligere curandum. Idem lib. 8. c. 2.

Voilà en abrégé où se réduit, selon moy, la maniére de bien penser dans les ouvrages d'esprit, à prendre la chose en elle-mesme ; sans considérer ni la pureté du langage, ni l'éxactitude du stile.

Aprés tout, repliqua Philanthe, il sert peu de bien penser si l'on parle mal ; & mesme les pensées les plus belles sont fort inutiles, selon les maistres de l'art, sans l'ornement des paroles. J'en tombe d'accord, répondit Eudoxe ; mais aussi faut-il avoüer que rien n'est plus extravaguant, ni plus insensé qu'un vain son de paroles ; je dis mesme des plus belles, & des mieux choisies, si elles ne sont soûtenuës de pensées solides & de bon sens.

Nulla utilitas cogitationis præclaræ est, si ei quis pulchræ locutionis non addiderit ornamentum. Dionys. Halicar. de collocat. verbor. Quid est enim tam furiosum quàm verborum vel optimorum sonitus inanis, nullâ subjectâ sententiâ ? Cic. de Orat. lib. 1.

Je voudrois au reste que pour penser bien sur quelque matiére que ce soit, ceux qui se meslent d'écrire en prose ou en vers, avant que de se mettre à composer, non seulement leussent de bons livres tels que sont les ouvrages du siécle d'Auguste, & les piéces modernes qui approchent de ces excellens originaux ; mais qu'en écrivant ils eussent toûjours devant les yeux diverses personnes comme témoins, & mesme comme juges de leurs pensées. Par éxemple, afin d'éviter le faux, l'affectation, le phébus, il seroit nécessaire de se proposer un esprit droit, naturel, raisonnable, & se demander à soy-mesme : Cela contenteroit-il un tel ? Cela auroit-il contenté Patru ? Il n'y auroit peut-estre pas de mal à penser au Cardinal de Richelieu, qui avoit le discernement si juste ; qui ne se contentoit pas des jolies choses, qui en vouloit de belles & de bonnes, lesquelles sont bien au dessus des jolies ; qui trouvoit qu'un Ecrivain fameux de son temps n'écrivoit rien pour l'ame, qu'il n'écrivoit que pour l'imagination & pour les oreilles ; & que le jugement qui l'accompagnoit toûjours en ce qui concernoit le choix & la disposition des mots, le nombre & le beau tour d'une période, l'abandonnoit trés-souvent en ce qui regardoit la pensée.

Pour les pensées nobles, il faudroit se représenter encore ce grand Homme, ou un de ces génies élevez de nostre temps, qui ne peuvent souffrir rien de bas ni de médiocre, & dont les discours sont pleins de sublime.

Pour les agréables & les délicates, je me proposerois Voiture, Sarrazin, & Saint Evremont. Je vous sçay bon gré, dît Philanthe, de faire honneur à Saint Evremont. Ce que nous avons de luy marque un beau génie, qui creuse & qui égaye toutes les matiéres qu'il traite. Je dis ce que nous avons de luy : car tout ce qui passe pour estre de luy, n'en est pas ; & parmi les piéces qui ont cours sous son nom, il y en a de fausses qu'il desavoûë, & qu'il a raison de desavoûër.

Enfin, reprît Eudoxe, pour les pensées claires, je voudrois me mettre devant les yeux un Ecrivain du caractére de Coëffeteau, qui, au rapport de Vaugelas, pensoit les choses si nettement, que le galimatias n'estoit pas plus incompatible avec son esprit, que les ténebres avec la lumiére. Il ne seroit pas mesme inutile, au regard de la netteté & de la clarté, d'avoir en veüë quelqu'un qui n'ait pas l'intelligence si pénétrante, ni la conception si aisée, & de se dire quelquefois ; Monsieur tel entendroit-il bien ma pensée ?

Quibus sordent omnia quæ natura dictavit: qui non ornamenta quærimus, sed lenocinia.
Lib. 8. Proëm.

Voilà sans doute de bons expédiens, repliqua Philanthe ; mais il m'en vient un qui seroit infaillible à mon avis, & c'est de s'éloigner le plus qu'on peut du caractére de certaines gens que nous connoissons, & que j'ay admirez autrefois, semblables à ceux dont parle Quintilien, qui ont du dégoust pour toutes les pensées que la nature suggere ; qui cherchent non ce qui orne la vérité, mais ce qui la farde ; auxquels rien de propre & de simple ne plaist, & qui trouvent peu délicat ce qu'un autre auroit dit comme eux ; qui empruntent des méchans Poëtes les figures & les métaphores les plus hardies ; & qui enfin croyent n'avoir de l'esprit que quand on a besoin de beaucoup d'esprit pour les entendre.

Quid quod nihil proprium placet, dum parum creditur disertum quod & alius dixisset ? à corruptissimo quoque Poëtarum figuras, seu translationes mutuamur ; tum demum ingeniosi scilicet si ad intelligendos nos opus sit ingenio. Ibid.

Croyez-moy, repartit Eudoxe, le moyen le plus seûr, pour parvenir à la perfection que nous cherchons, est de penser, de parler, d'écrire comme faisoit un de nos amis, qui estoit la gloire du Bareau, & dont la perte ne sçauroit estre assez regrettée. Car y eût-il jamais un esprit plus juste, plus agréable, plus fin, & plus net ?

M. Pageau célèbre Avocat.

Il est difficile, repliqua Philanthe, d'égaler ces grands modeles : mais il est toûjours bon de se les proposer, & de se former sur eux autant que l'on peut. Celuy dont vous parlez, & que vous n'avez, je pense, osé nommer, de peur de renouveller la douleur que la mort d'un si cher ami nous a causée, estoit un de ces hommes extraordinaire qui n'ont guéres d'égaux, & qui ne devroient, ce semble, jamais mourir.

Il avoit, reprît Eudoxe, toutes les qualitez que

sa profession demandoit, & le portrait qu'on a fait de luy est trés-ressemblant. Ce portrait luy donne une prononciation agréable, un geste libre, un air engageant, qui prévient les esprits en sa faveur avant qu'il ait commencé à parler; une éloquence naturelle, qui plaist d'autant plus qu'il y a moins d'art; une facilité merveilleuse pour bien tourner un fait; une heureuse abondance de paroles & de raisons qui charment & entraisnent l'auditeur. On dit là qu'il joint la douceur & la force ensemble ; qu'il est égal dans son stile, modeste dans ses figures, & correct dans ses pensées; qu'il évite les façons de parler fastueuses & ampoullées, les ornemens recherchez, & ces faux brillans dont quelques-uns tâchent d'éblouïr le peuple ; mais que son discours toûjours clair & toûjours coulant ne rampe jamais.

On ajoûte qu'il s'insinuë dans les esprits par la beauté de son langage, & par la netteté de ses raisonnemens ; mais qu'il sçait émouvoir les passions à propos, & qu'il se rend aisément maistre des cœurs : qu'au reste, il se renferme toûjours dans les bornes de la droite raison ; qu'il s'éleve sans emportement, & s'abbaisse avec dignité. On dit enfin que ce grand homme, outre les qualitez propres pour le Bareau, a encore celles qui sont nécessaires pour la société ; qu'il est honneste,
facile,

QUATRIE'ME DIALOGUE. 401

facile, obligeant, desintéressé; qu'il aime la joye, & que les affaires ne l'empeschent pas d'estre gay & enjoûé avec ses amis.

On pouvoit ajoûter, repliqua Philanthe, qu'il avoit non seulement une probité éxacte, mais une pieté solide; qu'estant convaincu des veritez de la Religion, il en remplissoit régulierement tous les devoirs, & qu'il réunissoit en sa personne le véritable chrétien avec le parfait homme d'honneur.

Mais, reprît Eudoxe, ce qu'a dit de luy un grand Magistrat dans une trés-belle Harangue, est peut-estre l'éloge le plus achevé qu'on en puisse faire. Il s'agissoit de la Religion que ce Magistrat proposoit aux Avocats pour régle de leur conduite. Quels éxemples, leur dît-il, ne " vous a pas donné celuy de vos Confreres que la " mort nous a enlevé il y a quelques mois? La bon- " té de ses mœurs, la beauté de son génie, l'agré- " ment de son esprit, sa religion envers ses cliens, " mais encore plus la justice, le faisoient recher- " cher pour défenseur de toutes les causes impor- " tantes; & les Juges n'avoient pas moins de plai- " sir à l'entendre, que les parties avoient de con- " fiance en leur droit, quand il estoit soûtenu par " un tel Avocat. "

Voilà en peu de mots un panégyrique entier, & d'autant plus beau que le témoignage de ce-

EEe

luy qui parloit, si authentique de luy-mesme, fut confirmé par un applaudissement universel. Il est vray, repartit Philanthe, qu'il n'y a jamais eû qu'une voix sur le mérite de nostre illustre défunt; & que ceux mesme qui devoient naturellement luy porter envie, luy ont toûjours fait justice. Dites, repliqua Eudoxe, que son bon cœur, & ses maniéres civiles ont obligé tout le monde de l'aimer, & qu'il n'a pas moins esté l'ornement que les délices du Barreau.

Nous ne finirions jamais sur ce chapitre, dît Philanthe, si nous nous laissions aller à nos sentimens. Il faut cependant finir, & il faut mesme que je vous quitte pour une affaire qui me rappelle nécessairement. Aprés ces paroles, Philanthe ayant pris congé de son Ami, s'en retourna à la ville, fort satisfait de sa visite, & bien résolu de se déclarer par tout pour le bon sens contre le faux bel esprit.

TABLE DES MATIERES.

A

Achille

Comparé avec un Lion, & pris pour un Lion, *pag.* 16
Ce que Clitemnestre dit à Achille au sujet d'Iphigénie, 224
Ce qu'Achille répond à Ulysse dans les Enfers, 227

Achillini

Poëte Italien : sa pensée sur le Crucifix de Saint François Xavier, 40

Action.

Ce que c'est que l'action de l'Orateur, 379

Affectation.

C'est le pire de tous les vices de l'Eloquence, & pourquoy, 230. 231
Elle n'est pas toute dans l'Elocution, *ibid.*
Divers éxemples d'affectation dans la pensée, 231. 232. 233. 234. &c.
D'où vient l'affectation qui regarde les pensées, 239
Ce que c'est qu'affectation, 242

Agrément.

En quoy consiste l'agrément des pensées & d'où il vient, 132. 133. 134. 135. 136. 137. &c.
L'agrément joint à la tristesse dans quelques pensées, 155.
Voyez, Pensées agréables.

Alexandre.

La pensée d'un Historien Grec sur ses conquestes, 80
Ce qu'il dit à Parménion, 97
Sentiment généreux d'Aléxandre, *ibid.*
Mot de l'Ecriture Sainte sur la puissance d'Aléxandre, 126
Ce qu'un Auteur Espagnol dit du cœur d'Aléxandre, 243
Ce que disent les Déclamateurs anciens au sujet de ses conquestes, 244
Sa grandeur d'ame, 245
Ce qu'on a dit de luy par rapport à un autre Conquerant, 248
Aléxandre surnommé l'Angely, & pourquoy, 344

TABLE

ALLEGORIE.
Elle ne doit pas eftre trop étenduë pour eftre agréable, 292

AMBITION.
De l'ambition, & quel eft le but de tous les deffeins ambitieux des hommes felon un de nos Ecrivains, 45. 46

AMOUR.
Defcription d'un amour violent, 156. 157
L'Amour fait fentir fes peines jufques dans le féjour de la mort, 157
Amour aveugle & argus tout enfemble, 234
Amour enchaifné & attaché à une colonne, 151
Amour propre: quel en eft le caractére, 130

ANNE D'ANGLETERRE Duchesse d'Orleans.
Son Eloge, 106

ANNE D'AUTRICHE.
Son Epitaphe, & fon Eloge, 105. 278

ANNIBAL.
Son Eloge, 85

ANTITHESE.
Combien les Antithefes plaifent dans les ouvrages d'efprit, 150
Antithefes fimples & naïves, 155
Antithefes recherchées font vicieufes, 297. 298. 299

ARC-EN-CIEL.
Ce qu'on a dit de l'Arc-en-ciel, 291. 292

ARIOSTE.
Penfée fauffe de l'Ariofte, 11
Roland furieux de l'Ariofte, 65

ARISTOTE.
Sa doctrine fur la métaphore, 16. 143.
Ce qu'il dit d'Homere, 42
Ce qu'il penfe des petits hommes, 131
Ce qu'il rapporte de Périclés, 134
Ce qu'il dit d'une belle imitation, 155
Ce qu'il dit des belles perfonnes, 320
Il eft quelquefois obfcur, 368

AVARE.
Ce que difent quelques Poëtes fur les avares, 326. 327. 338

AUGUSTIN.
Saint Auguftin: ce qu'il dit fur fon ami mort, 318. 319

AVORTON.
Vers fur un avorton, éxaminez, 376. 377

B

BACON.

SA pensée sur les Anciens & sur les Modernes, 103
Sa pensée sur l'argent, 122

BALZAC.

Il use d'hyperboles trés-sérieusement, 27. 28
Il ne pense point correctement quelquefois, 32. 33
La différence qu'il y a entre Balzac & Voiture, 34
Ce que Balzac dit de Montaigne, 43
Son sentiment sur un mot de Pompée, 51
Il est grand dans les petites choses, 80. 81. 265
Sa pensée sur une belle riviére, 138
Une de ses pensées défenduë contre la Critique de Phyllarque, 171. 172
Balzac grand maistre en rafinement,, 333. 334. 335
Ce que disoit de luy le Cardinal de Richelieu, 397

BARBON

Docteur extravagant: son portrait, 335. 336. 337

BASTELEUR.

Ce que c'est que des Basteleurs en papier selon un de nos Ecrivains., 378

BEAUTÉ. BEAU.

Ce qu'en dit un Auteur moderne, 315
Ce que c'est que le beau selon un Auteur ancien, 131

BENTIVOGLE.

Le Cardinal Bentivogle: ce qu'il dit du Marquis de Spinola, 162

BERNIN.

Le Cavalier Bernin: les vers qui ont esté faits sur le buste qu'il fit du Roy en marbre, & sa réponse aux Vers, 269
Le Dialogue qu'on a fait sur sa statuë Equestre du Roy, ibid. & 270

BOECE.

Ce qu'il dit de la réputation des grands hommes, 279

BONARELLI

Poëte Italien: ce qu'il dit sur un sujet comparé avec ce que dit Terence sur un sujet tout semblable, 235

BORROMÉE.

Le Cardinal Charles Borromée: ce qu'un Prédicateur dit un jour de luy, 124

BRIÉVETÉ.

La briéveté contribuë à l'obscurité des pensées, 382. 383.
Il y a une briéveté loüable,

EEe iij

TABLE

comme il y en a une qui est vicieuse, 384. 386

C.

CAILLY.

LE Chevalier de Cailly: ses petites poësies pleines de naïvetez, 153. 154

CALLIMAQUE.

Brave Grec tué à la bataille de Marathon: son éloge fait au nom de son pere, 324. 325

CANNIBALE.

Ce que dit Montaigne du courage des Cannibales, 12

CATILINA.

Ce que Salluste dit de luy & de l'air de son visage aprés sa mort, 91

CATON.

Son portrait, & son éloge, 6. 82. 84.

CATULLE.

Sa pensée sur une personne agréable, 144
Ce qu'il dit d'un parfum exquis, 152
Son sentiment sur la mort d'un frere qui luy estoit cher, 214

CENTRE.

Quel est le centre des damnez selon un Auteur François, 365

Quel est le centre de la nature corrompuë, selon le mesme Auteur, 366
Quel est le centre de la teste, selon un Auteur Italien, 367

CESAR.

Son Eloge, & son caractére, 83. 87. 119. 121. 165. 166. 209
César touché à la veüë de la teste sanglante de Pompée, 217

CHAGRIN.

Le chagrin suit l'homme par tout, & se rencontre en tous lieux, 143. 319. 320

CHANSON.

Chanson de Madame des Loges, 69
Ce qu'on a dit d'une belle chanson, 291
Chanson morale sur une passion naissante, 238

CHARLES DUC DE BOURBON.

Ce qu'un Auteur Espagnol dit de luy, 91

CHARLES II. Roy d'Angleterre.

Son Eloge, 106

CHARLES PARIS D'ORLEANS Duc de Longueville.

Son portrait, & son éloge, 193. 194. 195. 196. 197

DES MATIERES.

Charles IX.
Roy de France.

Parole de ce Prince peu conforme aux sentimens de la nature, 227

Charles-Quint.

Ce que dit un Poëte au sujet de sa pompe funébre, 249

Christine Reine de Suede.

Sa Lettre au Roy de Pologne sur la levée du Siége de Vienne, 93. 94

Ciceron.

Ce que dit Ciceron des pensées de Crassus, 9
Son sentiment sur la pensée de Timée au sujet de l'incendie du Temple d'Ephese, 50
Ce qu'il dit de César, 83. 87
Eloge de Ciceron, 84. Son caractére, 118
Ce qu'il dit contre Verrés au sujet de la Sicile, 100
Ce qu'il dit de Platon, 141
Ce qu'il rapporte de César, & de quelle maniére il le loüë, 165. 166
Ciceron inventeur de deux belles pensées qui sont devenuës communes, 172. 173
Ce qu'il dit de Thucydide, 186. 383
La loüange qu'il donne à César, 209
Sa pensée sur les Colosses de Cerés & de Triptoléme, 221

Sa pensée sur la mort de Crassus, *ibid.*
Il ne s'éleve point trop haut, 281
La différence qu'il y a entre Ciceron & Séneque, 296
Ce que dit Ciceron des paroles qui ne sont point soûtenuë de pensées, 396

Clarté.

Quel rang elle tient parmi les vertus de l'Eloquence, 342
Pourquoy les pensées doivent estre claires, *ibid.*
Comment une pensée doit estre claire, 396. *Voyez* Obscurité.

Coeffeteau.

Ce que Vaugelas dit de luy au sujet de la clarté & de la netteté, 398

Coeur.

Le cœur pris dans un sens mauvais, 30. 31
Corruption du cœur : si elle est cause que les ouvrages bien écrits nous plaisent, 44. 45
Le cœur mis en jeu avec l'esprit, 66
Si le cœur est plus ingénieux que l'esprit, 67
Sentimens du cœur, délicats, 213. 214. 215. 216. 217. 218
Le cœur s'explique mal par des jeux d'esprit, 236. 237

TABLE

Le cœur d'Aléxandre; ce qu'en dit un Auteur Espagnol, 242

Ce que le cœur sent ne s'explique pas aisément, 356. 357

COMPARAISON.

Quelle différence il y a entre la comparaison & la métaphore, 16

Les comparaisons bien choisies fondent de belles pensées, 70. 117. 119. 137

CORNEILLE

Poéte François: fort dans ses pensées, 129. 130

Délicat dans ses sentimens, 215. 217

Elevé sans enflure, 277

CORNELIE

Femme de Pompée: ses sentimens sur la mort de son mari, 218. 280. 320

Ce qu'elle dit à César qui paroissoit touché à la veûë de la teste sanglante de Pompée, 217

COSTAR.

Sa remarque sur une Stance de Malherbe, 34

Son sentiment opposé à celuy de Girac sur la pensée d'un Historien Grec, 68. 69. 70

La comparaison qu'il employe pour montrer que c'est un grand avantage que d'estre porté au bien sans nulle peine, 137. 138

Sa traduction d'un passage de Salluste, 187

Sa pensée sur le merite de Voiture peu nette, 370

CRASSUS.

Excelleut Orateur, & quel estoit le caractére de ses pensées, 9

Sa mort heureuse dans les conjonctures du temps, 221

D

DELICATESSE.

La délicatesse, en matiéte de pensées, difficile à définir en général, 159. 160

En quoy consiste la délicatesse ingénieuse, 160. 161. 178. 185. 188. 394. 395

Délicatesse de sentimens, 213. 214. 215

La différence qu'il y a entre un sentiment tendre & un sentiment délicat, 214. 215

DEMETRIUS PHALEREUS.

Ce qu'il dit de l'Historien Ctesias, 69. 70

Son sentiment sur ce qu'on appelle beau, 131

D'où vient selon luy l'agrément & la beauté des pensées, 133

Ce qu'il dit sur l'affectation, 231

Ce qu'il dit d'Homere, 315

DENIS

DES MATIERES.

DENIS D'HALICARNASSE.

Selon luy ce qui est enflé & recherché ne sied point bien, 243

Ce qu'il dit de l'Orateur Lysias, 265

Ce qu'il pense des gentillesses d'esprit dans des sujets sérieux, 302

Ce qu'il dit de la pensée au regard de l'élocution, 396

DIALOGUE.

Dialogue de la fortune & du mérite, 61

Les nouveaux Dialogues des Morts, pleins d'esprit & d'agrément, 139

Dialogue entre un Passant & une Tourterelle, 217

Dialogue entre deux Amies sur le sujet d'une passion naissante, 238

Dialogue entre le Capitole & le Bernin sur la Statuë équestre du Roy, 269. 270

Dialogue entre un François, un Espagnol, & un Italien, sur l'éxaltation d'Urbain VIII. 292. 293

DIDON.

Didon malheureuse, & pourquoy, 42

Les sentimens qu'elle a en mourant, 156. 157

Ce qu'elle écrit à Ænée, 214

L'adieu qu'elle luy fait plus touchant que celuy d'Armide à Renaud, 236

E.

ECRITURE SAINTE.

Elle est pleine de sublime, 45. 125. 126

ENFLURE.

Elle est vicieuse, & ne sied point bien dans les pensées, 243

L'enflure ne convient pas mesme aux sujets pompeux, 254

Elle est une marque de foiblesse plus que de force, 377

Voyez Hyperbole, Pensées enflées & hardies.

ENTRETIENS.

Un endroit des *Entretiens d'Ariste & d'Eugene* défendu contre le Traducteur de Gracian, 359. 360. 361. &c.

Les Entretiens de Timocrate & de Philandre pleins de médisance & de libertinage par tout ; de galimatias dans un endroit, 389. 390. 391

EPIGRAMME

Sur l'incendie du Palais, 20
Sur un homme vicieux, 23
Sur la ville de Venise, 83
Sur l'ancienne Rome, 89
Sur le Maréchal de Bassompierre, 135
Sur Henry IV. 188
Sur une empoisonneuse, 221

FFf

TABLE

Sur une vieille qui vouloit se marier, *ibid.*
Sur un homme qui avoit enterré sept femmes, *ibid.*
Sur les nouveaux bastimens du Louvre, 268
Sur un enfant sauvé du naufrage, 279. 280
Sur un Ecrivain obscur, 355. 356
Epigrammes Grecques, leur caractere, 150. 326. *Voyez* Martial.

EPISTRE.

Personnages introduits dans les Epistres dédicatoires combien vicieux, 64. 65

EPITAPHE

D'un fou qui fut tué d'un coup de mousquet, 21
De Fançois I. 30. 31
Du Maréchal de Ranzau, 31
Du Cardinal de Richelieu, 37
De Madame de Chasteau-Briant, 147. 148
De Jacques Trivulce, 148
D'un malhonneste homme, 153
D'un chien, 177
D'un enfant, 221
D'une Dame de la Cour de François I. 250
D'une grande Reine, 105. 147. 278
De l'Empereur Federic, 298. 299.

De Voiture, 317
D'un célebre Comédien, *ibid.*

EQUIVOQUE.

En quoy elle consiste; qu'il y en a de plusieurs sortes, & comment la vérité se rencontre dans quelques unes, 17. 18. 19. 20. 21

ESPRIT.

L'Esprit mis en jeu avec le cœur, 66. 67
Traits d'esprit pour se tirer d'affaire, 177. 178
Le trop d'esprit est vicieux, & en quelles rencontres, 236. 299. 302
Pensée d'un Italien sur ceux qui mesurent la grandeur de l'esprit par la grosseur de la teste, 367
Ce que font ceux qui ont le moins d'esprit, 395

ETOILES.

Ce qu'un Poëte Italien dit des Etoiles, 290

EXPRESSION.

Elle contribuë quelquefois à la noblesse de la pensée, 125
Elle sert quelquefois à rendre la pensée plus naturelle, & à la faire paroistre davantage, 230
La pensée sert de peu sans l'expression, 396

DES MATIERES.

F

FABLE.

FABLES ingénieuses sur les conquestes du Roy, 12
Le vray n'est pas incompatible avec la fable. 10. 30

FAUSSETÉ. FAUX.

La différence qu'il y a entre la fausseté & la fiction, 10. 11. 12
L'apparence du faux fait une beauté dans la pensée, 185. 186
Fausses pensées, 12. 13. 30. 31. 32. 34. 37. 38. 39. 40. 44. 45. &c. 53. 54. 56. 57. 71

FICTION.

La fiction faite dans les regles s'accorde avec la vérité, 10. 11. 12
La fiction rend quelquefois une pensée agréable dans la Prose, 139

FLORUS.

Sa pensée sur des navires bastis promptement, 25
Ce qu'il dit des soldats Romains, 91
Ce qu'il dit des Gaulois, 92
Ce qu'il dit sur la ville de Samnium ruinée par les Romains, 100
Ce qu'il dit de Brutus qui fit mourir ses enfans rebelles, 225
Il affecte de méchantes antitheses, 297

FORCE.

En quoy consiste la force d'une pensée, 127

FORTUNE.

S'il est permis aux Chrétiens de faire de la Fortune, une Personne & une Déesse dans leurs discours, 59. 60. 61. 62. 63. 64
Diverses pensées sur la fortune, *ibid.*
La Fortune représentée avec de bons yeux pour flatter l'Imperatrice Livie, 189

FUSE'ES.

Pensée hardie & hyperbolique sur les fusées volantes, 28. 29

G

GALIMATIAS.

CE que c'est que Galimatias, & en quoy il différe du Phébus, 346
Exemples de galimatias, 332. 333. 347. 349. 350. 351. 352. 354. 371. 372. &c.

GOMBAUD

Poéte François: son caractére naïf; ce qu'il dit d'un homme sans mérite, 154
Ce qu'il dit d'un Poéte obscur, 389

GONGORA

Poéte Espagnol: modelle d'obscurité, & ce que les Espagnols en disent, 357.358

GORGIAS.

Comment il appelle les Vautours, 277

GOUST.

Ce que c'est que goust en matiére d'esprit. 381. 382

GRACES.

Pourquoy on les a feint petites & d'une taille menuë, 12
Le nombre des Graces multiplié, 190
Graces terribles, 315
Les Graces enterrées avec les Muses, 317

GRACIAN

Auteur Espagnol : ce qu'il dit d'un grand cœur, 243
Son caractére, & celuy de son Traducteur, 358. 359. 360. 362.363.
Ce que dit de Gracian un de ses admirateurs, *ibid.*
Jugement sur les ouvrages de Gracian, 363. 364. 365

GRATIANI

Poéte Italien : ce qu'il dit d'une Princesse Grenadine dans son Poëme de la conqueste de Grenade, 328

GRIMACES.

Grimaces agréables, 315. 316

GUARINI

Poéte Italien: sa pensée sur la pudeur, 226. 227
Ce qu'il dit du Geant Encelade, comparé avec ce qu'en dit Virgile, 231
Sa pensée sur une personne sçavante, morte, 316. 317

H

HENRIETTE DE FRANCE, Reine d'Angleterre.

Son Eloge, 105

HENRY LE GRAND Roy de France.

Sa harangue à ses soldats un jour de bataille, 128
Ce qu'on a dit sur sa Statuë du Pont-neuf, 188

HERACLITE.

Un de ses ouvrages condamné finement par Socrate, 368
Ce qu'il disoit communément à ses disciples, 369

HERCULE.

Le ridicule de ses amours, 211. 212
Hercule Gaulois, pouquoy la quenouille ne l'accommode pas, 144

HERMOGENE.

Ce qu'il dit sur la noblesse des pensées, 82. 83
Ce qu'il dit de la Poésie, 138

DES MATIERES.

Il demande de la simplicité dans certaines antitheses, 155

Il raille Gorgias mal-à-propos, 277

HISTOIRE. HISTORIEN.

L'Histoire est ennemie des fausses pensées, 49

Combien les réflexions & les sentences qu'on mesle dans l'Histoire doivent estre délicates, 182. 183

L'Histoire ne souffre pas des pensées frivoles, 330

L'Histoire des derniers troubles arrivez au Royaume de l'Eloquence, 355

L'Histoire doit estre claire & nette, 368

Historien moderne faux & rafiné dans ses réflexions, 51. 54. 55. 313. 314

Obscur en quelques endroits, 367

HOMERE.

Ce qu'il dit des Déesses de la priere, & des Graces, 11

Ce qu'il dit d'Achille, 16

Ce qu'il dit de Nirée, 23

Comment il rend croyable ce qu'il dit de Polypheme, 24. 25

Ce qu'Aristote dit d'Homére, 42

Ce que dit d'Homére l'Auteur de l'Art Poétique François, 158

Ce qu'Homére fait dire à Achille dans les Enfers, 227

Il n'a pas d'égards pour les Dieux, 257

Ce qu'il dit d'un Cyclope, 315

HORACE.

Selon luy, pour bien écrire, il faut bien penser, 3

Ce qu'il dit sur la mort, comparé avec ce que dit Malherbe, 79

Le caractére qu'il donne à Virgile, 132

Sa pensée sur les Palais des Grands, 143

Il garde les bienséances nécessaires en loûant, 255. 256

Ce qu'il dit sur le chagrin, 319. 320

Ce qu'il dit sur un pauvre & sur un avare, 326. 327

HYPERBOLE.

Quelle est sa nature, & comment on peut l'adoucir, 23. 24. 25. 26. 27

Il y a des occasions où l'Hyperbole est permise, & où elle est mesme loûable, 264. 265

Ce que c'est qu'une Hyperbole de Drap, 378

I.

IGNACE.

SAINT Ignace Fondateur de la Compagnie de Jesus, comparé avec César, & pourquoy, 119. 120. 121

TABLE

INSCRIPTION.

Inscription pour le portrait de la Comtesse de Suze, 190. 191

Inscriptions pour le Louvre, 268

Inscription pour le Buste de Loüis XIV. Roy de France, 270

IRONIE.

Elle est propre à faire passer l'Hyperbole, 27

Elle rend vray ce qui est faux, 29

JUSTESSE.

En quoy consiste la justesse d'une pensée, 41

Il y a des sujets qui demandent plus de justesse que d'autres, 43

L'Auteur de la Justesse critique mal Voiture, 32

L

LAMOIGNON.

M. le premier Président de Lamoignon : son éloge, 107. 108

LIPSE.

Ce qu'un Critique dit de Lipse, & ce que Lipse dit de Tacite, 362

LONGIN.

Ce qu'il dit de Démosthene & de Ciceron, 118

Il traite de puérilité les pensées d'un Historien Grec, 80. 243

Ce qu'il dit à l'avantage de l'Ecriture Sainte, 125

Ce qu'il dit des pensées vaines & fastueuses, 254. 259

La remarque qu'il fait sur Homére au regard des Heros & des Dieux, 274. 275

Ce qu'il dit de certains Poétes peu judicieux, 281

LOPE DE VEGUE

Poéte Espagnol : ce qu'un Poéte Italien a dit de luy, 141

Ce qu'il dit d'une Princesse belle & vaillante, 191

Sa pensée sur Hercule amoureux, 212

Sa pensée sur la ressemblance de visage qui est quelquefois entre deux personnes, 226

Ce qu'il dit de sa nation, 247

Ce qu'il dit de l'Empereur Federic, 298. 299

Ce qui luy arriva avec l'Evesque du Bellay, Jean Pierre Camus, 357

Son nom passé en Proverbe, *ibid.*

LOÜANGE. LOÜER.

Nouvelle maniére de loüër les Grands, 164. 165

La différence qu'il y a entre une loüange grossiére, & une loüange délicate, 197. 198

Loüanges fines, *ibid. &* 199. 201. 202. 203. 204. &c.

DES MATIERES.

En quoy consiste ce qu'on appelle loüer finement, 204. 205

Les bienséances qu'il faut garder en loüant, 256. 257

Loüanges excessives, 260. 261

Saint Louïs. Roy de France.

Ce que dit de lüy un de ses Panegyristes, 95. 119. 180

Ce qu'un de nos Poëtes dit de Saint Louïs, 297

Poëme de Saint Louïs plein de Sublime en quelques endroits, & trop élevé en d'autres, 86. 281

Louïs XIII. Roy de France.

Ce qu'un faiseur de pointes dit de luy, 39

Comparé avec David & avec Salomon, 119

Discours funébre prononcé à ses obseques d'un caractére particulier, 345. 346

Louïs le Grand Roy de France.

Son éloge, 108. 109. 110. 111. 112. 113. &c. 148. 149. 168. 169. 170. 174. 175. 176. 181. 186. 205. 206. 209. 259. 268. 269. 270. &c. 273. 298. 234

Louïs de Bourbon, Prince de Condé.

Son Eloge, 85. 93. 284. 285. 286. 287. 288

Son sentiment sur les nouvelles vies de Saint Ignace & de Saint Xavier, 119. 120

Louvre.

Epigrammes sur les nouveaux bastimens du Louvre, 268

Inscriptions pour le Louvre, ibid.

Lucain.

Critique de sa pensée sur Caton opposé aux Dieux, 5. 6. 7

Ce qu'il dit sur les ruines de Troye, 99. 100

Ce qu'il fait dire à Cornélie femme de Pompée, 218

Ce qu'il dit sur ce que Pompée fut privé des honneurs de la sépulture, 251

Il se moque des Dieux, & ne les ménage point, 257. 310. 311

Ce qu'il dit pour flatter Neron est outré & impie, 276

Il rafine sur le bannissement de Marius, 310. 311

Ce qu'il dit de la femme de Pompée, 320

M.

Macrobe.

Comment il appelle les pensées ingénieuses, 15

Madrigal.

Sur Loüis de Bourbon Prince de Condé, 93

TABLE

Sur un homme de mérite élevé à une haute fortune, 152

Sur les événemens merveilleux du regne de Loüis XIV. 167

Sur sa puissance & son équité, 116

Sur Madame la Dauphine, 199

Sur la Campagne de la Franche-Comté, 201

Sur la rapidité des Conquestes du Roy, ibid.

Sur Monseigneur le Dauphin, 211

MAGDELAINE.

Poëme de la Magdelaine. Il est d'une espece particuliére, 123. 124. 306. 307

MALHERBE.

Ce qu'il y a de vicieux dans une de ses plus belles Stances, 34. 35. 36

Sa pensée sur la mort comparée avec celle d'Horace, 79

Ce qu'il dit un jour des Epigrammes Grecques, 150

Il encherit sur Homére en loüant Henry le Grand, 257. 258

Il est quelquefois ampoullé, 266. 267

Sa pensée sur un tableau de Sainte Catherine, 289

Il est quelquefois obscur, 374

Ce qu'un sçavant homme dit de luy par rapport à Homére, 375

MARIANA

Historien moderne: son caractére, 183

Il copie les sentences & les réflexions de Tacite, 83. 84

Il a des maximes fines, 185

MARIGNY.

Son caractére. Son Madrigal sur les évenemens merveilleux du regne de Loüis XIV. 167. 168

MARIN.

Le Cavalier Marin grand faiseur de descriptions, & trop fleuri dans ses pensées, 289. 290

MAROT.

Ce qu'il dit d'une Demoiselle de la Cour de François I. jeune & sage, 145. 146

D'une autre vestuë en chasseuse, 193

Folie ingénieuse de Marot, 192

MARTIAL.

Ce qu'il dit à Domitien en l'appellant Pere de la patrie, 22

De quelle maniére il luy demande de l'argent, 203

Les loüanges fines qu'il luy donne, 209. 210

La pensée qu'il a dérobée à Ovide, 210

Ce qu'il dit à une Dame Romaine

DES MATIERES.

Romaine, avec laquelle il estoit à la campagne, 216. 217

Sa pensée sur les Admirateurs de l'Antiquité, 228

Il n'est que trop naturel en quelques pensées, 229

Ce qu'il dit de la maison de Domitien, 254

Il se moque de Jupiter pour flatter l'Empereur, 255

Ce qu'il dit d'un Comédien de son temps, 317

Sa pensée sur la mort de Ciceron & de Pompée, 387

MAYNARD

Poëte François : il demande finement quelque chose au Cardinal de Richelieu, 202

Ce qu'il dit d'un enfant qui mourut peu de temps après sa naissance, 221

Ce qu'il fait dire à un pere sur la mort de sa fille, 222. 320

Sa pensée sur un Ecrivain obscur, 355. 356. 379

METAPHORE.

Ce que c'est : en quoy elle differe de la comparaison, & comment elle s'accorde avec la vérité, 16. 17

Elle est une source d'agrémens, 143

Il ne faut pas la continuër trop, 292

Le bon & le mauvais usage des Métaphores. 380. 281

MIROIR.

Diverses pensées sur le miroir, 285. 286. 287

MOLLESSE.

L'Eloge que la Mollesse fait du Roy, 205

MONTAIGNE.

Il pense plus juste que le Tasse, 14

Ce qu'un de nos Ecrivains dit de luy, 43

Ce que Montaigne dit de la manière dont il faut se conduire dans les affaires, 393

MORT.

Ce qu'en disent deux Poëtes, 79

Par quelle voye on fait venir la mort plus viste, 143

L'idée de la mort n'empesche pas qu'une pensée ne plaise, & pourquoy, 155

Mort de Didon fort touchante, 156. 157

LA MOTTE LE VAYER.

Son sentiment sur un mot de Pompée, 51

N

NAÏVETÉ.

EN quoy consiste la naïveté ingenieuse. 150

Divers éxemples de cette naïveté, 151. 152. 153. 154

Elle est opposée au Grand & au Sublime, 220

NATURE. NATUREL.

Pour bien penser il faut imiter la nature, 70

La nature fait paroistre son adresse dans ses petits ouvrages, 160

En quoy consiste le caractére naturel, 219. 220

La différence qu'il y a entre ce qui est naturel, & ce qui est plat, 219

La différence qu'il y a entre une pensée naturelle, & une qui ne l'est pas, 231. 232. 233. 234

NOUVEAUTÉ.

La nouveauté donne du prix aux pensées, & comment elles doivent estre nouvelles, 9. 75. 173. 174

O

OBSCURITÉ.

ELLE ne vient pas quelquefois de la pensée ni de l'expression, mais des circonstances historiques, 342. 343

Il y a plus d'une sorte d'obscurité, 345

Exemples remarquables d'obscurité, 349. 350. 351. 352. 354. 370. 371. &c.

Si les esprits obscurs qu'on n'entend pas s'entendent euxmesmes, 356

Maistre en obscurité, 360. 369

Nul Ecrivain ne doit estre obscur, 369

La différence qu'il y a entre la délicatesse & l'obscurité, 369

D'où vient l'obscurité dans les ouvrages d'esprit, 382. 383. 384. 386. 395

Si les diverses connoissances qui se tirent de la lecture produisent d'elles-mesmes l'obscurité, 48. 49

OPPOSITION

Figure agréable, 146. 147

OVIDE

Grand Maistre en naïveté dans les pensées, 152

Ce qu'il dit pour flatter l'Impératrice Livie, 189. 191

Ce qu'il dit du Fils d'Auguste, 210

Sa pensée sur les amours d'Hercule, 211. 212

Ce qu'il fait dire à Didon qu'Enée abandonne, 214

A Paris sur les trois Déesses, ibid.

OUTRÉ.

Bons Auteurs outrez en quelques endroits, & pourquoy, 338. 339.

Voyez Affectation, Rafinement, Pensées affectées, Pensées enflées & hardies, Pensées poussées trop loin, Pensées rafinées.

DES MATIERES.

P

PAGEAU.

Mr Pageau célébre Avocat : son Portrait, & son Eloge, 399. 400. 402

PALLAVICIN.

Le Cardinal Pallavicin fait une mauvaise comparaison pour loüer un Prélat, 71. 72

Il fait une bonne Critique du Tasse, 73

Ce qu'il dit d'un grand Prédicateur qui estoit jeune, 288

Ce qu'il dit de Séneque le Philosophe, 29. 61

Il tombe dans le defaut qu'il reproche à Lucrece, 391

PANEGYRIQUE.

Panegyrique de Pline peu estimé de Voiture, & pourquoy, 308. 309
Voyez Loüis le Grand, & son Eloge.

PAON.

Ce qu'on a dit de sa queuë, 291

PASCAL.

Son sentiment sur la vie dont nous voulons vivre dans l'idée d'autruy, 47

Son sentiment sur la vérité que nous sentons en nous-mesmes, 75

Son sentiment sur le mot de *moy*, 130. 131

PASSION.

Passion violente bien exprimée, 156. 157

Des pensées & des paroles ingénieuses ne conviennent point à une grande passion, 299. 300. 301. 302

Passion naissante, 238

PATRIS.

Les Vers qu'il fit peu de jours avant sa mort, 122

PEINTRE. PEINTURE.

Les grands Peintres donnent de la vérité à leurs ouvrages, 70

Peintres qui excellent en certaines naivetez, 151

Ce qu'il y a de remarquable dans les peintures chargées d'ombres & d'obscuritez, 119

Les choses les plus affreuses plaisent estant bien peintes, & pourquoy, 155. 156

Peintres dont les figures sont grossieres, 159

Peintres dont les Tableaux laissent à penser, 187. 188

PENSÉES.

Quel doit estre le caractére des pensées ingénieuses, 9

En quoy elles ressemblent aux Diamans, 392

Pensées fausses. *Voyez* fausseté.

TABLE

Pensées justes, 41. 42. 70
Il ne suffit pas que les pensées soient vrayes, 75. 76. 78
Pensées nobles, 80. 82. 83. 84. 85. &c.
Pensées basses, 123. 124.
Pensées fortes, 127. 128. 129. 130
Pensées agréables, 133. 134. 135. 136. 137. &c.
Pensées naïves, 151. 152. 153. 154
Pensées délicates, 162. 163. 164. 165. 166. 167. &c. 177. 180. 181. 182. 185. 186. 187. 188. 189
Pensées usées, 172. 173. 174
Pensées nouvelles, 174. 175. 176
Pensées coupées & mystérieuses, 187. 188. 189. 190. 193
Pensées naturelles, 221. 222. 223. 224. 225. 226
Pensées affectées, 231. 232. 233. 234. 235. 236. 237. 238
Pensées enflées & hardies, 243. 244. 245. 246. 247. 248. 249. 250. 251. 253. &c. 259. 266. 268. 269. &c. 271. 272. 274. 275. 276
Pensées poussées trop loin, 281. 293. 294
Pensées badines & frivoles, 39. 40. 56. 57. 283. 284. 285. 289. 290. 291. 292. 297. 298 &c. 329
Pensées rafinées, 306. 307. 308. 309. 310. 311. 312. 313. 314. 315. 319. 321. 322. 323. 324. 325. &c.
Pensées obscures, 347. 349. 350. &c. 360. 365. 366. 367. 370. 371. 372. 374. &c. 386. 387. 388. 390. 391.

Du Perron.
Le Cardinal du Perron : ce qu'il dit de Ciceron & de Séneque, 296

Petrarque.
Ce qu'il dit sur la mort de Laure, 318

Phébus.
Ce que c'est que le Phébus, & en quoy il différe du galimatias, 346
Exemples de Phébus, 345. 346. 347. 348

Philippe IV.
Roy d'Espagne.
Pensée outrée sur sa mort, 253. 254

Plaute.
Ce que Varron disoit du stile de Plaute, 140

Pline le Jeune.
Il exhorte Tacite à estudier jusques dans le temps de la chasse, 140
Ce qu'il dit des Lettres d'un de ses amis, 141
Ce qu'il dit sur l'Histoire de la guerre des Daces qu'un de ses amis avoit entrepris d'écrire, 147
Ce qu'il dit à Trajan sur le nom de Pere de la patrie, 162

DES MATIERES.

Sur ce que le Nil ne se déborda point une année, 163.180

Sur ce que les particuliers possedoient des maisons qui avoient appartenu aux Empereurs, 163.164

Sur ce que Trajan fut adopté par Nerva estant éloigné de Rome, 166.167

Sur l'amour que Trajan avoit pour ses sujets, 216.310

Ce qu'il dit d'un Sénateur devenu Professeur de Rhétorique, 232

Sa pensée sur une de ses maisons de campagne, 232.233

Ce qu'il dit pour flatter Trajan comparé avec ce que dit Lucain pour flatter Néron, 276

Sa pensée sur la mort de Nerva qui venoit d'adopter Trajan, 308

Il rafine quelquefois, *ibid.* & 310

PLINE L'HISTORIEN.

Ce qu'il dit des Dictateurs Romains, 142

Sa pensée sur les maisons où sont les statuës des Héros, & que des lasches habitent, *ibid.* & 143

Ce qu'il dit de l'usage des fléches. *ibid*

Ce qu'il dit sur les tableaux des excellens Peintres & sur leurs ouvrages imparfaits, 187. 188

Sa pensée sur la rouille que le sang fait venir au fer, 232

PLUTARQUE.

Son caractére, & le sentiment qu'il a eû de la pensée de Timée sur l'incendie du Temple d'Ephese, 49.50.51

Ce qu'il fait dire à Marius disgratié, 311

PO.

Le Po fleuve: ce qu'en dit un Poéte Italien, 385

POEME. POESIE.

Poëme de Saint Loüis, Poëme de la Magdelaine. *Voyez* Saint Loüis, Magdelaine,

Quel est le monde poétique, 10.11.12

A quelles regles les Poëtes sont assujetis indispensablement, 13

Quel est le but de la Poésie, 138

Quelles sont les licences de la Poésie, 167

Quelque chose de Poétique dans la Prose rend les pensées agréables, 139.140. 141.142

Ce que dit la Poésie sur les grandes actions du Roy, 149

POINTES.

Ce que c'est, & combien elles sont vicieuses, 20.38.39.

Sur tout dans les sujets tristes & pathetiques, 299.300

GGg iij

TABLE

POMPÉE.

Mot remarquable de Pompée, 51
Eloge de Pompée, 87. 88
Ce qu'on a dit sur sa sépulture, 251. 252

POSTERITÉ.

La créance de la Postérité au regard des actions merveilleuses qui paroissent incroyables, 167. 168. 169. 170

PREDICATEURS.

Exemples de Prédicateurs frivoles, 56. 57

PRETI

Poéte Italien : ce qu'il dit sur l'ancienne Rome, 101

PRIERE.

Les Déesses de la priére, pourquoy boiteuses & contrefaites, 11

PROVERBE.

Caractére des Proverbes en toutes langues, 58
Nom passé en Proverbe, 357

Q

QUATRAIN

SUR la Reine de Carthage, 42
Sur l'incendie du Palais, 20
Sur l'étimologie du mot d'Alfana, 153
Sur la mort de Colas, 154
Sur le voyage & la prise de Marsal, 199
Sur une jeune personne qui ne pense point à la mort, 230

QUEVEDO

Poéte Espagnol : Ses réflexions sur l'aventure d'Orphée, qui alla chercher sa femme aux Enfers, & qui la perdit en la ramenant, 178. 179

QUINTE-CURCE.

Ce qu'il fait dire à Amintas en présence d'Alexandre pour se disculper d'avoir suivi le parti de Philotas chef de la conjuration découverte, 178
A Sisigambis mere de Darius aprés la mort d'Alexandre, 218

QUINTILIEN.

Ce qu'il dit de l'Hyperbole, 24. 264
Il se moque des corrupteurs de l'Eloquence qui falsifient la nature, 72
Ce qu'il dit de César, 87
Ce qu'il rapporte de Varron au sujet de Plaute, 140
Ce qu'il dit de luy-mesme aprés la mort de sa femme & de ses enfans, 223
Il se trompe en disant que l'affectation est toute dans l'elocution, 231
Ce qu'il dit de Cice-

DES MATIERES.

ſon, 281
　Ce qu'il dit de Séneque, 297
　Ce qu'il dit de la clarté dans le diſcours, 342
　Ce qu'il dit de celuy qui enſeignoit l'obſcurité à ſes Ecoliers, 360
　Ce qu'il dit des eſprits enflez, 377
　Ce qu'il dit du bon & du mauvais uſage des métaphores, 280
　Le defaut qu'il reproche à Salluſte, 383
　Ce qu'il loüe dans le meſme Hiſtorien, 384
　Ce qu'il dit d'une Eloquence corrompuë, 392. 393. 399
　D'une Eloquence ſaine, 393
　Selon luy moins on a d'eſprit, plus on fait d'effort pour en montrer, 305
　En quoy il fait conſiſter la clarté & la netteté 396

R

RACAN

POëte François : ſes Vers ſur Marie de Medicis, 11
　Son génie facile & heureux, 229

RAFINEMENT.

　Ce que c'eſt, & en quoy il conſiſte, 306. 307. 393. 394
　Exemples de rafinement, 308. 310. 311. &c.
　Voyez Penſées rafinées.

　Le rafinement conduit au galimatias, 332. 333

RAILLERIE.

　La raillerie autoriſe des penſées fauſſes, & les fait paſſer pour vraies, 27. 29
　Railleries badines & ingénieuſes, 211

REFLEXIONS.

　Les réflexions hiſtoriques doivent eſtre vrayes, 49
　Réflexion de Plutarque fort mauvaiſe, 50
　Réflexion de Strada ſur Aléxandre Farneſe, 53
　Réflexion d'un de nos Hiſtoriens ſur l'Amiral de Chaſtillon, 53. 54. 55
　Réflexion ſur l'imprudence d'Orphée, 178. 179
　Réflexion ſur la valeur des troupes Françoiſes au paſſage du Rhin, 181
　Réflexion ſur les diſgraces d'une Princeſſe, ibid.
　Réflexions politiques, de quelle nature elles doivent eſtre, 182
　Réflexions morales éxaminées, 379. 380. 382

RESSEMBLANCE.

　Parfaite reſſemblance de deux freres, 225
　Reſſemblance ordinaire des ſœurs, 226
　Pourquoy les freres & les ſœurs ſe reſſemblent quelque-

fois beaucoup, 226

ROCHEFOUCAULT.

Le Duc de la Rochefoucault Auteur des Réflexions morales, 67. 314

Sa pensée sur un ouvrage plein de subtilité & de brillant, 72

ROME. ROMAINS.

Ce que les Auteurs disent de la grandeur de Rome & de la puissance des Romains, 88

Les ruines de l'ancienne Rome, 89

Pensée d'un Poëte Grec sur les conquestes des Romains, 245

Caractére des Romains dans leurs conquestes, 253

Quand le bon sens commença à baisser parmi les Romains, 259. 260

Comment Rome s'est détruite elle-mesme. 308

ROSE.

Ce qu'un Poëte Italien dit de la Rose, 289. 290

ROSSIGNOL.

Ce qu'un Poëte Italien dit du Rossignol, 290

S

SAINT AMAND.

SA pensée sur l'incendie du Palais, 20

Sur un fou qui mourut d'un coup de mousquet, 21

SAINT CYRAN.

Lettres de l'Abbé de Saint Cyran pleines d'obscurité & de galimatias, 349. 350. 351. 352. 353. 354. 355

L'original de ces Lettres est au College des Jésuites de Paris.

Ce que l'Abbé de Saint Ciran avoit d'oracle & de Prophéte, 353

Pourquoy il faisoit le procés à Aristote, & à Saint Thomas, *ibid.*

SAINT GELAIS.

Ce qu'il dit de François I.' 30. 31

Sa pensée sur une Dame de la Cour de François I. 250

SALLUSTE.

En quoy il fait consister une partie de la probité Romaine, 6

Ce qu'il dit de Catilina aprés sa mort, 91

Sa pensée sur une grande fortune, 187

Un de ses passages traduit en plusieurs façons, 187

Le defaut que Séneque & Quintilien luy reprochent, 383

Pensée de Salluste sur Mithridate, 384

SANNAZAR.

Son Epigramme sur la ville de Venise,

DES MATIERES.

Venise, 83
 Sa pensée sur une personne morte, 316

SAPHO

Apellée la dixiéme muse, 189
 Scrupuleuse dans les loüanges quelle donne aux grands guerriers, 257

SCARON.

Ce qu'il dit d'une Dame Espagnole, 316
 Ce qu'un sçavant homme a écrit sur la mort de Scaron, 318.

SENEQUE LE PHILOSOPHE.

Ce qu'il dit des pensées ingénieuses, 15
 Ce qu'il dit de l'Hyperbole, 24. 27
 Ce qu'il dit sur les Héros maltraitez de la fortune, 82. 83
 Ce qu'il dit sur l'incendie de Lion, 100
 Ce qu'il dit d'une grande fortune, 146
 Il répete trop une mesme pensée, 295. 296
 Son caractére opposé à celuy de Ciceron, 296
 Il a plus d'esprit que du jugement, 297
 Il a esté appellé l'Ovide des Orateurs, & pourquoy, 295
 Ce qu'on luy fait dire en mourant, 304. 305
 Ce qu'il trouve à redire dans Salluste, 383

SENEQUE LE TRAGIQUE.

Ce qu'il fait dire à Medée dans son desespoir, 130
 A Hécube sur le Roy Priam privé des honneurs de la sépulture, 299
 A Mégare contre le meurtrier de sa famille & l'usurpateur de son Royaume, 314

SENTENCE.

En quoy les Sentences different des Proverbes, 59
 Sentences tirées de la nature, 70
 De quelle sorte doivent estre les Sentences que les Historiens meslent à la narration, 182. 183
 Définition burlesque de la Sentence, 378

SENTIMENS.

Sentimens nobles & généreux, 92. 93. 94. 95. 96. 97
 Sentimens tendres & délicats, 214. 216. 217. 218
 Difficiles à expliquer, 356. 357
 Sentiment de dévotion, alambiqué, 332. 333

SIDONIUS APOLLINARIS.

Ce qu'il dit de la valeur des François, 91. 92

SIGNE DU CIEL.

Signe de la Balance, signe de l'Ecrevisse, mal mis dans des

HHh

TABLE

œuvres d'esprit, 39.40

SILIUS ITALICUS.

Ce qu'il dit au sujet d'Annibal qu'un jeune homme de Capoüe vouloit attaquer dans un festin, 85

SIMPLICITÉ.

Elle s'accorde avec le Sublime, 45. 125

SOCRATE.

De quelle maniére il condamne un livre d'Héraclite, 368. 369

SOLÉCISME.

Ce que c'est qu'un Solécisme en pierre selon un de nos Ecrivains, 378

SONNET

Sur les ruines de l'ancienne Rome, 101
Sur les grandes actions de Loüis XIV. Roy de France, 170
Sur la mort de Philippe IV. Roy d'Espagne, 253
Sur un miroir, 285. 286
Sur un avorton, 376
Sur le Calvinisme détruit dans la France, 117

SOPHOCLE.

Ce qu'il dit des présens des ennemis, 146
Et d'une mere inhumaine, ib.

SPINOLA.

Le Marquis de Spinola: ce qu'on a dit de luy sur sa qualité de Grand d'Espagne, 162
Le Pere Spinola Missionnaire de la Chine: sa pensée sur l'hérésie éteinte dans la France, 117

STATUE.

Ce qu'un Poéte Italien a dit sur la Statuë d'une Déesse, 73
Ce que disent des Poétes Grecs sur la Statuë de Jupiter: sur Pallas & Junon voyant une Statuë de Venus: sur la Statuë de l'Amour enchaîné, 151
Ce qu'on a imaginé sur une Statuë équestre du Roy, 269

STRADA.

Sa réflexion sur Aléxandre Farnese est vicieuse, 53
Il copie Tacite en quelques rencontres, & l'imite en d'autres, 184. 185
Il a des maximes délicates, 185
Il rafine en décrivant le siége de Mastric, 321

SUBLIME.

L'Ecriture Sainte est pleine de Sublime, 125
Le Sublime n'est pas incompatible avec des paroles simples, *ibid.*
Voyez Pensées nobles.
Sublime outré, 243. 244. 245. 247. &c. 268. 269. 270. 271. &c.

DES MATIERES.

T

TACITE.

CE qu'il dit de Mucien, 88
Ce qu'il dit d'Auguste, 312
Ce qu'il fait dire à Othon dans le mauvais état de ses affaires, 127
A Germanicus au lit de la mort, *ibid.*
A Mucien pour obliger Vespasien de s'emparer de l'Empire, 128
A Galgacus avant que de combatre les Romains, *ibid.* & 253
A un Chevalier Romain pour justifier son amitié pour Séjan, 177
A Bojocalus auquel les Romains offroient des terres, 252
Sa pensée sur ce qu'on fait pour regner, 146
Sa réflexion sur le gouvernement de Galba, 180
Tacite grand faiseur de réflexions, 183
Le caractére de Tacite, 312
Il est loüé de son obscurité par un de ses Commentateurs, 362
Il est obscur, & pourquoy, 383. 386. 387

TASSE.

Pensée fausse du Tasse sur la mort d'Argant, 13. 14. 15
Sur le combat des Infidelles & des Chrestiens, 73
Il a beaucoup de noblesse & d'élevation, 89. 90. 91. 92. 94. 95
Il vole les Anciens, 97. 99. 9.
Ce qu'il dit sur les ruines de Carthage, 99
Ce qu'il dit d'un jeune Prince beau & vaillant, 92. 97. 186. 191
Ce qu'il dit d'un Prince équitable & généreux, 95. 96
Sa pensée sur un sujet, comparée avec celle de Térence sur le mesme sujet, 234
Il est plein d'affectation, *ibid.* & 238
Il est semblable aux femmes coquettes, 237
A quoy il compare un Soudan d'Egypte, 258. 259
Il badine quelquefois, 291
Mesme dans les sujets tristes, 299. 300. 301. 303
Ce qu'il dit d'un camp d'armée, 315. 316
Il rafine en quelques rencontres, 322. 323. 330. 331
Le Tasse imité ou volé par un Poëte François, 385

TERTULLIEN.

Son stile dur, 129
Ses pensées estropiées & informes, 388

TESAURO

Auteur Italien : ce qu'il dit des pensées ingénieuses, 15
Ce qu'il dit des fusées vo-

HHh ij

TABLE

lantes, 129

TESTI

Poéte Italien: ce qu'il dit sur sur la mort du Lope de Ve-gue, 141

Le Testi pousse une pensée trop loin au sujet de ses Poé-sis Lyriques, 293. 294

Ce qu'il dit de frivole sur un jeune Chevalier de Majorque, 329

THUCYDIDE.

Ce qu'on a dit de son discours, 186

Il n'est pas toûjours clair, & pourquoy, 383

TIGRE

Fleuve: ce qu'en dit un Poéte François, 385

TIMÉE

Historien Grec: sa pensée sur les conquestes d'Aléxandre, 80

Le jugement que Longin porte de Timée, 243

TITE-LIVE.

Ce qu'il rapporte du Dictateur Camille, 128. 129

Ce qu'il dit de Brutus qui fit mourir ses enfans rebelles, 225

Tite-Live pris pour modele, 183

Tite-Live ennemi du faste dans les pensées, 252

TOURTERELLE.

Plainte d'une Tourterelle aprés la perte de sa compagne, 217

TURENNE.

M. de Turenne. Son Eloge, 107. 209

TURLUPINADE.

Où les Turlupinades peuvent trouver place, 21

V

VALERE-MAXIME.

CE qu'il dit de Pompée, 88

Ce qu'il dit de Platon, 141

Ce qu'il dit de Brutus qui fit mourir ses enfans rebelles, 225

Ce qu'il dit d'Artemise qui but les cendres de son mari, 277

VANITÉ.

Vanité des grandeurs humaines, 34. 147. 278. 279

VAUGELAS.

Ce qu'il dit d'un Ecrivain qui pensoit & s'exprimoit nettement, 398

VELLEïUS PATERCULUS.

Ce qu'il dit de Caton, 6. 82
Ce qu'il dit de Ciceron, 84
Ce qu'il dit de Pompée, 87

DES MATIERES.

Ce qu'il dit de Marius banni, 311

VÉRITÉ.

La Vérité est la premiére qualité des pensées, 9. 10

Elle se rencontre dans la Métaphore, dans l'Equivoque, & dans l'Hyperbole, 16. 17. 18. 19. 22. 25. 27. &c.

Ce que dit un bon esprit sur la Vérité, 30

Tout le monde l'aime, & la sent en soy-mesme, 74. 75

S'il y a de la vérité dans ces paroles, *Je viens de mourir pour vous*, 68. 69

VIRGILE.

Ce qu'il dit des flottes d'Antoine & d'Auguste, 25

Ce qu'il dit de Troye aprés qu'elle fut brûlée, 101

Sa réflexion sur l'imprudence d'Orphée, 178

Ce qu'il fait dire à un guerrier qui parle à son cheval, 181

Il est naturel dans ses pensées, 156. 157. 223. 225. 231

Ce qu'il dit du Géant Encelade comparé avec ce qu'en dit un Poëte Italien, 231

Il est sage jusques dans son enthousiasme, 281

VOITURE.

Ses deux Placets presentez au Cardinal Mazarin pour le Cocher de son Eminence, 17. 18

De quelle maniére il adoucit les Hyperboles, 26. 27. 28. 29

Voiture mal critiqué & mal entendu, 32

Ce qu'il dit au Duc de Bellegarde & à Madame de Saintot, 65

Son caractére enjoüé, *ibid.* & 66. 136

L'agrément qu'il y a dans ses pensées, 133. 134. 137

Ce qu'il imagine sur Mademoiselle de Bourbon, 144

Ce qu'il dit au Duc d'Anguyen sur ses grandes actions, 168

A la Duchesse de Longueville sur la mort de M. le Prince son pere, 225

Il sçait loüer finement, 203. 204

Ce qu'il dit sur la bonté que Mademoiselle de Bourbon & Madame la Princesse avoient pour luy, 243

Sa Lettre à Balzac d'un caractére particulier, & pourquoy, 262. 263

Voiture semble enflé dans quelques endroits, 264. 265

Son génie fort different de celuy de Balzac, 34. 264. 265

Il n'est moit pas le Panégyrique de Pline, 308. 309

Il estoit naturel en tout, *ibid.*

X

XÉNOPHON.

CE qu'on a dit de luy au sujet de son stile, 141

HHh iiij

TABLE DES MATIERES.

Y

YEUX.

LEs fotifes que les Poëtes & les faifeurs de Romans difent fur les yeux de leurs Héroines, 327.328.329

Z

ZODIAQUE.

QUel eft le Zodiaque en terre felon les Panégyriftes des Rois d'Efpagne, 346. 347

Extrait du Privilege du Roy.

PAR Lettres Patentes du Roy données à Paris le 30. de Juillet 1687. fignées LE PETIT, & fcellées du grand Sceau de cire jaune, il eft permis à la Veuve de Sébaftien Mabre-Cramoify Imprimeur de Sa Majefté, & Directeur de l'Imprimerie Royale du Louvre, d'imprimer un Livre intitulé, *La Manière de bien penfer dans les Ouvrages d'efprit, Dialogues*; & ce pendant le temps & efpace de douze années confécutives, à compter du jour que ledit Livre aura efté imprimé pour la premiére fois, avec défenfes à toutesperfonnes, de quelque qualité ou condition qu'elles foyent, d'imprimer, ou faire imprimer ledit Livre, fous les peines portées par lefdites Lettres.

Regiftré fur le Livre des Libraires & Imprimeurs de Paris le feptiéme jour d'Aouft 1687. Signé, J. B. COIGNARD, Sindic.

Achevé d'imprimer pour la premiére fois le dernier jour d'Octobre 1687.

www.ingramcontent.com/pod-product-compliance
Lightning Source LLC
Chambersburg PA
CBHW050908230426
43666CB00010B/2078